Sacrée politesse !

LOUISE MASSON

Sacrée politesse !

ILLUSTRATIONS: ANDRÉ PIJET

www.quebecloisirs.com

UNE ÉDITION DU CLUB QUÉBEC LOISIRS INC.
Avec l'autorisation des Éditions Publistar
Publié antérieurement sous le titre: Politesse, tu nous manques!
© 2005, Les Éditions Publistar
Dépôt légal – Bibliothèque nationale du Québec, 2006
ISBN Q.L. 2-89430-756-X
(Publié précédemment sous ISBN 2-89562-153-5)

Imprimé au Canada par Friesens

«Il suffirait de presque rien...»

L'autre jour, en sortant de table, ma petite-fille m'a dit avec un beau sourire: «Merci, Mamie, c'était délicieux!» Des larmes me sont montées aux yeux; signe évident quoique prématuré de gâtisme? Non, plus probablement écho du «vieux style» dont parlait Winnie dans *Oh, les beaux jours*, écho d'une jolie façon de dire qu'on a eu du plaisir et qu'on tient à faire plaisir en retour, reconnaissant le mal qu'on s'est donné. Ma journée en a été ensoleillée.

C'est cela le savoir-vivre: un mot, un geste, une façon d'être et d'agir qui apportent l'étincelle de joie dans la vie de tous les jours. Le quotidien devient alors moins terne, plus élégant, plus séduisant aussi. Un sens émerge. On se sent moins seul. L'autre nous reconnaît. L'harmonie règne. «Là tout n'est qu'ordre et beauté...»

C'est rêver me direz-vous, ou pire, c'est attacher beaucoup d'importance à des futilités alors qu'autour de nous, les peuples se déchirent, qu'il n'est question de par le monde, que de massacres, de génocides, de tortures, de viols, de famines. Alors quel intérêt peut bien avoir, face à une société qui a perdu ses repères et prend trop souvent des allures de hordes barbares où «il est interdit d'interdire», la place à table de tel invité d'honneur ou le sort des asperges dans notre assiette? Avec les doigts ou pas? Aucun intérêt, j'en conviens; quoique pour les asperges...

Plus sérieusement, force est de constater que les bonnes manières, hélas!, resteront impuissantes devant les conflits

armés et elles n'atténueront en rien le nombre toujours croissant des victimes. Rappelez-vous: «Messieurs les Anglais, tirez
les premiers.» À Fontenoy, après la bataille, il ne restait plus
de part et d'autre qu'à compter les morts. Triste victoire et
pourtant, quel panache, quelle allure, quelle élégance! Peut-
on parler dans ce cas de politesse? Absolument pas. Ce n'est,
comme le dit Paul Valéry, que de «l'indifférence organisée»,
comme trop souvent, d'ailleurs. La véritable politesse ne peut
venir que du cœur, tout comme le savoir-vivre dont elle est
l'une des manifestations les plus naturelles. «Qui n'est pas
assez poli n'est pas assez humain», déclare le Sage. C'est aussi
ce qu'affirme – non, ce que suggère avec tact, délicatesse et
beaucoup d'humour – Louise Masson dans le présent ouvrage.

Je suis sortie de la lecture de ce livre le sourire aux lèvres
et, au fond du cœur, le doux espoir, sinon la certitude que
tout n'est peut-être pas perdu pour peu qu'on soit vigilant.
«Qu'il suffirait de presque rien...» comme le dit la chanson:
un **non** vigoureux à cette pollution que constituent le bruit,
l'agitation, la grossièreté, le débraillé, la vulgarité, la violence,
pollution qui asphyxie littéralement notre vie de tous les jours
et qu'aucun traité fût-il de Kyoto ne saura jamais contrôler,
ainsi que, du plus profond de soi, un **oui** à l'Autre, attentif
et infiniment respectueux. Le respect, voilà toute la clef du
savoir. Pour ce qui est du protocole et de ses méandres com-
pliqués, «pourquoi l'apprendre puisque c'est dans les livres»
(c'était du moins l'avis du grand Sacha Guitry). Moi, je dirais
tout simplement: suivez le guide, notamment en ce qui
concerne le délicat problème du beurre à l'ail emprisonné au
fond de la coquille de l'escargot. Que faire, que faire? Louise
Masson, au secours!

Françoise Faucher
Comédienne et metteure en scène

À Erik, mon bel ami,
dont la loyauté
et la dignité ne se sont jamais démenties.

LA COURTOISIE
EN FAMILLE

La politesse, le chemin fréquenté par la démocratie

A
u printemps de 1995, *Paris-Match* recueillait les propos du premier ministre français d'alors, M. Édouard Balladur, notamment sur la démocratie vertueuse. Son sentiment à cet égard était que cette morale s'apprenait d'abord à la maison, dans la famille, à travers la télévision et selon l'air du temps. Il définissait la vertu comme étant l'usage responsable de la liberté envers les autres comme envers soi-même. Ah! de l'eau pour mon moulin.

Il continuait tout à fait dans ce sens en ajoutant que l'école pourrait être d'un puissant secours en imprégnant les esprits de la jeunesse, en apprenant l'éducation civique, abandonnée depuis des années. Voilà que le phénomène s'étend jusqu'à la maison mère!

Au sujet des querelles de banlieue et de l'affrontement entre exclus et ceux qui ont un emploi, M. Balladur affirmait qu'il attachait une importance extrême au rôle que peut jouer la famille dans la cohésion morale et sociale. C'est au sein de la famille que les jeunes reçoivent leurs premières impressions sur la vie et qu'ils retirent l'essentiel de leur éducation.

M. Balladur définissait une bonne morale comme étant le respect de la liberté des autres et le refus de croire que ceux qui détiennent la majorité et le pouvoir ont tous les droits. Le désordre engendre l'insécurité des démunis et fait disparaître leur liberté.

Je suis tout à fait d'accord avec le discours de M. Balladur. Je voudrais en développer le détail. Il est absolument vrai que la notion de démocratie prend racine dans la famille. De plus en plus, les pays dits industrialisés connaissent le problème du logement, et la crise économique qui n'en finit pas de perdurer nous empêche de voir les signes de prospérité s'épanouir, à commencer par ceux de la construction. Les architectes sont au repos forcé ou se recyclent dans d'autres professions, les entrepreneurs se contentent souvent de petits boulots, et les grues sont presque absentes du paysage que nous offrait l'allure affairée de nos villes en plein essor. À l'espace habitable devenu restreint et à la crise du logement se greffe le chômage ravageur qui oblige les familles à s'agrandir, c'est-à-dire à reprendre leurs enfants devenus grands, accompagnés cette fois d'un conjoint et d'une progéniture. L'image de la smala réunie commence à devenir familière en Occident.

Il serait normal de penser que nombreux sont les parents qui se réjouissent de voir leurs enfants réintégrer le nid familial, mais cette euphorie est souvent de courte durée. La cohabitation devient un motif de nervosité collective. Les parents voient leur liberté menacée et leurs habitudes compromises, et les enfants adultes sont irrités que leurs parents aient si peu de compréhension pour leurs vastes besoins de liberté et d'indépendance.

Dans le meilleur des mondes, lorsque des enfants adultes s'imposent à leurs parents, les deux générations devraient s'asseoir à la table des négociations pour s'entendre sur les «si», les «et» et les «mais» qu'elles devront conjuguer si elles désirent une cohabitation pacifique. Il est important de souligner que les personnes polies évoluent dans une atmosphère familiale, sociale et professionnelle plus aimable et plus plaisante que les autres. Priver ses enfants de cet atout indispensable est amoral de la part des parents. Les grands adeptes de l'excellent Dr Spock et de la compétente psychanalyste Françoise Dolto paraissent aujourd'hui exiger de leur progéniture un minimum d'obéissance, de discipline et de civisme. Certains parents contemporains se rendent compte que pour obtenir de leurs enfants des résultats, ils sont tenus à appliquer le processus fastidieux et répétitif du dressage au savoir-vivre qui réclame une obstination et une patience remarquables: «qu'est-ce qu'on dit?» après chaque offrande ou chaque requête. «Tu as dit merci ou s'il vous plaît à la dame?» est une phrase qui a tout son sens et qui doit être répétée comme un refrain usé. C'est à ces parents-là que je dis qu'ils verront leur investissement rentabilisé lorsqu'ils entendront un voisin, un instituteur ou une vieille tante leur dire comme leur enfant est bien élevé, car il est rare de voir des enfants bien éduqués devenir de grossiers adultes. La remarque écrite sur les rapports scolaires de mes fils par le directeur de leur école anglaise est sans doute celle qui m'a procuré le plus grand plaisir: *refreshingly polite*. Je lui ai accordé autant sinon plus d'importance qu'aux bonnes notes.

Le contrat devra toujours laisser des avenues ouvertes pour renégocier si l'une des parties devait se considérer lésée. Il est vital pour les parties de saisir l'importance capitale de toutes les règles et responsabilités morales, affectives et financières qui établissent l'entente initiale, afin que chacune puisse respecter le mode de vie et la liberté de l'autre. Cela est aussi applicable aux parents qui consentent à partager leur toit avec leurs enfants devenus si différents depuis l'âge adulte.

Avant de s'engager dans cette entreprise hasardeuse, certaines notions sont à déterminer:

- La contribution aux dépenses, qui doit être discutée sur une base hebdomadaire, bimensuelle et mensuelle.
- La part qui revient aux parents sur le mode de l'entretien ménager comme le nettoyage, les courses, la cuisine, le transport, les ordures.
- La part des nouveaux venus pour ce qui est des réserves alimentaires.
- La part d'intimité qui revient à chacun; l'accès à la chambre à coucher, à la salle de bains, au courrier est essentielle à définir.
- La part de responsabilité et de jouissance des jeunes enfants à l'égard de la télévision, du magnétoscope, de la chaîne stéréo et du téléphone.
- La part réservée aux amis des nouveaux occupants; il faut définir le va-et-vient et les règles à observer.
- La part que peut s'octroyer la progéniture désireuse de redécorer ses nouveaux quartiers.
- La part d'espace du garage réservée aux voitures, motos et bicyclettes.
- La part de l'hygiène et la part d'ordre auxquelles la maison entière aura toujours droit (la cuisine sera étincelante, la salle de bains aura l'aspect d'une clinique, les chaussures de sport ne seront pas laissées à la porte, et la lessive ne s'empilera pas dans un coin ou sur la machine à laver).
- La part de connaissance de tous les modes d'emploi donnant accès à toute la technologie de la maison.
- La part de chacun de répondre à la porte et au téléphone tout en prenant poliment les messages; d'obtenir la permission du propriétaire d'utiliser sa voiture et autres moyens de locomotion.
- La part de TOUS de remercier, de s'excuser, de féliciter, de rassurer, de consoler.

Afin de maintenir l'harmonie et de diminuer les inquiétudes de l'un envers l'autre, tous les membres de la famille s'accorderont pour prévenir s'ils prévoient arriver en retard à la maison ou s'absenter pour quelques jours. Si la famille est un clan, ceux qui le constituent s'efforceront de développer l'esprit d'équipe en discutant ouvertement leurs idées, en avouant leurs erreurs et en valorisant le mérite de chacun. L'atmosphère sera «aérée» pour respecter les conditions de vie de tous en n'imposant rien à personne et en s'assurant de la disponibilité de celui ou celle à qui on emprunte du temps. Si on donne sa parole, on tiendra son engagement, surtout envers les enfants qui ne peuvent pas supporter les promesses non tenues. Enfin, que chacun apprenne à respecter les moments de récupération et de détente de tous ceux qui les réclament.

Les familles reconstituées vivent souvent de merveilleux moments d'amour, de solidarité et de compréhension. Malheureusement, il arrive aussi qu'elles soient contraintes à partager l'angoisse et l'irritation. Il appartient à chacun d'y mettre du sien pour que l'entente soit maintenue à son meilleur niveau et devienne une expérience enrichissante. Il appartient aux femmes et aux hommes d'aujourd'hui de construire ensemble cette «nouvelle civilisation» dont ils n'ont fait que rêver, comme d'un improbable cadeau des dieux: une civilisation qui réconcilie l'amour avec l'engagement, ainsi que l'indépendance avec le sens des responsabilités et de la solidarité. C'est une question de vie. Ou de mort.

Jusqu'au milieu du XXᵉ siècle, il était coutumier de vivre avec ses grands-parents jusqu'à leur décès. Cet état de fait était normal et ne nécessitait pas d'arrangement ni de compromis officiel ou officieux. Prendre en charge ses parents devenus vieux relevait du cours normal de la vie. Même si leur présence pouvait parfois être gênante, on s'en accommodait bien et la famille avait la puissance du clan. Les enfants se savaient observés et aimés; les règles de savoir-vivre et la sagesse des parents constituaient le ciment de ces nobles cathédrales. On s'apprenait mutuellement les beaux préceptes, on développait la solidarité et la compassion. On punissait la cupidité, l'envie et l'injustice qui encourageaient les mauvaises actions. On aimait simplement.

Après la Deuxième Guerre mondiale, à la suite de ce que les Américains appellent le *baby-boom,* l'espace est devenu vital et chacun a cultivé un sens de plus en plus grandissant de son intimité et de ses droits. Les cliniques privées, les maisons de retraite, les centres d'accueil, de convalescence ou de réadaptation sont devenus la préoccupation première des services sociaux.

Aujourd'hui, le nouveau millénaire bien entamé, les grands-parents bien casés regardent sans le croire leurs petits-enfants devenus grands qui décrochent de leurs études ou qui, prêts à entamer une carrière, se trouvent devant le colossal obstacle du chômage. Dans un monde où tout est à prévoir, qui l'eût cru? Nous sommes désormais réduits à l'exercice fréquent du contrôle de soi, à une contribution permanente à l'équilibre familial et, par conséquent, aux sacrifices.

Que faut-il apprendre aux enfants du XXIᵉ siècle qui vivent avec leurs grands-parents? Le respect et la déférence sont des vertus primordiales à acquérir.

- Les jeunes personnes doivent offrir leur aide aux personnes âgées pour monter les marches d'un escalier, d'un autobus, d'un train, la passerelle d'un avion, etc.
- Faciliter aux personnes en difficulté physique l'entrée dans un immeuble en tenant une lourde porte.
- Leur offrir de porter leurs paquets en rentrant du marché, de les aider à traverser les rues où la circulation est dense, de porter leur valise lorsqu'ils s'apprêtent à monter dans un train.

- Leur prendre le bras lorsque la surface sur laquelle ils marchent est glissante ou en pente raide.
- Hausser la voix quand on leur parle et ne pas s'impatienter s'ils ont mal entendu.
- S'ils ont le pas lent et hésitant, ne pas les presser ni les houspiller. Leur laisser le temps de prendre leur temps.
- Penser à leur laisser les fauteuils hauts plutôt qu'à les laisser s'enfoncer dans des divans profonds dont ils se relèveront avec beaucoup d'efforts.
- Même si c'est parfois incommodant, augmenter le chauffage en leur présence.
- Il est indispensable que les jeunes attendent que leurs grands-parents soient les premiers à prendre place à table. C'est en effet l'endroit idéal pour apprendre ce qu'il leur sera obligatoire de savoir au bureau ou dans l'environnement de leur carrière.
- Les plats devront être d'abord présentés aux plus âgés. C'est à eux qu'il revient de se servir en premier. Avoir le geste généreux au dessert en les resservant plusieurs fois.
- Les amis ou les invités des grands-parents bénéficient des mêmes égards lors de leur visite.
- Le volume de la chaîne stéréo, de la télévision ou du magnétoscope sera modéré.
- L'heure de la sieste sera respectée.
- Les messages téléphoniques et le courrier fermé leur seront fidèlement transmis.
- L'accès à leur chambre à coucher exigera leur permission.
- Leur participation aux conversations de la table non seulement est un geste de courtoisie auquel ils ont droit, mais sera bénéfique pour toute la famille.
- En cas de désaccord familial, il faudra à tout prix tenir les grands-parents à l'écart et ne pas leur faire

prendre parti pour l'un ou l'autre membre de la famille.

- En retour, les grands-parents tâcheront de ne pas montrer de préférence pour aucun membre de leur progéniture.
- Si les grands-parents habitent chez leurs enfants, ils auront le droit d'avoir leur propre chambre à coucher et de la meubler comme bon leur semble de leurs effets personnels. Personne ne prendra l'initiative d'y entrer sans y être invité, ni d'ouvrir les tiroirs de leur commode, ni de lire leur courrier, ni de chercher de l'information à leur insu. Si, pour des raisons de santé, de droit ou de finance, il fallait fournir des renseignements dans leur intérêt, il faudra solliciter leur consentement.
- Les grands-parents ne seront pas considérés sans retenue comme des baby-sitters ou des domestiques. Ils offriront leurs services, qu'il conviendra d'accepter avec grâce et de ne pas tenir pour acquis. Il est évident que les grands-parents aiment qu'on leur laisse des responsabilités et qu'on partage les tâches domestiques avec eux. Ce qu'il faut comprendre ici, c'est qu'il ne faut pas abuser de leur présence en leur en imposant trop souvent sans les consulter. Quelle que soit leur contribution financière, ils ne seront pas jugés d'après leur écot. Ils sont là pour aimer et être aimés.
- Laissez-les gérer leurs dépenses et manifester leurs désirs. Ils sont, en général, si modestes.
- Permettez-leur de recevoir leurs amis et d'organiser leurs parties de bridge, les mardis après-midi. S'ils doivent se rendre à leur club, prévoyez de les y mener.
- Veillez à ce qu'ils soient conduits à l'église, chez le médecin, chez le coiffeur quand ils en formulent le souhait. S'ils sont sous traitement, assurez-vous que la prise de médicaments respecte la posologie.

- Faites abstraction de leurs petits défauts et empêchez-vous de critiquer leur baisse de mémoire et la répétition de leurs récits. Le temps viendra assez vite où vous serez dans la même situation. Surtout, ne vous moquez pas d'eux et ne les ridiculisez jamais.
- N'oubliez pas qu'ils tiennent à conserver leur dignité et ne souhaitent pas qu'on leur reproche de simplement exister.
- Dans le cas des personnes âgées réduites à un état de santé qui se dégrade, offrez dans la mesure du possible l'aide supplémentaire à laquelle elles ont droit sans qu'elles aient à le demander, dans un mouvement de douceur et d'abnégation. Si la santé réduite devait requérir une surveillance permanente que la famille ne serait pas en mesure d'offrir, il faudrait alors penser aux institutions spécialisées et préparer ce passage difficile avec d'infinies précautions psychologiques, et ne montrer que tact et amour.

De leur côté, les personnes aux cheveux blancs devront:

- Prendre leur santé au sérieux, s'en occuper bien et en parler peu.
- Ne pas faire usage de chantage émotif pour obtenir ce qu'elles veulent.
- Autant que possible, ne pas se laisser surprendre par la vieillesse tout en s'y préparant. Organiser tout ce qui y a trait.
- Ne pas imposer leur rythme à leur entourage à l'égard de leurs caprices alimentaires ou l'heure d'aller au lit.
- Entretenir des relations amicales afin d'avoir des loisirs en dehors du cercle familial; ne pas infliger leur présence constante aux enfants et surtout ne pas les accuser de ne pas s'occuper d'eux.

- Ne pas comparer notre époque avec la leur ni la critiquer.
- Apprécier ce que la société fait pour elles et profiter de tout ce qu'elle organise pour leur confort physique, intellectuel et psychologique.
- Inventer des occasions pour être utiles ou faire plaisir sans prétexter toujours qu'elles sont trop maladroites pour rendre service.
- Attendre d'être invitées dans la chambre des jeunes avant d'y entrer.
- Éviter de critiquer l'attitude, les activités et la vie privée des jeunes.
- Accepter la nourriture servie et le style de vie de l'entourage sans se plaindre ni passer de commentaires désagréables.
- Garder leur chambre en ordre. Un exemple à donner en permanence à la jeune génération.
- Offrir leur aide le plus souvent possible pour des tâches qu'elles sont capables d'accomplir.
- Conserver leur portefeuille de valeurs pour elles le plus longtemps possible ou le confier à leur comptable ou à leur notaire. C'est un moyen discret d'éliminer des disputes familiales.
- Réserver des surprises agréables et offrir de petits cadeaux à l'occasion.
- S'éloigner discrètement lorsqu'une querelle éclate entre époux. Éviter surtout de prendre parti.
- Ne pas réclamer le centre de l'attention.
- Autant que possible, être prêtes pour les derniers adieux.

Les bonnes relations sont basées sur une attitude positive et constructive devant la vie. La famille est le noyau de la société.

Lorsqu'il nous est donné de rencontrer une famille reconstituée heureuse, il est permis de croire aux miracles, car il s'agit bien d'un tour de force. Les familles modernes à dessins variables doivent redoubler d'ingéniosité, d'originalité, de délicatesse et d'abnégation soutenues pour réussir la difficile mosaïque qui leur incombe.

Les enfants respectifs d'un papa et d'une nouvelle maman ne sont pas tenus à la sympathie spontanée ni à l'harmonie parfaite. Les jeunes sont aussi sélectifs que leurs parents. Quand le cœur n'y est pas, l'amitié, la tendresse ou l'entente ne suivent pas automatiquement.

Un sage bien contemporain aurait dit que les deux métiers les plus exigeants au monde étaient ceux de prince consort et de belle-mère. Il y en a un troisième, celui de l'autre belle-mère: la énième épouse du père. Un rôle que, pour l'avoir subi à l'envers, j'ai toujours refusé de jouer. J'ai jeté au néant quelques beaux partis qui m'offraient leur progéniture en prime.

Se retrouver la belle-fille (et non la bru) de la nouvelle épouse du père est souvent un éprouvant malheur. Il commande un désir de plaire à cette inconnue devenue si importante dans une maison qui lui appartient désormais. L'enfant devra brûler les étapes du jeune âge et mûrir très vite pour comprendre qu'il doit freiner ses exigences affectives envers le père devenu moins disponible, s'adapter à cette nouvelle présence pas nécessairement désirée, rendre ses chagrins imperceptibles et garder son amour muet.

La belle-mère aura la décence morale de ne pas afficher ses préférences pour certains des enfants et d'enrayer une méprisante indifférence pour d'autres. Elle sera consciente qu'elle retire aux enfants de son mari une grande part d'amour à laquelle ils n'auront plus droit. La nouvelle mère conservera toujours en mémoire qu'elle est entrée dans la maison existante d'une famille déjà constituée et que les enfants pourront continuer d'y vivre avec la même liberté et les mêmes droits qui étaient les leurs, sans être considérés comme une partie du mobilier.

Tant d'ajustements sont à faire quand les adultes se remarient. Ils devraient ne jamais négliger les sensibilités de ceux qui existaient avant eux.

Dans ces conjonctures si amplement égoïstes, comme il devient insupportable d'entendre: grand-père faire claquer ses dentiers lors d'un match de hockey; grand-mère s'enquérir des raisons du retard de son gendre, la veille au soir; papa critiquer les résultats scolaires de son fils; maman reprocher à sa fille son maquillage outrancier; le fils rouspéter contre son acné envahissante; la fille hurler qu'on la laisse en paix lorsqu'elle accapare le téléphone durant deux heures.

L'auteur du best-seller *Le chemin le moins fréquenté*, Scott Peck, avance: «Il semble que nous vivions dans une société qui a presque oublié ce que l'être humain a de magnifique. Il nous faut un remède. Et ce remède, c'est la civilité qui est une forme de comportement de guérison qui demande souvent une honnêteté douloureuse et une franchise incisive. La civilité, c'est notre case manquante! Un art de vivre qui nous permet d'évoluer au contact des autres, et surtout dans nos frictions avec les autres.»

Tâchons de faire de la famille, cette cellule vivante de la société, un instrument efficace pour stabiliser nos démocraties. Grâce à la politesse qui nous méritera l'essentielle «conscience lumineuse» dans un monde qui en est assoiffé.

L'AMITIÉ,
UNE PLANTE FRAGILE

♣

Un rare coup de cœur

« Un ami, c'est un frère que l'on choisit.» Cette affirmation est valable dans la mesure où elle associe davantage l'amitié à l'amour fraternel qu'à l'amour filial et à l'amour tout court. Un ami, un bon ami, un vrai ami, un meilleur ami, c'est un état qui doit rester au singulier; comme l'amoureux. On compte ses amants, ses maris peut-être, mais on dérange rarement le pluriel pour parler de l'ami.

Des amis, ce sont des frères illégitimes qui se respectent, s'écoutent, s'entraident et se font confiance. L'amitié est une relation sans condition qui se nourrit de rien et s'enrichit de tout. Elle est toujours unique. Voilà sa force.

Simone Signoret disait: «Les vieux amis de toujours ne sont jamais de toujours. L'entrée en amitié ou en amour est datée.» L'important, ajouterai-je, c'est de faire durer l'amitié.

Les autres, ceux ou celles avec qui on aime parfois se retrouver, constituent une collectivité proche et choisie: une petite société qui nous est agréable et parfois utile.

Selon Dale Carnegie, l'amitié se conquiert grâce à des comportements qui attirent des sympathies qu'il faut encourager et à des pratiques qui permettent aux relations interpersonnelles de s'épanouir. Il pensait à la façon de se distinguer positivement des autres, au travail comme en société. Le taciturne Diogène ne nourrissait aucun goût pour le monde; quelle chance d'avoir trouvé ce tonneau!

Voyons ce que Carnegie propose, dans son livre *Comment se faire des amis*, pour agrandir le cercle d'amis:

- s'efforcer de considérer le point de vue de l'autre autant que le sien;
- montrer de l'intérêt et de l'admiration pour les projets d'autrui;
- être toujours souriant et amical dès le premier contact;
- être disponible, se souvenir des noms et des propos échangés, pour montrer l'intérêt qu'ils ont su éveiller;
- savoir écouter et encourager les autres à parler d'eux-mêmes;
- maîtriser sa colère sur le terrain de la discussion et rechercher des plages d'entente; rejeter toute action agressive ou alarmante et laisser le temps réparer des paroles d'égarement;
- respecter les goûts et les opinions de ceux qui les expriment, sans les juger ni les condamner;
- admettre ses torts quand ils sont soulignés ou excuser son adversaire si on a raison;
- tenter de parler et d'agir positivement – le mot *oui* est souvent le ciment de l'amitié;
- accueillir favorablement les idées ou les désirs d'autrui.

Une fois le cercle d'amis formé, il est capital de tout mettre en œuvre pour le conserver. Sur le mont Athos, la montagne sainte (interdite aux femmes depuis 1060) où vivent 1 500 moines orthodoxes, les règles de l'amitié font commandements.

Malheureusement, toutes les amitiés ne sont pas enveloppées de la même qualité exceptionnelle qui unissait Montaigne et La Boétie. Pour réussir, il semble que l'amitié doive se passer d'exigences restreintes. L'état civil, la vie professionnelle, le milieu familial respectif, l'âge, la santé physique et mentale, la position sociale, l'éducation, la culture, l'itinéraire parcouru sont autant de motifs qui rapprochent ou éloignent les individus. Hélas! souvent l'argent joue un rôle important dans le choix des amis. La raison mercantile devrait être tout à fait abstraite de ce contexte si délicat.

Si on tient à conserver l'amitié de quelqu'un, il faut se soumettre à des normes qui interdisent de:

- s'enliser dans la quotidienneté;
- étouffer l'autre par des contraintes;
- exiger les mêmes choix et les mêmes opinions en tout;
- commettre des indiscrétions ou être inquisiteur;
- aller au-delà du principe: «Ma liberté s'arrête là où commence la tienne»;
- raconter tous ses secrets;
- imposer ses conseils quand ils ne sont pas sollicités;
- s'ingérer la vie de couple de l'ami;
- s'imposer à sa table, à sa vie de famille, par habitude;
- participer à ses vacances familiales ou à ses sorties de façon systématique;
- emprunter des objets ou de l'argent sans l'intention de les rendre.

J'emprunte à l'écrivain américain du XIXe siècle Oliver Wendell Holmes cette phrase pleine de sagesse: «Surtout, ne faites pas l'erreur de croire que l'amitié permet de vous adresser à vos intimes sur un mode désagréable. Plus votre relation avec quelqu'un est étroite, plus elle nécessite de tact et de courtoisie.» Je connais un mariage de plus de 40 ans qui résiste à l'érosion grâce à la courtoisie bilatérale des époux.

L'amitié, la grande, la vraie, l'unique, est basée sur le partage de manière désintéressée. Le tact, la gentillesse, la présence parfois osée, le moment propice sont des dominantes indispensables en amitié. La réciprocité est un courant alternatif nécessaire dans les relations amicales. «Lorsque mon ami rit, disait un encyclopédiste, c'est à lui de m'apprendre le sujet de sa joie; lorsqu'il pleure, c'est à moi de découvrir la cause de son chagrin.»

De par sa nature privilégiée, l'amitié serait vouée à l'échec ou serait mise en péril si elle devait subir l'infidélité, la traîtrise, la trahison, la calomnie, la médisance, l'affront, le chantage, l'indiscrétion et l'indélicatesse.

La qualité primordiale de l'amitié est la générosité. Pas celle des cadeaux, mais celle des âmes bien nées. Si la paresse est mère de tous les vices, la générosité engendre le courage, la vaillance, l'oubli de soi, l'indulgence, la tolérance, la libéralité, la valeur et l'honneur.

Une fois l'amitié conquise, il serait sot de la mettre en danger. Apportez-lui tous les soins: c'est une plante fragile mais indispensable.

Si la tentation était grande de vouloir fusionner la présence de l'ami et la vôtre dans un même lieu, pensez à protéger la solitude qui n'est pas dépourvue de plaisir. C'est ce qu'avait compris Marie Laurencin qui refusa d'épouser son amour Guillaume Apollinaire. Pour ne pas le banaliser dans le quotidien, elle a eu ce mot: «Je suis comme les rossignols japonais. Un couple dans la même cage se tait. Séparez-les en deux cages, ils chantent.»

L'amitié, c'est une île heureuse, une bulle d'enfance.

L'AMOUR TENDRE

«Il est singulier de songer qu'amour n'est féminin
qu'au pluriel.» — Albert Willemetz

❦

L'amour, un sujet qui ne s'entend ni avec le frimas ni avec les frilosités de la banalité. Une porte ouverte sur toutes les magies et parfois sur l'extravagance. Avant de porter son nom si séduisant, l'amour passe par la tendresse dont il ne saurait se passer. Depuis le plus jeune âge, qui ne l'a pas ressentie à travers l'émotion provoquée par le beau regard d'un chien, par les vieux couples encore amoureux qui se tiennent par la main, par une vieille dame qui va nourrir les petits oiseaux de son vieux pain et par le gamin qui éclate de son nouveau sourire édenté?

La tendresse

La tendresse ne se gouverne pas, elle se ressent. Contrairement au savoir-vivre, elle ne s'apprend pas, mais elle peut se développer.

Quelle que soit l'éducation reçue, il ne faut pas rougir de ses élans; il faut oser exprimer son affection avec de bonnes paroles et des gestes affectueux. Les caresses, les baisers, les

bisous, les serrements de mains, les épaules qui se reposent l'une sur l'autre ne sont pas réservés qu'aux enfants et aux amoureux.

Une certaine éducation prude, voire puritaine, a laissé plusieurs générations avec des corps maladroits et trop pudiques qui se retiennent de caresser le visage de leurs parents comme à l'époque de leur enfance; de serrer la main ou le bras d'une personne qui ressent les mêmes émotions qu'eux; de prendre dans leurs bras un ami et de l'embrasser affectueusement sans en ressentir la moindre gêne; de saisir un collègue novice par les épaules pour lui manifester tout son encouragement, de lui communiquer par un geste des mains cette confiance qu'on a en lui; de frictionner la nuque et de masser les pieds d'une amie qui souffre; de caresser doucement la main des personnes âgées qui n'attendent que cela. Nous sommes des mammifères et, de ce fait, nous ne pouvons pas vivre sans cette chaleur merveilleusement animale qui circule en nous. Laissons-la s'exprimer, pardi!

Pourquoi est-ce plus facile de prouver son attachement aux enfants et aux vieillards qu'aux gens de notre génération? Peut-être parce qu'ils n'ont pas honte de recevoir des gestes qui leur sont naturels. Laissons la porte ouverte pour que la tendresse puisse y entrer et pour que ceux qui veulent la franchir se sentent à l'aise de le faire. Il faudrait surtout savoir que les débordements de la passion sont sujets à l'érosion, alors que la tendresse s'épanouit dans le temps.

L'amour

L'amour est souvent une suite logique à la tendresse qui ne devrait pas mettre celle-ci en péril. L'amour! C'est un état qu'on voudrait permanent quand il est beau, quand il porte un grand «A» et une fleur à la boutonnière.

Au début de ce grand et merveilleux dérangement (qui arrive à tout âge), on passe par toutes les variations sur le même thème: l'amour tendre, l'amour courtois, l'amour fou, l'amour passion, l'amour platonique, le parfait amour, l'amour passager. Mais quelle que soit son épithète, il faut bien le traiter pour le faire durer toujours. Parfois, la démesure des sentiments entraîne des comportements farouches, voire asociaux:

- téléphoner à sa belle (ou à son prince charmant) à trois heures du matin pour lui roucouler ses sentiments;
- atterrir chez elle sans s'annoncer, une bouteille de champagne à la main;
- compromettre ses rendez-vous professionnels pour lui voler une heure de sa précieuse compagnie ou pour aller faire un pique-nique à la campagne;
- organiser une rencontre fortuite avec sa famille sans la prévenir;
- quitter le clan familial pendant les vacances, pour aller la surprendre là où elle se trouve.

Ces manières n'en sont pas de bonnes. Mais il faut se montrer compréhensif envers les nouveaux amoureux, car leur seul paysage est de se regarder l'un l'autre et tout ce qui le dépasse est exclu. Ils sont en état de lévitation et n'ont nullement conscience d'avoir quitté leur condition «normale». Leur indélicatesse envers la société touche parfois à la goujaterie. «Pardonnez-leur, car ils ne savent ce qu'ils font»! En tout cas, pas toujours.

Nous qui sommes témoins de leurs effusions, apprenons à accepter sans exaspération leurs apartés permanents, leurs roucoulements pas toujours subtils, leurs fous rires incessants, leurs œillades incendiaires, leurs sourires ravageurs et, parfois, leurs torrides attouchements. Une fois l'ouragan passé, ils redeviendront charmants et courtois.

Si, après cette période fugace, on souhaite entretenir les liens tissés par les beaux sentiments, il faudra à tout prix faire preuve de courtoisie et de bonne éducation; autrement, l'amour ne résistera pas. «Je t'enlacerai, tu t'en lasseras», perle de Louise de Vilmorin. Au début, dans le feu de cette excitante découverte, on déborde d'indulgence l'un pour l'autre. Plus tard, il faut appliquer ses notions de compréhension et de tact. Cette condition est essentielle au maintien et à la bonne santé mentale du couple.

Le couple vit en promiscuité et ne supporte pas les grossièretés. Il se peut qu'on tombe amoureux d'un mufle, qu'on s'enflamme pour un moujik ou qu'on s'éprenne d'une femme-dragon, mais l'harmonie de ce couple est fort compromise. Plus encore que les paroles irréparables, les habitudes rustiques et le manque de savoir-vivre tuent l'amour sans espoir de retour.

J'ai été touchée d'apprendre qu'Yves Montand, devenu papa sur le très tard, s'interdisait le matin de se montrer à son enfant avant de s'être rasé. Il ne s'autorisait pas le laisser-aller devant le fruit de son amour. Ni le regard ni l'ouïe ne s'habituent aux fautes de goût; ils deviennent mordants. La sensibilité et la susceptibilité ne s'amortissent pas, elles s'aiguisent. Pour défier la précarité du couple et réussir sa co-habitation, il faut toujours faire preuve de discrétion et de ci-vilité. Pourra-t-on clamer un jour qu'on s'est mariés pour le meilleur (qui se cultive) et non pour le pire (qui s'enraie)? Au nom de la longévité de l'amour, ne chipotons pas sur les: «bonjour, ma chérie» «tu as bien dormi, mon amour?» «merci, mon chéri» «excuse-moi» «s'il te plaît» et encore «merci» jamais trop usité. Combien de ces mots-là ne nous ont-ils pas permis de nous réconcilier sans blesser l'amour-propre de l'autre?

Un jour, un amoureux-à-l'essai m'a déclaré qu'il me trou-vait trop polie pour lui. L'essai a été de courte durée et, d'une façon certaine, concluant. Il n'avait pas compris que la poli-tesse avait un pouvoir magique sur la durée.

Blind date

Faut-il approuver et encourager les «rencontres à l'aveugle»? Je réponds par oui. Même si, pour certains, l'expérience s'est montrée désastreuse une bonne douzaine de fois, il ne faut pas abandonner l'idée que le treize sera le numéro chan-ceux. Pour ce faire, il faut d'abord ne perdre ni son courage ni sa persévérance.

Si vos amis ont à cœur votre bonheur, et que leurs inten-tions sont pures et candides, laissez-les «arranger» une ren-contre entre vous et l'une de leurs connaissances. À ce genre de générosité, il faut avant tout être ouvert et adopter la de-vise des scouts: «toujours prêt!», et surtout montrer de la reconnaissance. On vous veut du bien.

Une grande quantité de gens bien mariés dans le monde ont trouvé l'âme sœur grâce à ces rencontres organisées. N'im-porte qui peut faire partie de ces statistiques.

Si la personne qu'on vous destine ne vous fait pas flip-per dès la première rencontre, il se peut que plus tard des sentiments agréables se développent entre vous. Il est encore fort possible que cette personne organise un *party* et vous y invite. Une occasion qui a valu à plus d'un la chance de trouver le grand amour.

Envisagez que la personne rencontrée par un «hasard organisé» puisse vous être utile un jour en comblant la place d'un absent à dîner chez vous. Elle pourrait devenir, à son tour, la personne idéale pour un de vos convives. Qui sait?

On a tendance à croire définitives nos premières impressions, surtout si elles sont négatives. Ce n'est pas parce qu'un garçon n'est pas la copie conforme de James Dean ou de Ben Affleck qu'il ne peut correspondre à quelques-uns de vos désirs. C'est surprenant de constater à quel point un être humain peut exercer de charme et de séduction une fois qu'il est à l'aise. Sous l'effet du manque d'assurance dû à l'inconnu, d'aucuns perdent leurs moyens et leurs atouts.

Laissez-lui donc une chance, bon Dieu!

Un petit rappel de galanterie aux hommes qui sont trop pressés et en manque de temps pour en user. Figurez-vous, messieurs, que nous apprécions d'autant plus cette petite vertu qu'elle est devenue si rare. Les petits gestes, autrement dit les beaux gestes, consistent à piétiner son égoïsme et à devancer les désirs de l'autre, qui ne sont pas nécessairement si exigeants. Pour être attentionné, il faut être disponible.

La rupture

«Dis-moi qui tu as aimé, je te dirai qui tu hais», a dit Victor Hugo.

L'échec amoureux n'a pas de panache, et le chagrin d'amour manque de noblesse. Ils ont tout de même leur beauté, pâle et vénéneuse il est vrai, mais sur fond noir les larmes ont souvent l'éclat de la perle. Savoir réussir son départ dans le grand art.

Quel que soit le motif de la rupture amoureuse, pour bien la vivre il faut avoir un caractère laminé et un ego hypertrophié. La personne qui tire sa révérence doit le faire avec grâce pour épargner l'amour-propre et les blessures de l'autre. Partir avec dignité, regarder du bout des yeux et faire comprendre avec civilité: «Souviens-toi de m'oublier.»

La seule chose qui compte, c'est le renoncement. Quand on a compris ça, on a tout compris. On sait déjà beaucoup quand on sait qu'on ne peut compter que sur soi. Pour affronter cette adversité, il faut chausser son cœur d'au moins deux pointures au-dessus. Le laisser respirer. Donner une valeur aux choses pour ce qu'elles valent, pas pour ce qu'elles signifient. Surtout, lorsque ces grandes lésions vous consument l'âme, ne perdez pas confiance: le chagrin, c'est quand le bonheur se repose. Temporairement.

«On a bien de la peine à rompre quand on ne s'aime plus», dit un moraliste. Songez que votre bonheur que vous vouliez mettre entre ses mains restera désormais entre les vôtres. Il faut à tout prix éviter d'être disloqué comme un grand brûlé qui crie «au secours!» et ne pas avoir d'indulgence pour la médiocrité.

Je viens supplier tous ceux qui passent par ce bûcher de ne pas s'attirer des haines tenaces et des rancunes obstinées et de ne pas susciter de représailles toujours regrettables. Une fois le repentir exprimé, le pardon des offenses devrait, sans être obligatoirement spontané, faire partie de vos moyens.

Dans notre société de consommation de fraîche jeunesse, je voudrais prouver aux femmes et aux hommes combien ils se trompent en pensant qu'on ne tombe plus amoureux en vieillissant. Ils ne savent pas qu'on vieillit lorsqu'on cesse de tomber amoureux.

Si les sentiments ont été lancinants, si la trace des morsures s'est fait sentir, si les égratignures et la peur se sont succédé, je vous redis que, malgré tout, l'important, c'est d'aimer!

LE LIT
ET SES CHARMES

Aux sots du lit

L e lit. Ce meuble à multiples usages est sans doute le plus important de tout le mobilier puisque c'est là qu'on naît, qu'on souffre, qu'on s'ébat, qu'on procrée souvent, qu'on se réconcilie maintes fois, qu'on dort tout de même et qu'on meurt éventuellement. Si on savait mieux se comporter dans ce berceau des grands événements, il est à peu près sûr que bien des conflits pourraient être évités.

Puisque la première politesse envers soi consiste à être propre, le lit devrait être frais et bien fait pour y accueillir toute activité à desseins variés.

Sans se convertir en savonnette, il faudra veiller à être soi-même net. Le parfum, objet de séduction, devra être utilisé avec modération. N'en abusez pas, car tous les parfums ne sont pas faits pour s'entendre. Le vôtre se mélangera au sien. Réussissez le cocktail de vos arômes.

S'enivrer de passion libère certainement mieux que l'alcool. Ici, le dosage doit être parfait. Optez pour la superbe bouteille de champagne plutôt que pour les boissons alcoolisées à grands mélanges qui abattent. Encore là, selon les natures de chacun. Il vaut mieux être léger comme des bulles.

L'effusion au lit est plus assurée d'éclat si elle a lieu avant le repas. Elle est un somptueux apéritif et, souvent, un désastreux digestif. Une charmante promenade après le dîner peut être un atout de séduction à ne pas négliger et évitera à vos entrailles volcaniques de désagréables effets secondaires tels que les météorismes, qui gênent souvent la passion. L'aérophagie et ses conséquences ne génèrent pas nécessairement la gaieté des amants. Comme bruitage, on préférera s'offrir une musique en sourdine qu'on n'est pas tenu de scander plutôt que des manifestations biologiques peu aimables.

S'il s'agit de vous rendre au lit pour y partager de la tendresse, allez-y graduellement. Vous n'allez ni allumer la flamme olympique ni éteindre un incendie de forêt avec un canadair. On a beau être pressé, il y a des situations où il vaut mieux ne pas être expéditif. Sachez vous y rendre: mesurez le vigoureux enthousiasme et le séduisant marivaudage.

Au néophyte, le lit amoureux n'est l'endroit ni pour explorer son nez avec les doigts, même si c'est dans le but d'y trouver tout l'or du Klondike, ni de décharger un regard laser dans les situations de grand étonnement. Ces attitudes peuvent choquer à un tel point qu'elles rompent le charme probablement déjà tendu.

Il serait préférable de choisir un autre endroit et un autre moment pour parler de *facelifts*, d'hypothèques, de compressions budgétaires, de hausses des prix et surtout de chômage, car à ce moment précis, vous n'y êtes pas (au chômage).

Il est de fort mauvais goût, et le risque est grand, de comparer la virtuosité ou les mesures anthropométriques des précédents occupants de votre lit avec l'actuel.

La comptabilité de vos conquêtes ou de vos biens ne sera pas étalée. Le lit n'est pas le meilleur endroit pour négocier

ni pour parader. Il existe, si je puis dire, pour se faire valoir dans le but du bonheur mutuel.

J'emprunte à Jacques Rigaud, dans *Le bénéfice de l'âge*, ce paragraphe: «Il faudrait aussi parler du rire dans l'amour. On ne rit pas en faisant l'amour. J'ai toujours été impressionné par la gravité du langage des corps, au point que tout effet comique risque d'en rompre le charme; mais dans les intervalles de l'amour, il n'est rien de plus rassurant et de plus tonique que le rire, orgasme léger presque toujours éprouvé à l'unisson.»

Le merci poli en épilogue n'a pas vraiment sa place au lit et, messieurs, évitez de trahir vos habitudes en laissant sur la table de chevet, en partant, une enveloppe garnie.

En outre, messieurs, si la toute belle se trouve dans votre lit, ne vous empressez pas de vous rendormir en ronflant ni de proposer tout de go un taxi. Si vous disposez d'une voiture, raccompagnez la dame chez elle… si c'est là son intention. Autrement, attendez qu'elle exprime son désir d'appeler un taxi.

Le ronfleur impénitent est aussi romantique qu'un tracteur aux champs. Des thérapies chirurgicales très efficaces pourront pallier ce mode d'expression trop bavard et peu éloquent.

Et vous, madame, ne vous mettez pas dans la situation de devoir entreposer l'amant dans votre armoire, même à glace.

Qu'elle était douce cette époque où le lendemain des premiers ébats, et même de ceux à venir, le galant faisait livrer des roses rouges à celle qui les méritait! Barbra Streisand s'en plaint elle aussi, en chanson.

À l'inverse de Madame de Rambouillet, au lit, faites abstraction de votre position sociale et de celle de votre partenaire; il y en a tant d'autres qui sont plus intéressantes.

Si vous êtes de ces maniaques du tabac qui doivent fumer après, ayez la décence de choisir le moment propice pour ce faire et pensez qu'au lit il vaut mieux consommer qu'être consumé. Ni vos cendres, ni celles de votre cigarette n'y sont appréciées. Avis aux fumeurs qui désirent conquérir l'être aimé: le cigare ou la pipe dans la chambre à coucher sont de véritables vaccins contre l'amour.

Le conjoint qui aime grignoter des chips, des craquelins ou des biscottes au lit devra veiller à le faire sur une assiette, encore mieux sur un plateau, épargnant ainsi à sa moitié des démangeaisons soudaines et des ruptures de sommeil intermittentes.

Avis aux couples qui dorment dans un lit matrimonial (comme on dit en Italie): que l'un des deux ne manifeste pas son égoïsme en tirant à lui toute la couverture et, même dans le sommeil, on ne jette pas son (sa) partenaire en bas du lit. L'agressivité, la violence et la possessivité doivent être contrôlées aussi en dormant.

En vacances, laissez la liberté à ceux qui se lèvent à l'aurore de tomber en contemplation devant un lever de soleil et à ceux qui veulent profiter du silence de la nuit pour lire ou écrire, sans leur passer de remarques désobligeantes parce qu'ils ne vivent pas en concordance des temps avec vous. Le respect du sommeil de l'autre est le compromis le plus difficile à atteindre dans les couples et les familles, avec ou sans visiteurs. La synchronisation parfaite n'existe pas et le bonheur au lit consiste aussi à faire rimer les désirs de faire dodo.

Si vous avez des amis à coucher, il faut veiller à leur confort nocturne. Enquérez-vous de leurs habitudes. Préfèrent-ils des oreillers fermes ou mous? La couette ou la couverture? Les invités, quant à eux, se soumettent à la discipline de bien faire leur lit le matin et de laisser la chambre en ordre. Le matin du dernier jour de leur visite, ils laisseront le lit ouvert, les couvertures et les draps soigneusement repliés au bout du lit. À l'intention du personnel de la maison hôtesse, les invités veilleront à déposer une enveloppe garnie sur l'oreiller avec un mot de remerciement.

Le lit d'hôpital, pour sa part, suppose un contexte de souffrance. Visiteurs de malades, ne déposez pas sur leur lit vos manteaux et votre parapluie et choisissez plutôt une chaise pour vous asseoir.

Ce n'est pas parce qu'on paie une chambre à l'hôtel qu'il faut laisser le lit dans un état de dégoûtante porcherie. Pensez que vous laissez aussi votre réputation derrière vous.

Comme on fait son lit on se couche!

LA TRADITION
DES FIANÇAILLES

«Je te promets, je me compromets...»

$\clubsuit$

En ancien français, le mot «créantailles» a devancé «fiançailles» pour parler de promesse de mariage entre deux familles plutôt qu'entre deux personnes. Le mot «fiancer» signifie en vieux français «prêter serment». Si certains jeunes maintiennent la tradition, ils ont conscience qu'ils se font, en se fiançant, une promesse solennelle de mariage. Ils ont simplifié le protocole en informant simplement leurs parents de leur intention.

Cette période prénuptiale est idéale pour faire connaissance avec la famille de sa promise ou de son fiancé. C'est à la mère du fiancé de prendre l'initiative d'inviter les parents de la future épouse à un thé ou à un repas du soir pour se féliciter mutuellement de cette union à venir. Plus tard, il revient à la mère de la fiancée d'en faire autant pour discuter des arrangements et de l'organisation du grand jour.

C'est au fiancé d'inviter sa belle à choisir sa bague de fiançailles chez le bijoutier de son choix. Si le fiancé offre à sa future épouse un bijou ancien appartenant à sa famille, il lui laissera la liberté d'en changer la monture.

Selon la tradition, la bague est offerte au cours du repas de fiançailles ou en tête-à-tête entre les deux fiancés. Ce jour-là, le jeune homme remet en personne ou fait livrer des fleurs blanches ou roses à la jeune fille. Réciproquement, la fiancée doit offrir à son futur un cadeau de prix.

Si la jeune fille est au courant que les futurs beaux-parents ont contribué à l'achat de la bague ou qu'elle leur a appartenu, elle les remerciera oralement ou par écrit, à la plume.

Déjà, dans la Rome antique, il était d'usage de remettre un anneau à sa belle qui devait le porter à l'annulaire gauche, car selon une croyance ancienne, un nerf délicat relie le cœur à ce doigt. Plus tard, au XIIIe siècle en France, les fiançailles sont scellées par l'échange d'anneaux bénis par le prêtre.

La bague de fiançailles est ainsi devenue le premier bijou important dans la vie d'une jeune fille. Si l'on remonte à 1286, en France, on apprend que cette bague doit être uniquement ornée de perles et de pierres blanches afin qu'elles puissent s'accorder à la pudeur d'une fiancée virginale. Au XIVe siècle, le diamant brut devient la pierre de prédilection de la bague de fiançailles, car serti dans l'acier, il symbolise le serment de fidélité conjugale.

Il faudra attendre le XIXe siècle pour que le nom de bague de fiançailles soit synonyme de bague de l'amitié, puisqu'elle devient l'emblème de promesse de mariage de l'homme envers la femme, et réciproquement.

À la bague de fiançailles doit s'ajouter l'alliance puisqu'elles sont portées ensemble. Les alliances prévues tant pour l'homme que pour la femme consacrent le mariage devant Dieu, d'où le nom «alliance» éternelle entre deux êtres. Cet acte devient sacré. Retenez que ce bijou est fait pour durer toujours.

S'il devait y avoir rupture, les fiancés annoncent eux-mêmes la mauvaise nouvelle à leurs proches, qui auront le tact de ne pas en demander les raisons. La bague est obligatoirement restituée au jeune homme, à moins qu'il y renonce.

En fin de chapitre, un clin d'œil. Autrefois, les anciens accordaient toutes sortes de maléfices aux pierres précieuses: les perles annonçaient les larmes, l'émeraude n'était accordée qu'aux vierges (aujourd'hui cette pierre resterait dans les écrins des joailliers) et l'aigue-marine augurait le malheur, l'infidélité ou le changement. Il n'y a que l'opale qui a conservé sa superstition; on la dit dangereuse parce que fragile et menaçant de se casser facilement. En outre, comme elle change de couleur, elle influencerait également les émotions, dit-on.

LE MARIAGE
ET SES RÉJOUISSANCES

«Le mariage est un petit jeu de satiété.»
— Henri Duvernois

L e mariage est sans aucun doute l'un des actes les plus importants, et même graves, de la vie. Dans toutes les cultures, des fêtes, des rituels, des cérémonies et des réjouissances accompagnent ce grand événement qui unit non seulement deux personnes mais deux familles.

Ces trente dernières années, on a tenté d'y suppléer par l'union libre, mais on remarque en ce début du XXIe siècle que la tendance du mariage est revenue dans l'air du temps. Néanmoins, beaucoup de couples vivent en concubinage et on compte un nombre croissant de célibataires.

L'annonce du mariage

U ne fois la date de leur mariage choisie, les futurs époux publient les bans à l'hôtel de ville et à l'église s'ils envisagent également la cérémonie religieuse; les autorités concernées sont tenues de les informer du délai légal. Une liste des invités est soigneusement dressée, dans laquelle sont inclus parents des deux familles et amis des fiancés. Des faire-part sont adressés aux invités à la cérémonie du mariage et à la réception qui suivra. S'ils sont de facture classique, ils seront composés d'un carton plié en son milieu afin de laisser à chacune des familles le soin d'annoncer le mariage de son enfant. Si les grands-parents sont vivants, ils devront apparaître en premier lieu. Par exemple:

> *Monsieur et Madame François Dubé*
> *Monsieur et Madame René Maltais*
> *Monsieur et Madame Philippe Dubé*
> *ont l'honneur de vous faire part du mariage de*
> *Mademoiselle Sophie Dubé, leur petite-fille et fille*
> *avec*
> *Monsieur Marcellin Garneau*

En principe, on préfère la couleur blanche ou ivoire, et les caractères italiques sont d'encre noire. On peut mentionner les titres honorifiques et les grades universitaires. Les professions n'y figurent jamais. Un carton d'invitation à la réception peut être glissé à l'intérieur de la double feuille, indiquant l'endroit et l'heure de celle-ci. Les invités sont tenus de répondre aussitôt. L'insertion dans la presse ne peut en aucun cas servir de faire-part, car elle n'a pour but que d'informer les relations lointaines.

Les faire-part sont envoyés un mois à l'avance. Il faut déterminer tous ceux qui ne recevront que le faire-part et ceux qui seront invités à la réception qui suivra la cérémonie. Une attention particulière est apportée au choix de ces listes, et l'usage du tact est ici fort recommandé.

Officiellement, il n'y a pas de jour particulier pour se marier, mais la plupart des mariages sont célébrés le samedi, à l'exception de ceux appartenant à la religion juive.

Durant la cérémonie religieuse, la place de la mariée est à la gauche du marié, devant l'autel, et la famille de celle-ci est placée sur les bancs de la partie gauche de l'église, derrière elle. Une fois la cérémonie terminée, les mariés et leurs parents reçoivent les félicitations de leurs invités devant l'autel, à la chapelle ou à la sacristie.

Il est évident que la situation devient plus délicate si les parents sont divorcés. Si la présence de la seconde épouse ou du second mari est une menace pour le bon déroulement de la réception, il vaudrait mieux qu'ils s'abstiennent d'y assister, à moins qu'ils ne souhaitent se tenir à l'écart, vers l'arrière de l'église ou de la salle de réception, accompagnés d'un ami ou d'un parent.

Sur le parvis, on jette parfois du riz en signe de porte-bonheur. Les pétales de roses me paraissent plus délicats encore.

Les cadeaux

Les personnes invitées au mariage font un cadeau qui est adressé au domicile de la fiancée ou du fiancé, accompagné d'une carte de visite exprimant des vœux de bonheur. On a de plus en plus souvent recours à une liste de mariage déposée dans un ou plusieurs magasins, ce qui n'oblige en rien les invités à s'y conformer s'ils souhaitent offrir un cadeau plus personnel. Il faut conclure que si liste de mariage il y a, c'est pour faire plaisir aux futurs mariés. Seuls les parents et les grands-parents peuvent remettre un chèque plutôt qu'un cadeau.

Je trouve personnellement inélégant de faire participer les invités aux frais de la réception du mariage, comme font certains néophytes. Il est largement suffisant qu'ils offrent un cadeau.

À l'occasion d'un remariage, les nouveaux époux ayant chacun de leur côté amassé tous les éléments nécessaires à un ménage, je suggère que les invités rassemblent leur contribution pour offrir le voyage de noces.

Autrefois, la tradition exigeait que tous les cadeaux soient exposés à l'admiration des invités chez la future mariée. Elle est aujourd'hui abolie. Les mariés se feront un devoir et un plaisir de remercier par écrit, jamais par téléphone ou d'autre façon, tous les donateurs par une carte ou une lettre dans laquelle il est fait mention du cadeau offert afin de manifester qu'on l'a bien identifié.

La tenue des mariés

Le marié a le choix entre la jaquette, l'habit ou le costume foncé. S'il s'agit d'un très grand mariage, la jaquette grise est la tenue à privilégier, avec les gants et le haut-de-forme gris ainsi que les chaussures vernies noires. Si le choix se porte sur l'habit, la chemise est empesée avec col cassé, gilet et nœud papillon blancs. Avec le costume bleu marine ou gris foncé, la chemise est blanche, la cravate de soie grise, et les chaussures et chaussettes noires. Le marié porte également un œillet à la boutonnière.

La mariée enfile une robe longue blanche ou ivoire avec voile de tulle ou de dentelle, si son mari porte jaquette ou habit. S'il est en costume, elle pourra se vêtir d'une robe courte et porter des escarpins blancs ou ivoire, des gants courts ou trois-quarts en peau d'ange, avec un mouchoir de dentelle blanc (et non pas un kleenex) glissé dans le gant et un bouquet blanc ou de ton clair. En plus de la robe, qui sera la plus belle possible, la mariée portera une coiffure qui s'adaptera à son voile ou à son chapeau, et son maquillage sera léger et nacré. En dehors de la bague de fiançailles et de boucles d'oreille très simples, la mariée ne portera pas d'autres bijoux. Il est une coutume européenne qui a retenu mon attention: la mariée emprunte un bijou ancien, en général des boucles d'oreille, à une amie ou une parente et le porte durant toute la journée des réjouissances nuptiales, ce qui devrait garantir la longévité du bonheur marital. Pourquoi ne pas mettre toutes les chances de son côté?

Les invités doivent laisser aux mariés le privilège de porter le blanc et le noir, et eux se permettront toute la gamme du prisme.

La réception

Plusieurs formules se font concurrence selon l'heure de la cérémonie, le nombre d'invités et le style du mariage:

- cocktail de 17 h à 20 h;
- déjeuner, brunch ou lunch familial;
- buffet en fin d'après-midi;
- dîner ou buffet dansant jusqu'à minuit;
- grand repas assis.

Pour réussir avec succès la réception, l'assignation des places à table est capitale. Si les parents des mariés sont toujours unis, ils s'assoiront à la table d'honneur, avec les grands-parents, les frères et sœurs, et les parrains et marraines. Dans le cas de rupture matrimoniale des parents, il vaut mieux entourer les mariés de leurs témoins et de leurs amis intimes. On veillera à faire présider le père et sa nouvelle épouse à une table dans la salle, et dans un autre endroit de la salle, on placera la mère comme hôtesse de sa table en lui prêtant un hôte qui pourra égayer l'atmosphère et éventuellement rendre à la mère lésée, s'il en est, une mine rayonnante. Chaque table dans la salle est présidée par un hôte et une hôtesse qui ont un lien étroit avec les mariés et forment ainsi l'axe principal de leur table.

Les toasts

À un repas de mariage, il revient au témoin du marié ou à son garçon d'honneur de proposer un toast aux nouveaux mariés. Tous les invités se lèvent sauf les mariés. Une fois qu'ils se sont assis, le marié se lève à son tour et répond par un toast de remerciement et un autre à son épouse. Seules les personnes assises à la table d'honneur sont autorisées à porter un toast.

Si les pères des mariés ne sont pas assis à la table d'honneur, ils peuvent boire au bonheur des nouveaux mariés. Aujourd'hui, la mariée a le privilège d'en faire autant: elle porte un toast à son témoin, à ses parents, à son époux et remercie tous les invités d'être venus partager cette journée de réjouissance.

Un toast se porte toujours de la main droite et il est inévitable de boire ou de faire semblant de boire.

Tout le monde est tenu de faire de cette journée un succès, et de laisser dans l'esprit et l'âme de chacun le souvenir d'un jour heureux qui augure du contentement durable. «Un souvenir d'amour ressemble à l'amour — c'est aussi un bonheur», a écrit Goethe.

… Parce que «si l'amour est aveugle, le mariage lui rend la vue!»

ANNIVERSAIRES DE MARIAGE

L'argent, l'or, et quoi encore

Des noces d'argent sur un plateau d'or et des noces d'or sur un plateau d'argent! L'anniversaire de mariage n'est-il pas le renouvellement de sa promesse mutuelle d'amour, la célébration triomphale d'une dynastie imposante, par le nombre, par la réussite et par la concrétisation des nobles sentiments? Pénélope aura donc conquis Ulysse.

L'amour heureux ne se raconte pas, ne fait pas une histoire, mais fait désormais partie de l'Histoire.

Chacun de ces anniversaires mérite d'être souligné dans l'allégresse, car il est une preuve tangible qu'on a su maîtriser les sourds malentendus, les petites et grandes jalousies, et qu'on a appris à résister aux intempéries. Pour le meilleur et pour le pire. Parce qu'on s'est appliqué à faire durer l'Amour et que cette notion de durée se fête à répétition en se prêtant tacitement au grand serment. Pour beaucoup, le mariage est l'accomplissement de l'être. Pour d'autres, il est la raison de fierté de sa lignée. Aujourd'hui, on entend certains couples dire qu'ils ont tellement réussi leur union qu'ils se sentent «beaucoup mariés». L'image du mariage doit refléter ce bien-être harmonieux qui est une prédilection d'un époux vers l'autre.

La seule chose venue du paradis terrestre est le mariage; voilà pourquoi on lui accorde une telle charge émotive et spirituelle. Cet engagement bilatéral est devenu plus tard la forme médiévale de l'amour courtois. Aujourd'hui, il est un geste de foi vécue, faisant écho à une attente implicite. Car il n'y a plus d'alternative au mariage. Dans toutes les sociétés, le couple et ses enfants réorganisent le monde sans cesse. Et comme l'homme et la femme ont besoin de repères, leur engagement l'un envers l'autre donne un sens et une identité à ce qu'ils sont: fils, père, époux, belle-fille, grand-mère, aïeule.

«Le mariage est et restera le voyage de découverte le plus important que l'homme (et la femme) puisse entreprendre; toute autre connaissance de l'existence, comparée à celle d'un homme marié, est superficielle, car lui et lui seul a vraiment pénétré l'existence», a pensé Soren Kierkegaard.

Voilà pourquoi il est si important de ne pas se lasser de célébrer l'Amour. Nos traditions nous y encouragent. Vivement que le mariage revienne dans l'air du temps! «Le mariage est une si belle chose qu'il faut y penser toute sa vie», disait Talleyrand.

On se regarde l'un l'autre avec la même transparence depuis 15 ans, et ce sont les noces de cristal. Mari et femme se tiennent ferme la main contre vents et marées depuis 25 ans, et leurs enfants fêtent un quart de siècle d'Amour comme une immense coupe d'argent remplie à ras bord: ce sont les noces d'argent. À 35 ans d'union bien solide, on a toujours les yeux de l'Amour et on célèbre ses noces de rubis. Après 40 ans d'un mélange de joies et de difficultés, on vit dans l'espoir qu'on en surmontera d'autres, et ce sont les noces d'émeraude. À 50 ans de complicité, l'or brille de tous ses feux et des émotions amassées dans le cœur et les veines, et c'est toute la lignée qui complote pour organiser en secret et avec éclat les noces d'or. Si Dieu a consenti à faire vieillir ensemble le couple pendant 60 ans, cet Amour si dur, si durable s'apparentera au diamant. Lorsqu'on constate qu'on a partagé cette fidélité jurée durant 65 ans, on en arrive aux noces de saphir. Et si la science nous fait de plus en plus vieillir et réussit à nous garder ensemble pendant sept décennies, on célébrera, un peu rabougris certes, ses 70 ans de mariage: ce sera les noces de platine.

Alors, comme au jour du mariage, la vieille dame tendrement dirigera son regard un peu éteint vers son vieux compagnon et lui déclarera: «Je vous salue, mari!»

LA BIENSÉANCE
DES FLEURS

«Semez vos entretiens
de fleurs toujours nouvelles.» — Voltaire

Offrir des fleurs, c'est mettre la personne qui les reçoit en état de grâce. On les choisit selon sa fantaisie, ses goûts, sa générosité, les circonstances et, naturellement, l'offre saisonnière.

Il semblerait que 800 fleurs sont porteuses de messages, dont l'exubérante rose rouge qui symbolise la passion et l'amour. Les roses ont un éventail sophistiqué de sens, et leur couleur nuance leur valeur. La blanche est l'expression du secret et du silence, de la dignité et de la sincérité. On prête à la jaune de traduire la jalousie. La rose tendrement rose est d'amitié tendre. Celle qu'on offre ouverte exprime l'engagement; pas encore éclose, la timidité.

Il arrive parfois qu'une même fleur ait des significations différentes selon le pays, l'époque et les origines. Par exemple, le glaïeul peut annoncer la froideur ou un rendez-vous galant, ce qui risque d'engendrer la confusion. Attention à l'orchidée qui envoie des messages ambitieux. Elle peut vouloir dire «vous êtes ce que j'ai de plus cher au monde», mais aussi « je suis prêt à mettre ma fortune à vos pieds». Le bleuet est timide, la tulipe au contraire, courageuse; le muflier est plein de désir tout court, les pois de senteur expriment l'incrédulité. Le lys, et sa grande beauté odorante, est à lui tout seul le symbole de la pureté, le muguet, de la coquetterie et l'anthémis, hélas! de la rupture. N'oubliez pas... le myosotis!

Les fleurs constituent le plus agréable cadeau à offrir et à recevoir, et accompagnent traditionnellement toutes les grandes circonstances de la vie: la naissance, le baptême, les anniversaires, les fiançailles, le mariage, les promotions, les décès. Elles servent à rendre hommage, à remercier et aussi à marquer son affection. Elles s'adressent également aux disparus puisqu'on fleurit leur tombe, et elles s'enveloppent d'un caractère sacré lorsqu'on en pare les églises. Une maison fleurie est un endroit d'accueil par excellence.

Comment faut-il offrir les fleurs? Si on est reçu par des intimes, on peut les apporter avec soi. On peut également les faire livrer avec sa carte signée à la main, préférablement après plutôt qu'avant un dîner. N'oubliez pas en les offrant de regarder la personne dans les yeux.

Panorama de situations où les fleurs volent la vedette:

- Le matin des fiançailles, le fiancé fera livrer à sa future épouse un superbe bouquet de fleurs blanches.
- Les bouquets de roses s'offrent en nombre impair.
- Un patron n'offrira rien le jour de la Saint-Valentin et jamais de roses rouges à sa secrétaire. À moins que...
- Les chrysanthèmes et les œillets n'ont pas la cote d'amour et sont empreints de superstition appelant le mauvais sort.
- Si on rend visite à une personne pour la première fois, on ne se présente pas avec des fleurs. On peut éventuellement en faire livrer le lendemain.
- Quand on a des invités pour le week-end, il est indispensable de fleurir leur chambre à coucher.

- On n'apporte pas de fleurs à ses hôtes qui habitent la campagne.
- Il devrait toujours y avoir des fleurs comme centre de table, à l'occasion de grands repas, à la condition qu'elles ne soient pas trop odorantes.

Bien sûr, un homme peut et aime recevoir des fleurs. En deux occasions, toutefois: une magnifique plante au moment d'une promotion pour orner son bureau, et des fleurs coupées s'il est malade à l'hôpital. Quand il est mort, il est déjà un peu tard pour qu'il les apprécie.

Toute vérité est bonne à dire avec des fleurs!

LE DIVORCE (SÉPARATION) ET SES RIGUEURS

La faillibilité la plus mal-aimée

❧

Il est bien des façons d'être piqué: au vif, au doigt, en flagrant délit... On peut piquer la fleurette, un cent mètres, ou bien piquer un fard... Le pilote qui arrive dans un avion en piqué n'a aucun point commun avec la dame qui arrive dans une robe en piqué, et être piqué n'est pas la même chose s'il s'agit d'un monsieur ou d'un miroir.

Bref, le tout est de s'entendre, comme disait le mari qui se piquait de savoir vivre et à qui on demandait le secret de son long et heureux mariage:

«C'est simple. Deux fois par semaine, nous allons au restaurant. Charmant endroit: on y dîne par couples, à la bougie, main dans la main... Musique douce, piste de danse... Le paradis, quoi! Ma femme y va le mardi, et moi, le vendredi.»

Est-ce là une recette de longévité maritale?

Le divorce est le miroir de Janus: comme lui, il a aussi deux visages, le privé et le public. Les yeux du monde extérieur commencent enfin à devenir indulgents pour ce qu'ils jugent être une clause normale dans la marge de l'erreur humaine. Est-ce un paradoxe? J'ai souvent remarqué que la plus noble tolérance à l'égard des couples qui se déchirent est appliquée par ceux dont le mariage est heureux et résistant. Les déjà-divorcés, sans les condamner, sont moins disponibles à venir en aide à ceux qui passent l'épreuve au présent. Comme les nouveaux riches, ils sont moins enclins à venir en aide à leurs anciens congénères et deviennent rarement de grands mécènes.

Se séparer de son conjoint est une expérience douloureuse, redoutable, parfois féroce et souvent humiliante. Dans cette situation, le plus urgent besoin est de restaurer sa fierté et son amour-propre. Perdre un être aimé ou qui a été aimé *via* le divorce entraîne non seulement le sentiment de l'échec, mais alimente l'inévitable chronique à potins, à ragots, à commérages, à calomnies et à méchancetés. Faut-il être surhomme pour faire preuve de courtoisie en telle circonstance? Les époux entre eux devraient autant que possible éviter de perdre le contrôle et de prononcer des paroles irréparables. Un effort mammouth de savoir-vivre, même sous la plus impitoyable provocation, devra être fourni pour engendrer l'estime de soi pouvant agir comme amortisseur dans un tel cas.

Il serait sage, de la part des personnes intéressées, de ne pas divulguer les détails croustillants qui les ont amenées à cette fatale issue.

Tout le monde est intéressé de savoir, mais personne ne sera informé des arrangements financiers qui découlent d'un divorce.

Il serait préférable d'être discret à l'égard des nouveaux liens sentimentaux, s'il y en avait, au moins jusqu'à la séparation physique des ex-époux.

Il est absolument essentiel d'épargner ses enfants au maximum. Les parents qui cherchent à avoir la sympathie de leurs enfants en procédant sur eux à des lavages de cerveau sont condamnables et seront peut-être aussi condamnés un jour par leurs victimes. Les enfants sont, en vérité, des victimes souvent plus meurtries que leurs parents. Il n'est pas indispensable de leur donner des explications mais bien de l'amour, de l'amour, de l'amour. Les jeunes enfants, même s'ils ont l'air d'accepter, ressentent souvent un sentiment de culpabilité. Les parents tenteront, même sous l'extraordinaire pression imposée par leurs griefs, d'éviter les scènes et «les mots» devant leur progéniture. Il est déjà suffisamment difficile pour elle de subir cette infortune sans y ajouter un caractère de démolition affective et morale.

Certains parents divorcés sont tentés de retenir l'attention de leurs enfants en les couvrant de cadeaux et de gâteries. Il faudrait tâcher de savoir doser sa générosité devenue soudaine et excessive. On n'achète pas ses enfants et on ne compense pas sa culpabilité par des attentions matérielles. Les parents qui réussissent le mieux à maintenir l'équilibre de leurs enfants sont ceux qui montrent un sincère intérêt dans leur développement global, qu'il soit physique, affectif, moral, social et intellectuel, et qui les encouragent par la voie à haute fréquence du téléphone, des lettres et des rencontres.

Malheureusement, le divorce a pour fâcheuse conséquence le bris des liens familiaux et la formation de clans. Heureusement, il resserre parfois le réseau de la corrélation des membres de la famille et des amis. À la rupture d'un mariage, pourquoi est-il nécessaire pour les proches de prendre parti? Pourquoi les époux, une fois divorcés ou séparés, devraient-ils se considérer comme les pires ennemis? Pourquoi la belle-famille devrait-elle changer d'attitude et devenir hostile?

Dans l'éventail des «nouvelles» familles, on se compte parfois en pièces détachées en se confiant plus à la mère, en préférant faire des sorties avec la fiancée du père ou en conservant pour son ex-gendre l'affection déjà installée. Dans ce cas, le proverbe applicable et auquel il ne faudrait pas faillir est que toute vérité n'est pas bonne à dire. Ce qui lie parents et enfants doit durer toujours, et la discrétion entre eux assure d'une constante protection.

Une fois les enfants devenus adultes et nubiles à leur tour, les parents ne se mêleront pas de donner leur avis sur le choix de la petite amie du fils et le père n'entrera pas en colère à l'idée de perdre sa fille chérie, à moins qu'on veuille bien connaître leur opinion.

Les membres des familles reconstituées ont des responsabilités les uns envers les autres. Le papa n'est pas tenu d'imposer sa fiancée aux enfants qu'il a eus d'un mariage précédent. Il prendra en considération la jalousie soudaine que sa fille peut ressentir à l'égard de son père devenu amoureux fou à lier d'une nouvelle femme. Œdipe, vous êtes là? Dans cette période d'adaptation, la présence des grands-parents est essentielle, car ils savent écouter sans interrompre et sont doués pour adoucir ces grands chagrins.

Il faut le souligner, peu de gens connaissent la vraie nature d'un mariage et encore moins celle d'un divorce. Comme l'a dit un ami ayant vécu l'expérience: «Un mariage compliqué va en empirant. Un divorce compliqué va en s'améliorant.» N'allez tout de même pas essayer d'en faire la preuve!

Durant les procédures infernales et interminables d'une séparation, il est plus recommandé de mener une existence en retrait plutôt que de surcharger ses amis de ses préoccupations. Je dis bien surcharger par opposition à dévoiler ou partager ses tracas.

La société, les amis devraient autant que faire se peut rester objectifs et neutres. Les critiques sont malvenues. La responsabilité d'un ami est d'écouter, de montrer sa compassion et d'assurer de sa fidélité et de son affection. Il doit aussi essayer de distraire, d'amuser et d'aider à construire des perspectives de vie positives.

Quand un divorce est annoncé, ne pas chercher à savoir si la raison est basée sur une liaison extraconjugale. Cette question ne concerne que les intéressés. Ah! ces voyeurs de l'oreille qui veulent tout entendre!

Les amis montreront autant d'intérêt pour l'un que pour l'autre des ex-époux. Si l'un est invité à dîner, l'autre recevra une invitation dix jours plus tard ou à la prochaine occasion. Ils n'en feront pas de mystère, car ils seront initiés à ce mode d'emploi. À une grande réception de cent personnes, les ex-époux recevront une invitation mais seront tenus au courant de la modalité. Éviter les mauvaises surprises. Après une ou deux années, les choses se sont tassées, et ces attentions sont moins poursuivies.

Au Québec, il est rarissime qu'en dehors de ses proches amis, un couple invite une femme divorcée ou séparée à une réception ou à une soirée mondaine.

Là où les amis sont indispensables, c'est avec les enfants. Ils sont en manque d'affection, d'attention et d'équilibre. Il faut agir avec la liberté qu'autorise une vieille amitié.

Selon mes observations, la femme qui sort d'un mariage me semble être en liberté provisoire, tandis que l'homme me semble plutôt être en liberté sous caution.

Quelle que soit la situation, il vaut mieux n'être pas piqué des vers que d'être piqué au vif. Et attention au mariage! *Qui s'y frotte s'y pique*. Faut-il donc se piquer au jeu… de l'amour et du hasard?

SAVOIR VIVRE SON HOMOSEXUALITÉ EN SOCIÉTÉ

Entre nous

🜇

Entendu le chuchotement suivant: «Il paraît que c'est un grand homosexuel.» Mon Dieu! Quelqu'un a-t-il déjà dit que j'étais une grande hétérosexuelle? Pourquoi l'épithète devient-elle ici capricieuse? Parce qu'on ne sait plus où donner du péjoratif. À l'époque de mon enfance, pas tout à fait à l'âge de la pierre, on y allait du mot *fifi* étouffé sous les ricanements. Plus tard, on est arrivé à *pédale* et à *homo*, moins dits sur le ton de la confidence. Aujourd'hui, on y va à grands coups de *pédé*, *tapette*, *tante*, etc. Des mots tous plus infamants les uns que les autres. Mais laissons donc à chacun la liberté de l'usage de son, comment dirais-je, de son amour-propre… en supposant qu'il le soit. En d'autres termes, chacun est propriétaire de son anatomie.

Heureusement, les homosexuels, au cours des vingt dernières années, ont appris à vivre et à avouer leurs amitiés particulières. Cependant, cette reconnaissance ne les autorise pas à s'ébattre en public et à se cajoler ou à s'embrasser furieusement dans la rue, au cinéma, sur le quai des gares de métro, sur la plage ou sur les banquettes de restaurant et d'autobus. Il est encore choquant que ce spectacle soit offert aux gens âgés, aux enfants et, en fait, à n'importe qui. Nous ne sommes pas encore arrivés à pouvoir observer ce tableau avec des yeux blasés. Il soulève encore des réactions épidermiques. La tolérance, si elle est espérée de la part de tous, ne doit pas être confondue avec le laxisme. La provocation aperçue à travers ce comportement peut avoir l'effet d'un boomerang et faire de celui ou celle qui la pratique une victime renouvelée.

Si on invite des homosexuels dont on sait qu'ils partagent le même domicile, un carton d'invitation leur sera adressé, et leur nom respectif apparaîtra sur deux lignes différentes, par ordre alphabétique. À table, leurs places seront assignées comme celles d'un couple. Dans cette situation, il serait recommandé de convier deux femmes célibataires afin d'établir un équilibre de présences masculines et féminines. Nul n'est besoin qu'ils déclinent leur identité ou leur orientation sexuelle en se présentant, et encore moins à table. C'est une expérience que j'ai vécue très récemment, et l'idée ne m'est pas venue de faire le pendant en déclarant après mon nom que j'étais hétérosexuelle. J'espère que nous n'irons pas jusque-là.

Si des homosexuels devaient passer quelques jours chez vous, poussez la discrétion jusqu'à offrir à chacun sa propre chambre à coucher.

Ceux qui voudraient adopter une attitude sans préjudice envers les homosexuels, dévorez Proust, d'un bout à l'autre. Ceux qui ne soupçonnent pas ce que peut être le monde de l'homosexualité, lisez Julien Green en son âge mûr pour comprendre ces œuvres insolites et belles livrant, avec une volupté corsée, d'authentiques aveux qui nous éduquent. Des lectures intenses.

Un microcosme passé au microscope.

LE FÉMINISME,
UNE RÉCENTE DISCIPLINE

Moderato, ma non troppo

♣

ême si je me sens en terrain miné, je prends le risque d'écrire sur le sujet. Sentant ma bravoure limitée, je demanderai à Françoise Giroud de venir à ma rescousse.

Elle dit, dans ses chroniques du *Nouvel Observateur*, que les enjeux des Françaises dans le combat pour l'équivalence entre femmes et hommes ont changé en prenant une tournure plus individuelle et moins harassante pour assurer leur place à la maison, au travail, dans la société. Elle ajoute que même bien enclenchée, la lutte n'est pas achevée.

Elle trouve navrant que le féminisme à l'américaine ait pris une allure si belliqueuse. Globalement, les Françaises aiment les hommes et n'en font pas l'objet de la haine revendicatrice meurtrière qui ravage la société américaine (incluant la nôtre, au Canada). Les Françaises veulent apprivoiser les hommes, non les émasculer. Elle se félicite que le féminisme intégriste et celui faisant l'objet de la haine revendicatrice meurtrière qui ravage la société nord-américaine n'aient pas pris racine en France. Il faut toutefois ajouter que, dans la plus grande partie de l'Europe occidentale, les machos et les pachas n'osent plus se vanter, du moins en public, de leur misogynie ni de leur appartenance à la moitié supérieure de l'humanité. Les hommes semblent faire un effort éléphantesque pour trouver l'équilibre entre revendiquer leur virilité, pratiquer la galanterie et laisser aux femmes le droit à l'épanouissement. Je suis toujours reconnaissante à un homme qui me propose de porter ma valise ou de l'installer dans l'espace à bagage de l'avion et qui m'offre un verre de vin s'il partage la même table que moi dans le wagon-restaurant d'un train. De mon côté, j'accepte volontiers de recoudre un bouton manquant à la veste de mon amoureux et de lui mijoter son veau marengo, s'il le souhaite. C'est, il me semble, le bonheur de se faire plaisir mutuellement, et ce dont il serait triste de se priver.

Françoise Giroud souligne avec vigueur que l'inégalité des salaires est la forme la plus scandaleuse de discrimination. Elle prédit pour un avenir rapproché que le prochain combat des femmes, une fois les équilibres économiques rétablis, sera de stabiliser ce manque à gagner qui serait en même temps une grande politesse à rendre aux femmes de la part de la société.

En conclusion, elle affirme qu'elle n'a jamais eu à abdiquer sa féminité pour être respectée dans le milieu journalistique. Au contraire: «Dans un milieu d'hommes, il faut se conduire comme une femme, rester naturelle. Il ne faut pas jouer les faux hommes et se mettre brusquement à faire de l'autorité.»

Chez nous, au Québec, nous voyons à la télévision des femmes musulmanes qui commencent à oser pousser des hurlements islamiques parce qu'elles en ont assez de la tyrannie, de l'oppression et de toutes les formes d'humiliation. Nous avons dépassé ce stade de la servilité, mais pourquoi devons-nous encore dépenser tant d'énergie pour faire comprendre aux hommes qu'ils sont merveilleux quand ils nous laissent nous exprimer par nos talents, nos aptitudes et nos moyens? Nous sommes dans l'attente du jour où les équilibres économiques seront rétablis pour que nos exigences puissent s'affirmer. Ce sera probablement le prochain grand combat féministe, quelles que seront les formes futures que prendra l'emploi. La participation à la gestion de la société, c'est une autre affaire. Loin de moi la pensée que toutes les Françaises ont envie de se mêler de la chose publique (la République). Tous les hommes en ont-ils envie? Évidemment, non. Mais tout permet de penser qu'il existe un sentiment de révolte latent contre l'ostracisme qui frappe les femmes lorsqu'elles ont la fibre politique «au sens large».

Au Québec, nos mâles compagnons «en ont mangé une bonne» et ils en sont affaiblis dans leur virilité. Souhaitons que nos hommes n'aient pas de plans de représailles à l'américaine, tels qu'exprimés dans le terrible livre de Michael Crichton, *Disclosure*. À ce sujet, Élisabeth Badinter, une autre féministe française, dit: «C'est un torchon. Il pue la haine des femmes.» Elle compare cet ouvrage à *Liaison fatale* ou *Basic Instinct* qui exprimaient la même volonté de transformer les hommes américains en misérables victimes de femmes revanchardes, autoritaires, animées d'une terrible volonté de puissance. Elle condamne ces films américains qui se font une spécialité de montrer ces femmes-monstres qui font peur, et elle s'insurge contre ces rôles masculins d'une extraordinaire et pathologique violence, comme Rambo ou Terminator. Madame Badinter accuse le livre de Crichton d'être une arme de guerre contre les femmes.

Au lieu de nous muer en viragos, pourquoi ne prendrions-nous pas l'exemple des femmes scandinaves qui n'ont jamais eu besoin de guerroyer pour s'asseoir au parlement ou à des postes de haute responsabilité? Un bon matin, elles ont déclaré qu'elles avaient un cerveau et on les a crues. Personne ne s'en est plaint depuis. Le problème des femmes sera résolu le jour où l'on verra une femme médiocre à un poste important. Faut-il ajouter: «Comme chez les hommes?» C'est encore l'admirable Françoise Giroud qui écrivait: «La différence entre un homme et une femme, c'est qu'un homme a une femme et qu'une femme n'en a pas.»

Mais, que diable vient faire ce chapitre dans un livre d'étiquette? Simplement pour tenter de mieux «savoir vivre» au féminin.

SAVOIR VIVRE SEUL

La solitude: un art martial

♣

L a liberté est le premier droit de la personne. Ce droit, s'il est bien accepté, bien compris, peut être le plus grand plaisir qu'on puisse s'offrir. La montée vers cet idéal requiert de la maturité, de la force et de la confiance en soi. Comme la liberté n'est, ici-bas, jamais absolue, elle pourra pourtant prétendre à une bonne note en apprenant à vivre avec soi-même, en harmonie, sans se laisser dominer par la crainte obsédante des préjugés. Vivre seul, en bonne santé, c'est accepter d'être entièrement responsable de soi-même, à tous égards.

Les psychologues, les psychiatres, les personnes préposées aux courriers du cœur ou aux confidences télévisées autour d'une table s'entêtent à dire, et n'en démordent pas, que la solitude est le pire fléau de la terre. Que non! La solitude, pour être savourée, doit être désirée. Comme n'importe quoi. Ce qui est imposé est souvent détestable. Comme les taxes.

La solitude ne doit pas être confondue avec l'isolement ou l'exil. Elle est un face-à-face avec soi-même, par intermittence. Pour le réussir, il faut savoir s'aimer. Aimer cette personne avec qui on se propose (et non pas se condamne) de vivre. Existe-t-il une meilleure perspective? Pour mener cette mission avec sérénité, il faut à tout prix se résigner à avoir une bonne santé.

Pour adhérer au club des heureux solitaires, il n'y a pas d'examen à passer. Il faut simplement être convaincu qu'on a fait le bon choix et que cette personne avec qui on a décidé de vivre, en l'occurrence soi-même, est agréable, amusante, charmante, curieuse de la vie, patiente, généreuse et de bonne humeur. Une fois persuadé que la voie est sûre et libre (en effet, celle-là l'est toujours), on s'aperçoit qu'on n'a plus à se faire violence, même de façon muette. En tant que voyageur solitaire, on sait qu'on frôlera souvent l'essentiel et qu'on le touchera de temps en temps.

Le solitaire de ma pensée n'a rien à voir avec un des anachorètes de la Thébaïde. C'est celui qui choisit les moments qu'il veut partager avec les autres et pour lesquels il se rend disponible. La solitude réussie est celle où l'on ne ressent pas le besoin de sollicitude. Vivre en solo ne s'apparente pas à vivre comme un misanthrope, un ours, un fuyard. Le solitaire n'est pas un diminutif du sauvage. Il est un soliste, un virtuose de la contemplation dans tous ses sens, ce qui requiert une solide discipline de l'esprit. Oui, la solitude est un art martial.

La solitude prédestine au plaisir inopiné, auquel on prend part de façon implosive et qui ne laisse jamais de repentir. Prendre le temps de vivre sans faire attendre les autres, sans dépendre des autres. Le contraire du *fast food*, du *fast sex*, du *fast life*.

Vivre avec les saisons, avec l'air du temps, avec le chant des oiseaux. Être un témoin vivant de la tombée des feuilles et de la neige. La solitude rendrait-elle lyrique? Essayez de vous y faire. Vous verrez, elle devient une drogue attachante. Aller voir une exposition, un film, lire un livre, en écrire un, quand on le veut bien, c'est du luxe. Après le décès récent de la grande solitaire du cinéma américain, Katharine Hepburn, on rapporte sa déclaration: «La solitude est le plus grand luxe imaginable.» Comme c'est vrai! Quel rassurant spectacle de voir marcher sur la plage une femme, un homme avec son chien. Les uns scrutent l'horizon, l'autre aboie aux nuages. De façon ardente. Avec la conscience de ne pas perdre son temps.

Le visage des gens qui sont contents d'observer les oiseaux, de sonder les miracles de notre Univers est toujours paisible et inspiré. On n'y perçoit ni inquiétude ni angoisse, qui sont des maladies réservées aux personnes en lutte avec les autres. Emil Cioran dit: «La solitude est l'aphrodisiaque de l'esprit, comme la conversation celui de l'intelligence.»

La solitude vivifiante qu'on a voulue n'a rien à voir avec une accusation ou une condamnation qui tombent drues. Elle est indifférente à la violence, aux grands fauves célibataires ou à ceux qui sont extrêmement veufs. Elle a cela de merveilleux qu'elle ne trahit pas, qu'elle ne joue pas la comédie, qu'elle n'exige pas qu'on se justifie à ses yeux. Elle n'est pas dictature, ni menace définitive. La solitude positive, c'est la plus pure forme de liberté à laquelle l'être humain puisse avoir accès. Sans absolu. Est-ce donc la raison qui la fait tant craindre?

Savoir vivre seul, c'est savoir orchestrer ses appétits voraces, sensuels autant qu'intellectuels, et leur donner un sens d'épanouissement dans le raffinement et la souplesse de la pensée épicurienne.

Un jour, j'ai lu que l'homme le plus seul du monde était le plus fort. Pas le plus malheureux.

L'ART
DE LA CONVERSATION

Un volubile chapitre

♣

J e parle donc je suis. Je parle tel que je suis. La conversation est le fil conducteur de toute communication. Elle donne la température de presque tous les sentiments, non seulement par le ton qui la gouverne, mais par le motif qui la compose.

Elle peut paraître généreuse ou égoïste, spirituelle ou ennuyeuse, cultivée ou sans intérêt, gaie ou chagrine.

La conversation relève du partage; autrement, elle s'appelle monologue. On dit: faire, engager, alimenter une conversation, ce qui suggère l'action mentale et physique.

Elle ne rejoint l'art que lorsqu'elle est menée sur des bases positives ou agréables. Mon expérience de la conversation avec les différentes cultures m'encourage à opter pour le compromis américano-danois. J'estime les règles françaises trop sévères et désuètes, ce qui n'empêche pas ceux qui les appliquent de faire appel à la polémique fréquente et peu souhaitable. À part la météo, les pique-niques bucoliques et Shakespeare, les Britanniques sont hostiles à l'aventure du verbe (entre autres). La conversation allemande est cadrée par l'efficacité assortie de grande musique. Si les Italiens savaient quand s'arrêter, ils auraient sans doute droit au trophée. Les Suédois, presque taciturnes, s'en tiennent aux discours scientifiques ou aux œuvres poétiques. Les Finnois sont inattendus: ils sont les plus grands amoureux du silence, en Europe; ils n'ouvrent la bouche que pour exprimer une pensée qu'ils jugent valable ou pour porter un toast à Sibelius. Quant aux Danois, ils considèrent la conversation comme une vertu cardinale. Leur parfaite courtoisie les empêche de compter des mots triviaux dans leur langue, et ils élèvent rarissimement la voix. Jamais, en 16 ans au Danemark, n'ai-je entendu une mère crier après son enfant en public. En fait, je n'ai pas vu dans ce pays un seul enfant capable d'excéder ses parents. Il existe dans leur regard un *gentleman's agreement* qui suffit par son éloquence tacite. Chez eux, tout est prétexte à entamer une conversation dans les règles du grand art. Les Nord-Américains sont avides de parler à n'importe qui, et ce qui me plaît chez eux est leur action directe, ouverte, aussi blanche que leur sourire.

S'agit-il d'art ou de discipline? Sans que les lois en soient absolues, celles proposées sont suffisamment crédibles pour assurer le succès du bon parleur qui est toujours celui qu'on invite lors d'un dîner ou d'une grande soirée. Il apporte le dynamisme et le charme que réclame tout brillant événement.

Il n'est pas indispensable d'être beau, riche, puissant ou lauréat d'un prix Nobel pour être cet objet de désir. Ce talent s'acquiert et n'est pas susceptible de fluctuer avec la Bourse.

Une bonne conversation ne discrimine pas l'âge des personnes qui s'y engagent; elle inclut quiconque est apte à saisir les pointes d'esprit, les charmantes allusions, les gentillesses, les références agréables.

Combattre sa timidité par tous les moyens, et ils sont nombreux, est le premier commandement d'une longue somme. Presque tous les comédiens avouent en avoir été victimes. Les moyens infaillibles auxquels on doit avoir recours sont

la volonté d'en sortir d'abord et les techniques des thérapeutes ensuite.

Si les acteurs et les chanteurs prennent des cours pour placer leur voix, appliquez-vous à placer la vôtre pour qu'elle ait
des effets magnétiques, irrésistibles. Ayez une voix souriante.
Une voix désagréable peut représenter un sérieux handicap
et devenir un sujet de moquerie. Des spécialistes chevronnés
peuvent être d'un grand secours, et des ouvrages sérieux ont
été publiés à cet égard.

La qualité la plus importante après celle de la voix est
celle de l'écoute. «Parler est un besoin; écouter est un talent»,
a écrit Goethe. Non seulement faut-il se taire, mais être présent
par le regard, la pensée et l'expression du visage. La politesse
commande l'écoute pour exprimer la gentillesse, et l'intelligence pour apprendre. Qui a donc dit cela? On écoute une
seule personne à la fois. À vous de la sélectionner.

Pensez que c'est votre visage et votre esprit qui sont
mobiles; pas vos mains, ni vos pieds, ni vos hanches. Restez
en place.

Si vous parlez en position assise, ne bougez pas votre chaise
comme si vous découvriez que vous vous trouvez sur un
buisson ardent.

Le maintien doit être irréprochable. Tenez le torse ou le
buste fièrement, les épaules droites. Pour parler ou écouter,
il n'est pas nécessaire de se mettre au garde-à-vous, mais
d'avoir une attitude respectueuse et plaisante. On n'aime pas
s'adresser à quelqu'un qui est avachi.

Ayez l'air sincère tout en cherchant à plaire. Exploitez
votre sens de l'humour, un attribut capital pour aviver la
bonne conversation. Ne confondez pas humour et ricanements sans fin qui seraient là pour meubler vos apartés.
Moquez-vous plus de vous-même que des autres.

Faites preuve d'imagination dans le choix des anecdotes
et de leur formulation et, soyez gentil, faites un effort soutenu

pour ne pas commencer toutes vos phrases par «je». Si vous avez l'intention de raconter une histoire drôle, assurez-vous avant d'en connaître le dénouement. Ne déclarez pas en son milieu: «Oh non! c'est pas comme ça; je recommence.» Le pétard est désormais mouillé.

Mettez la vantardise au placard. Exercez-vous à la modestie. (Comme c'est difficile, parfois.) Dosez la bonne image que vous désirez projeter et les récits pour l'accompagner.

Proposez des sujets, mais laissez aussi ce plaisir aux autres. Épuisez positivement un thème avant d'en avancer un autre. Évitez le coq-à-l'âne.

Les mots que vous utiliserez seront de bons mots. La vulgarité, l'insulte, les jurons ne sont jamais permis en société.

L'étiquette est au civisme ce que la grammaire est à la langue. N'ayez pas honte d'accorder les participes passés et de faire les bonnes liaisons (même si le «beaucoup paimé» tant à la mode, tape sur le système de ceux qui l'ont mis à la mode). Eh oui! le savoir, partout.

Contrôlez votre envie de corriger les fautes des autres. C'est mon péché mortel. *Mea maxima culpa.*

Utilisez avec parcimonie les clichés, ennuyeux par définition: «il faut appeler un chat, un chat», «elle est entrée en politique comme on entre en religion», «je commence à voir la lumière au bout du tunnel», les formules de remplissage: «enfin, bref», «de toute façon», «tout à fait» pour dire «oui», et les petits proverbes trop usés devenus le refuge de la facilité.

Visez à communiquer plutôt qu'à impressionner.

Sachez encourager sans être condescendant et complimenter sans être bassement flatteur. En retour, acceptez les mêmes paroles avec grâce. Souriez. Beaucoup.

Ne soyez pas inquisiteur avec la personne dont vous venez de faire la connaissance. Posez des questions d'ordre général. Évitez de parler de sujets à caractère négatif tels que la hausse des prix, vos nausées de grossesse, votre état dépressif face à votre diète, votre *face-lift* ou Saddam Hussein.

Attention à l'humour corsé réservé aux intimes. Le sexe peut être abordé par très subtils «attouchements».

Si vous faites d'importantes déclarations, assurez-vous qu'elles sont fondées et que vous êtes parfaitement apte à les défendre.

Gare au mari nerveux toujours près de sa femme pour l'empêcher de faire une gaffe. Ce genre de mari qui craint pour son job ou sa vertu lorsque sa moitié ouvre la bouche, même pour y enfoncer un canapé, est en général celui qui lui reprochera de bouder si elle la tient fermée. J'ai remarqué que cette catégorie d'hommes avait un certain mal à diriger sa carrière vers le but fixé.

Ne faites aucun reproche à votre conjoint en public. C'est en principe le digestif auquel on a droit en rentrant à la maison.

Montrez de l'intérêt pour votre interlocuteur à l'égard de son métier, de ses hobbies, de ses voyages, de ses enfants, en lui manifestant toute l'importance qu'il peut avoir pour vous. S'il n'est pas du même lieu que vous, interrogez-le sur sa ville.

Il est recommandé d'oublier son ego même si la tentation est grande de parler de ses merveilleuses expériences. Attendez votre tour et laissez à chacun le loisir de s'exprimer et surtout, oui surtout, apprenez à ne pas interrompre. Vous n'êtes pas un journaliste, montre en main, qui doit tirer le maximum d'un cerveau en un temps limité. Vous faites la conversation. Mais, comme c'est souvent tentant! Spécialement quand vous avez devant vous un conteur «à rallonges» et au débit ralenti. Même si vous avez saisi le sens et la conclusion avant la fin du développement, laissez votre interlocuteur aller jusqu'au bout. Il est à conseiller de ne pas s'immiscer dans un débat auquel on n'a pas été invité.

Non seulement il est poli mais prudent de ne pas garder la parole trop longtemps, c'est-à-dire pas au-delà de trois à quatre minutes d'affilée; autrement, le discours devient oiseux et soporifique.

Au cours de la conversation, ne faites pas semblant d'être intéressé en n'écoutant pas la réponse à vos questions ou en regardant au loin, scrutant l'horizon.

Ne laissez pas les potins, les scandales, les calomnies s'infiltrer dans aucune conversation et, le cas échéant, prenez la défense de la personne (en général) absente. C'est le moyen le plus radical de détourner l'attention. La personne qui initie un tel étalage ou fait des révélations sur la vie privée des gens, même si c'est un exercice captivant, créera le doute autour d'elle, détournera la confiance qu'on aurait voulu lui témoigner et sera, à juste titre, perçue comme traîtresse. Et si on détenait une information confidentielle, on aura le chic de ne pas en citer les sources.

Les sujets qui ont une valeur sûre:

- l'exposition qu'on vient de visiter;
- le nouveau restaurant ou le dernier film en ville;
- le retour des Nordiques au hockey;
- la dernière découverte qui ne laisse personne indifférent: la nouvelle pilule de jouvence;
- le dernier prix littéraire;
- une excellente émission de télévision;
- un défilé de mode;
- l'attribution des prix Nobel, Goncourt, etc.;
- l'annonce d'un mariage, d'une naissance;
- un voyage;
- la découverte du coiffeur extra ou d'une petite couturière-miracle;
- le fleuriste Ikebana;
- une série de cours permettant d'améliorer sa voix.

Si vous êtes critique, soyez-le avec charme, drôlerie. Nul n'est besoin de détruire un projet ou son auteur.

En cas de mortel silence, arrivez avec une idée, proposez un plan, ou un toast, ou dites simplement que vous avez appris un nouveau mot en faisant vos mots croisés. Énoncez-le et observez l'intérêt suscité. L'ange est passé.

Apprenez à être économe de l'humour qui touche à l'ironie, au sarcasme, au cynisme et... à la taquinerie. Tout le monde n'est pas armé du bouclier nécessaire. Certaines sensibilités peuvent être gravement atteintes. Si on devait désagréablement vous attaquer verbalement, restez stoïque comme Épictète et, conversation faisant, répliquez: «De toute évidence, vous ne me connaissez pas très bien, car vous auriez pu encore épiloguer longtemps sur mes autres défauts que vous ne semblez pas soupçonner.» L'effet bœuf est habituellement suivi d'un embarras certain chez l'agresseur.

Si vous souhaitez donner dans le modeste, faites-le gentiment. Ne commencez pas à vous déprécier même si vous êtes sincère.

Combien de fois a-t-on dit que le téléphone avait été inventé pour les communications et pas pour les conversations? Au Québec, il est, selon les statistiques, le plus utilisé dans sa fréquence et sa durée, et c'est compréhensible. Bravo! car la longueur de l'hiver et les distances immenses isoleraient encore plus les Canadiens autrement. Seulement, attention! Depuis que j'utilise un téléphone sans fil, c'est fou les interférences qui m'en apprennent sur les communications modernes. Tout ce qui me réjouit à l'égard de ces correspondants impudiques et visiblement sans crainte d'être entendus, c'est que Bell est devenu un sûr contraceptif et une prévention éventuelle contre le sida. Il faut dire qu'une telle intrusion, même accidentelle, dans une de mes communications téléphoniques m'a paru plutôt surprenante.

Toutes les questions ayant trait à la vie personnelle doivent être évitées: l'âge, les revenus et les impôts déclarés, les hypothèques sur la propriété, la vie sexuelle, les raisons d'un divorce, le nom du chirurgien esthétique, le port d'une perruque ou d'un dentier. Il serait à conseiller de ne pas approfondir les questions sur la santé, de ne pas s'enquérir des thérapies suivies chez les différents psys et de ne pas chercher à établir la liste des amants. Il serait astucieux de ne pas interroger quelqu'un qui s'est présenté à une soirée sans son conjoint, de ne pas demander les raisons de la faillite d'un commerce et de ne pas s'informer des développements du procès d'un proche. Aux indiscrétions, opposez une froide urbanité.

La religion et la politique sont des thèmes extrêmement névralgiques et seront abordés avec une infinie délicatesse. Ils sont considérés comme des sujets à controverse et ils dégénèrent souvent en débats redoutables.

L'argent, comme les deux sujets précédents, est représentatif d'un certain pouvoir. Il est épineux, en dehors d'une discussion d'affaires, de procéder à des inquisitions sur les coûts d'une maison, d'une réception de mariage, d'un arrangement de divorce, d'un loyer ou des vacances de ses collègues ou amis. Certaines gens ne peuvent pas s'épanouir sans mettre un prix sur… une étiquette.

Au cas où vous seriez en état d'ébriété, utilisez ce qui vous reste de mémoire et souvenez-vous que vous n'avez strictement rien à dire.

D'emblée, ne condamnez pas à mort quelqu'un qui ne partage pas votre avis. La nuance, vous connaissez? Elle s'apprend.

En somme, si vous souhaitez être un divin causeur, montrez-vous beau et ayez un cœur royal. On écoutera même vos silences!

Savoir suivre
la mode

Oui! l'habit fait le moine (et rarement la nonne)

❧

Au printemps monte la grande effervescence: les hommes frétillent, les femmes ont les yeux brillants, les fleurs s'ouvrent, la verdure couvre la terre et l'acné envahit les joues juvéniles.

Comme toujours, on trouve des grincheux pour s'étonner que l'humanité ait le cœur à pétiller alors que notre civilisation agonise, et pour nous détourner des plaisirs printaniers sous le prétexte que tout va mal ici, qu'on s'entre-tue là et que les grands élaborent d'ineffables massacres. Oui, mais nous avons tous assez vécu pour savoir que le bonheur n'est un état permanent pour personne. Dans un pays où les problèmes sont normaux (il semble que nous vivions sur cette planète privilégiée), qui, au printemps, en regardant sa garde-robe ou en léchant les vitrines, ne s'est pas posé ces questions existentielles: «Que vais-je acheter cette année?» «La mode m'ira-t-elle?» «Je n'ai plus rien à me mettre!» «Mon budget me permet-il les folies que me propose la mode?»

Je ne prétends pas être une experte en mode, mais on m'a prêté souvent la faculté d'avoir «du grand bon sens» à cet égard et, si cela était juste, je viens donner mon opinion, bien personnelle il est vrai.

L'art de se vêtir, c'est savoir se connaître, savoir vivre en harmonie avec sa personnalité, son physique, son âge, la société, l'endroit, le moment et la situation. L'élégance n'est pas quelque chose que l'on endosse pour une soirée. C'est une vertu de tous les jours, applicable toute la journée, qui commence par une attitude positive et qui s'exprime par le biais de sa garde-robe. L'élégance, c'est savoir choisir des vêtements bien faits, et les accorder harmonieusement et originalement entre eux. En quoi consiste l'élégance du XXIe siècle? Les costumes et tailleurs sont magnifiquement fabriqués avec des lignes, des formes et des détails conformes à l'art et à la beauté. Enfin, l'élégance, c'est tout simplement la belle aisance. Coco Chanel disait: «Le luxe doit être confortable sinon il n'existe pas.» Selon moi, l'élégance est un compromis entre la confiance que procure un joli vêtement et le plaisir de le posséder.

Chaque personne devrait avoir son propre style. Le risque à prendre en suivant la mode est d'oublier de s'habiller selon sa personnalité et de faire comme tout le monde. Comment savoir si la mode nous va ou pas? Elle doit permettre de rester soi-même et de ne pas se déguiser. C'est en faisant des essais devant le miroir, en se regardant d'un œil critique et en essayant de rester objectif qu'on peut se faire une idée de ce qui nous convient. Souvent, dans l'appréciation tacite des personnes qu'on rencontre dans la rue, on sait si ce qu'on porte est flatteur et seyant.

Tout le monde est d'accord pour admirer le goût des Italiens et leur sens de la mode, leur art savant de jouer avec les matières et les couleurs, de savoir choisir l'accessoire original, le bijou ravissant et la coiffure adéquate. Là où tout le monde se trompe, c'est en adoptant aveuglément tout ce que l'Italie peut inventer en matière de mode et en y allant à grands coups d'achats coûteux, de griffes prestigieuses qui, finalement, ne conviennent pas tout à fait. À mon avis, on n'a pas inventé mieux qu'un Italien pour porter avec une nonchalance inimitable des vêtements italiens. Au risque de paraître puriste, je dis que les Nord-Américains doivent porter ce qui est créé chez eux et pour eux. Ce qui ne veut pas dire qu'il est défendu de craquer pour des chaussures élégantissimes italiennes. Je vois mal un typique Hollandais s'habiller à la mode de Rio. Les grandes Scandinaves athlétiques sont plus charmantes en lainages moelleux qu'en drapé de soie. Quelqu'un a défini un jour l'élégance en disant: «C'est Greta Garbo en imperméable.» Personne ne pouvait le porter mieux qu'elle. Sa compatriote Ingrid Bergman, une autre Scandinave, était beaucoup plus belle et élégante dans un pantalon ou une jupe de flanelle que dans une robe de taffetas. Le petit tailleur Chanel ne convient pas à toutes les femmes, ni le costume Armani, aussi somptueux qu'il puisse être, à tous les hommes. Si l'habit fait le moine, la griffe ne fait pas nécessairement le chic. J'ai déjà entendu qu'une femme aimera mieux être accusée d'une méchanceté que d'une faute de goût dans sa toilette. Charmant!

Au travail, quel que soit le rang que vous occupez, habillez-vous avec discernement. Offrez une image agréable à regarder. Choisissez des vêtements aussi pratiques que jolis. Conjuguez confort et fantaisie. L'allure d'un cadre est très importante; elle engendre la première impression, la première réaction. Préférez la sobriété à l'excentricité, le classique costume gris ou marine rayé ou uni au très contemporain jean effiloché et troué. Ayez d'abord l'air soigné, propre et élégant. Votre apparence doit montrer qui vous êtes.

Le jeune cadre masculin aura tendance à imiter ce qu'il trouve dans les revues de mode. Des personnes spécialisées vous conseilleront sur les costumes à choisir pour vous. Ayez recours à des stylistes dans les grands magasins et les boutiques de bonne qualité. Si vous n'êtes pas sûrs, jeunes cadres, faites-vous accompagner d'une personne dont vous admirez la sobre élégance. Il se trouve des stylistes indépendants qui se font consulter contre rémunération à l'heure. Ou encore, demandez conseil à celui ou celle qui a fière allure.

J'ai déjà eu pour collègue, au contentieux d'une grande société, une jeune femme qui s'habillait au travail comme si elle devait se rendre à un cocktail. Elle était si décorative avec ses robes excessives, ses bijoux d'or et de diamants. Son maquillage était celui des grands soirs. Elle m'a confié un jour qu'elle se levait à 5 h chaque matin pour peaufiner son look. (Quant à moi, deux heures de sommeil de plus font meilleur effet sur mon look que des diamants que je n'ai peut-être pas.) J'ai appris qu'elle tenait à son allure presque outrancière parce qu'elle voulait à tout prix faire comprendre à tout le personnel qu'elle était avocate, qu'elle se hissait ainsi au-dessus de tout le monde et imposait le respect. Je ne pense pas qu'elle ait compris la valeur de ce mot. On ne se hisse pas au-dessus des gens par le clinquant de ses vêtements. Faut-il étudier le droit pour manquer de ce qui constitue l'essence de la profession: le jugement?

Les cadres masculins devront s'abstenir de porter des accoutrements trop folkloriques comme les panoplies de cow-boy, à l'exception de la veste Mao qui est rigoureuse et peut aller bien aux jeunes cadres n'aimant pas la cravate. Mais pour éviter de se passer cette corde au cou, il faut être soit très riche, soit non conformiste, soit officiellement créatif. Le complet, la chemise et la cravate sont presque toujours de l'ordre des obligations. Entrez dans votre banque. Vous verrez tout de suite ceux qui sont promis à un embryon de carrière. Beaucoup de jeunes gens brillants sont réfractaires aux musts et portent allègrement un anneau à l'oreille, de grands gorilles roses sur le plastron et des chaussettes en technicolor. Aussi talentueux qu'ils puissent être, ce n'est pas sur eux que s'exercera la confiance spontanée du client. Depuis le XIXe siècle, il semble que l'avenir appartient aux gens tristes. Être triste fait prendre au sérieux. Fantaisie va avec frivolité, et on ne badine pas avec l'argent. Prenez ce petit conseil: «Tout ce qui est cher n'est pas nécessairement beau, et tout ce qui est beau n'est pas nécessairement cher.»

Aujourd'hui, les hommes n'ont plus à se plaindre de la monotonie des vêtements que les créateurs mettent à leur disposition. Les matières, les coloris et les variantes sont très nuancés. Les vestes de tweed doux, de serge fine ou de cachemire moelleux sont souples et élégantes, et permettent des combinaisons raffinées avec pantalons, gilets et cravates dont le choix est infini. Pourquoi s'entêtent-ils encore à porter cet uniforme si uniforme que sont le blazer marine et le pantalon gris, attachés à l'image du rond-de-cuir sans imagination? Un costume, s'il mérite d'être choisi, mérite aussi d'être d'une coupe impeccable. Un habit, c'est une seconde peau. L'homme qui réussit doit le montrer avec élégance. Les frères Goncourt disaient qu'après un habit mal fait, le tact est ce qui nuit le plus dans le monde.

Accordez vos vêtements avec les saisons. Les sandales et les chemises polo au bureau ne vont pas avec l'hiver.

Les hommes n'arboreront pas trop de bijoux. Ils se limiteront à leur anneau de mariage, à une bague de collège, aux boutons de manchettes, à une épingle à cravate et à une montre. Les chaînes, les gourmettes et les boucles d'oreille ont rarement leur place au travail.

Les femmes ne devront pas étaler leurs bijoux mais en feront un usage discret.

Les hommes détacheront les boutons de leur veste une fois assis et ne porteront la chemise à manches courtes que sous la veste. Pendant l'été, ils préféreront une chemise à manches longues qu'ils rouleront jusqu'aux coudes. Ils ne se présenteront jamais ainsi devant les visiteurs ou leurs supérieurs, mais se vêtiront alors de leur veste. Ils veilleront à porter des chaussettes longues afin d'éviter d'afficher une peau blême pas spécialement attirante et des poils follets pas tellement affriolants. On préférera nettement les chaussettes marine, grises, noires, kaki ou brun foncé aux blanches, rouges ou limette phosphorescente. Les chaussures seront de cuir de bonne qualité. On évitera les chaussures de sport *(sneakers)* blanches ou à rayures multicolores. Le costume beige ou brun allant du chocolat au lait au caramel un peu mou convient à la profession mais pas aux réceptions.

Les femmes très élégantes s'habillent pour le travail de tailleurs qui sont de plus en plus confortables et beaux. Celles qui aiment et peuvent s'habiller de pantalon le porteront avec la veste-tailleur. La culotte de cheval supporte mal le pantalon, et la femme de petite taille sera plus charmante en robe à petites impressions. Elle s'abstiendra de choisir des couleurs trop audacieuses, des vestes à très larges épaules et avec martingale ou ceinture large, des manteaux-housses, des talons aiguilles ou des chaussures très plates, et donnera sa préférence aux jupes étroites, aux vestes ajustées, aux chandails et chemisiers courts et aux motifs verticaux. La femme rondelette évitera les larges imprimés, les couleurs aiguës, le moulant et les crinolines, les shorts et les bermudas, et adoptera la jupe droite, la veste trois-quarts, le t-shirt, le pull long et le noir.

Les grandes femmes à la taille fine peuvent (hélas!) tout se permettre. Et pour porter avec élégance un chapeau, il faut avoir... un cou.

Autant que possible, les hommes se soustrairont à la tentation de s'offrir des habits pastel, des chemises aux couleurs électriques et à motifs trop tapageurs; ils résisteront aux grands carreaux, aux chemises moulantes et aux pantalons étriqués. À mon avis, le violet, le mauve et le turquoise ne sont pas des couleurs flatteuses pour les hommes. Ils sont si beaux dans les tons sobres et exquis, dans de vastes t-shirts, des chandails enrobants et des vestes en matières voluptueuses.

En dehors des Italiens, les Suisses, femmes et hommes, sont certainement les cadres les plus élégants d'Europe. Comme leurs montres et leurs coucous, ils ont le mouvement qui sait faire avancer une veste ou une jupe. Le Suisse bien habillé sait faire coexister les tendances de la mode et il accepte que si la cravate ne fait plus le cadre, l'habit fait le P.D.G. Comme en patinage artistique, il y a les figures imposées; le veston-cravate en est une et, heureusement, n'a plus rien d'une condamnation. Le costard de beau milieu de gamme, disons entre *sol* dièse et *si* bémol, offre d'innombrables variantes.

Les Anglais, en plus des Suisses, ont la tradition. Leurs tissus font partie des légendes, et les mythes s'en sont enveloppés. Ils ont mis leur génie au service de l'élégance masculine en sachant harmoniser avec perfection la sobriété, la qualité et le confort. S'habiller britannique, c'est savoir investir. C'est faire preuve de son savoir en valeurs sûres.

Ne recherchez pas l'allure sexy. Faites la différence entre le jour et le soir, le bureau et le cocktail mondain.

Harmonisez votre sac à vos chaussures et à votre vêtement. C'est à ses accessoires qu'on reconnaît une personne élégante. Un soulier doit être de bonne qualité et convenir à l'occasion pour laquelle il a été choisi. Pour le travail, il sera de forme classique en cuir ou en daim et le talon aura une hauteur confortable. Il sera toujours impeccable, parfaitement ciré et bien entretenu. On ne souffrira pas de talons éculés, ni de pointes écorchées. Il n'y a que le soir où peut être portée la chaussure fantaisie, comme l'escarpin de soie, de satin ou de chevreau doré ou encore la sandale haute avec incrustations.

La ceinture souligne la taille d'une femme et supporte le pantalon d'un homme. Dans les deux cas, elle sera d'excellente qualité. Si une femme n'a pas une taille de guêpe, elle devra renoncer à ce caprice.

Surtout, souvenez-vous que la véritable élégance ne se remarque pas. Soyez chic sans faire de bruit. Ne distrayez pas l'esprit ni ne dérangez la concentration de vos collègues.

Les vêtements de sport sont superbement coupés, d'une élégance très confortable et peuvent être assortis d'accessoires plus robustes. Encore là, il faudra faire preuve de discernement en sachant harmoniser vêtements et disciplines. On ne s'habille pas de la même manière pour le golf que pour la chasse; on est vêtu différemment sur un bateau et sur des skis. Ce qu'il est important de se rappeler, c'est d'éviter de se présenter au travail dans ces tenues, à moins qu'il ne l'exige, bien entendu.

Je ne pense pas qu'il existe de sociétés ou d'institutions offrant des produits ou des services à une clientèle qui devraient permettre le port du short ou du bermuda aux femmes et de la camisole ou de sous-vêtement quelconque, aux hommes. Si, face aux gros clients, les employés doivent toujours faire des ronds de jambe, il n'est pas bon de trop les montrer. La clientèle va là où on la traite bien. L'allure nette et soignée commande le respect.

Les cheveux seront d'abord propres et leur coiffure sera adaptée à la personnalité de chacun. Elle permettra toutefois de souligner une partie du visage, du regard au sourire. Les bons coiffeurs sont en nombre si florissant et leur tarif est si raisonnable qu'il serait dommage de se priver de leurs conseils avisés. Les coiffures extravagantes et spectaculaires vont mieux aux gens du spectacle qu'au personnel administratif.

Mais il est une règle d'or qu'il faut à tout prix appliquer avant de suivre la mode: la propreté. Celle du corps, du visage, des oreilles, des cheveux, des ongles. Les cols ne seront pas douteux, les vêtements seront nets, la lingerie et les sous-vêtements seront frais, les boutons manquants ne seront pas remplacés par des épingles de sûreté, les ourlets seront bien cousus, les bas ne seront ni troués ni filés et les chaussures seront impeccables. Cette première politesse est celle qui vous revient d'abord puisque vous êtes la personne la plus importante au monde.

Le premier attribut de l'élégance est la sobriété naturelle. Savoir s'habiller est la plus délicate dimension du savoir être soi dans une souveraine aisance. Chanel disait qu'on peut imiter la simplicité, mais pas la copier. La simplicité étant la perfection.

Chapeau!

Le comble du chic

Jusqu'à la dernière guerre, les élégantes ne concevaient pas une toilette sans chapeau. Comme elles avaient raison. Le mot *modiste* a pratiquement disparu pour laisser place à *chapelière*, plus unisexe.

Les capelines, les bibis, les feutres, les cloches, les toques ou les turbans sont encore à mes yeux des attributs raffinés et pleins de charme. La tenue d'une femme paraîtra toujours parfaite si le chapeau en fait partie.

La voilette est un atour autant qu'un atout selon l'âge de celle qui s'en pare. Elle suggère le mystère et protège aussi les imperfections contre l'œil scrutateur.

Une femme portera le chapeau dans presque toutes les situations, même à un lunch, à la condition qu'il ne soit pas trop envahissant. Au spectacle, le chapeau n'est pas de mise, c'est-à-dire ni au cinéma, ni au théâtre, ni à l'opéra, ceci afin de ne pas empêcher les voisins derrière de voir la scène.

Il est recommandé d'en porter lors de la rencontre avec les dignitaires de l'Église, à un mariage, à un baptême et à un enterrement.

On s'en passera toutefois après 17 h. Certains petits bibis fantaisie et adorables sont confectionnés dans le but d'être portés à un cocktail. Pourquoi pas? Ils pourront être minuscules, mignons, rutilants et très chics.

La femme élégante ne portera jamais un chapeau à un dîner ni à un bal. Ses cheveux seront son plus bel ornement. Un homme s'interdira la maladresse de toucher le chapeau d'une femme pour le soulever ou pour l'enlever. C'est un geste qui trahit la mauvaise éducation.

Le couvre-chef, le haut-de-forme, le melon et le canotier devenus rares rendent certaines femmes nostalgiques. C'est souvent par cet accessoire qu'un homme pouvait exprimer sa galanterie et son élégance. Hélas! très peu d'hommes aujourd'hui les portent, et s'ils savent les combiner avec leur costume ou leur manteau, ils en ont oublié le mode d'emploi.

Un homme chapeauté exprimera son respect ou sa politesse en soulevant brièvement son chapeau à la rencontre d'une personne qu'il connaît sur la rue, en guise de salut. Il le retirera en entrant dans une maison, un endroit public ou un lieu saint. Il s'empêchera à tout prix la goujaterie d'embrasser une femme le chapeau bien vissé sur le caillou.

Il en va de même pour les gants. Une femme dans la rue n'est pas tenue de retirer ses gants pour serrer la main de quelqu'un, sauf si la personne qui la lui tend est plus âgée et dégantée. Un homme enlèvera toujours ses gants pour serrer la main aussi bien d'un homme que d'une femme.

Un grand coup de chapeau à celles et ceux qui bravent les modes en se couvrant le chef malgré tout.

VIEILLIR AVEC GRÂCE

La courtoisie des rides

⚜

Il y a l'arrière-boutique, l'arrière-pays, l'arrière-pensée et l'arrière-saison. C'est dans cette dernière que je me situe et je viens en faire le dithyrambe.

Quel était votre état d'âme quand vous avez aperçu votre première ride? Lorsque j'ai dû faire face à cette macabre découverte, j'étais si accablée que ma bonne belle-mère (la vraie grand-mère de mes enfants), surprenant dans une glace impitoyable mon désarroi et les mimiques insensées que je faisais en tirant ma peau dans tous les sens, m'a dit: «Ma pauvre enfant, il ne s'agit pas là d'une ride, mais de l'expression de ton âme. Si la ligne est souriante c'est qu'elle souligne la présence de la joie en toi. Le contraire m'aurait affligée», a-t-elle ajouté, réconfortante.

Sans que j'en redemande, elle a amplifié son propos en m'assurant que les rides, si je devais en avoir, devaient être intéressantes et que, pour réussir un exploit à mes yeux incompréhensible (des rides intéressantes?), il ne fallait pas exposer mon visage au soleil. «Jamais!» exhortait-elle.

Pouvait-on trouver en pharmacie le produit miracle allant me fournir de quoi avoir des stigmates du temps qui soient palpitants? Elle a répondu, péremptoire: «La vie, ma chère, l'amour, l'amitié, le travail, les drames, les rencontres fascinantes, les gens envoûtants, la survie: tout cela rend les rides intéressantes.»

Les hommes sont attirés par la peau fraîche des jeunes filles de 20 ans, «la beauté de l'âne», comme disent les Italiens, mais ne peuvent pas résister au visage expressif d'une femme dont la vie est bien remplie.

Aujourd'hui, Mamitsa (Petite Maman) n'est plus de ce monde, et moi, ne paniquant plus devant la multiplication des virgules qui mettent mon visage entre parenthèses, j'aimerais qu'elle me donne, de là où elle se trouve, son appréciation sur ce visage mûri qui est devenu le mien.

Il y a plusieurs façons pour une femme d'accepter le dur processus de sénescence, mot trop élégant, voire hypocrite pour dire «vieillissement». Michel Serres, le philosophe souriant, assure qu'il y en a trois: la première, coûteuse et aux effets de courte durée, est la chirurgie esthétique; la deuxième, moins chère et se prolongeant un peu plus, est offerte par les crèmes, l'alimentation équilibrée et l'exercice physique; la troisième, gratuite et assurant une bonne conservation, est de garder son esprit vif, de diminuer les heures passées devant la télévision et de s'imposer une heure par jour de lecture difficile. J'en ajoute une quatrième: prendre de l'âge avec grâce. Le sens de «prendre» ne fait naturellement pas référence au tour de taille, un repère douloureux contre lequel la femme mène un éternel combat.

Il serait ridicule de prendre la résolution démesurée de vouloir ressembler à ces femmes-roseaux, les top-modèles, de se faire exagérément souffrir à force de diètes à répétition, alors que la façon la plus sûre d'être belle est de s'accepter et de faire éclater son charme plutôt que ses charmes. Il me semble aussi qu'une fois entrées dans l'âge adulte, les femmes devraient avoir acquis assez d'assurance pour ne plus vouloir attirer l'attention en portant des cheveux verts et coiffés à la diable. Voilà l'avantage d'avancer en âge: diminuer ses efforts pour tenir le haut du pavé; il tient désormais tout seul (le pavé).

Je tutoyais déjà effrontément la quarantaine quand j'ai pris mes rides au sérieux, et c'est à partir de là que ma vie a pris des tournures palpitantes et insoupçonnées. À cet âge, on comprend qu'on peut transformer quelque chose de bon en merveilleux. Pour une femme, c'est l'âge où elle peut commencer à vivre sans craindre de faire des fautes.

À 50 ans, on a commis suffisamment d'erreurs pour comprendre qu'on peut y survivre et très bien, merci. Une femme peut désormais regarder la vie comme si elle la contrôlait. Quelle sensation! Car il y a tant de choses qu'on souhaite encore essayer, goûter, apprendre, désirer et savourer.

Vieillir avec grâce est seulement une question d'attitude. Voir la vie comme le verre: à demi plein ou à demi vide. Cette attitude ne s'achète ni ne se commande. Elle dépend de la volonté pure et dure qui engendre des façons de se préparer un demain agréable et plein d'attraits.

La meilleure ligne de conduite dont on essayera de ne jamais déroger est commandée par un sens de l'humour invincible. Se lever le matin avec un doigt tout déformé par l'arthrite n'a rien de tonique. Mais puisqu'un problème ne peut exister sans solution, envisagez des exercices thérapeutiques, une posologie bien dosée de médicaments anti-inflammatoires, une éventuelle opération chirurgicale, l'achat d'un nouveau chapeau ou une visite chez le coiffeur (formidable comme remontant).

Surtout, n'ayez pas peur de rire de vous-même, de vous taquiner en quelque sorte afin que tous les rires soient de votre côté. Amusez votre entourage et gratifiez d'un chaleureux sourire ceux et celles qui affichent des visages renfrognés.

Vous verrez. Et en plus, vous aurez l'air d'avoir 30 ans en moins (non, peut-être 10).

Sachez être heureuse avec vos enfants si vous avez la chance d'en avoir et avec vos amis intimes. Soyez extra-gentille pour eux, même pour les enfants du voisinage. Devenir le soleil qui les épanouira tous, quel merveilleux programme! Pensez à eux souvent et exprimez-vous en leur téléphonant, en leur écrivant ou en leur faisant de petits cadeaux-surprises de temps en temps.

Si vous n'êtes pas en grande forme physique, efforcez-vous de l'être. On ne vous demande pas de ressembler à Claudia Schiffer, mais d'éviter de ressembler à celle qui a inspiré Charles Aznavour dans la chanson *Tu t'laisses aller*. L'alcool n'est ni un médicament ni une solution. Plutôt que de vous accrocher à la bouteille, accrochez-vous à une bonne discipline d'alimentation et d'exercice physique.

Attention au maquillage! Qu'il ne soit pas outrancier! Le fond de teint ne doit pas faire fonction de mastic ou de ciment, et le rouge à lèvres ne débordera pas aux commissures. Les vêtements seront choisis avec discernement. Laissez les minijupes, les collants moulants et les *baby-dolls* à vos filles; ils pourraient trahir des cuisses flasques qui n'ont rien de spécialement engageant. Les décolletés seront échancrés avec beaucoup d'économie, et l'usage des perles sera abondant… elles ont sans doute plus d'éclat que votre poitrine. Il y a des paysages qui ont intérêt à être vus avec des yeux impressionnistes. Faites place à votre esprit lumineux, votre charme irrésistible et votre sagesse grandissante.

Souvenez-vous du bon conseil de Michel Serres: aiguisez votre esprit. Oublier les noms du jet-set local n'a aucune importance. Entraînez votre mémoire et votre pensée à une gymnastique régulière en écoutant les jeunes et leur jargon: «c'est génial», «super», «dément», «cool». Observez-les et intéressez-vous à leurs attitudes et à leurs sentiments. Ils viendront à vous pour vous demander conseil: une flatteuse démarche à ne pas décourager.

Rendez-vous utile et soyez disponible pour différentes actions de bénévolat. Soyez ponctuelle aux réunions et ne décevez pas vos nouvelles collègues. Devenez pour elles indispensable.

Apprenez une nouvelle langue. Que ce soit l'anglais ou le turc, il vous servira à mieux comprendre Shakespeare dans le texte ou rendra votre croisière au Bosphore doublement fascinante.

Offrez-vous des voyages inoubliables, même si vous devez y aller seule. Il y a des solitudes souhaitables et dont les ressources devraient être exploitées. Votre liberté de mouvement ne sera nullement entravée, vous aurez le loisir de faire des rencontres et votre acuité d'observation sera plus aiguë si vous voyagez en solitaire. Tenez un journal de bord avec force détails. Qui sait? Vous deviendrez peut-être aussi lyrique qu'Homère dans son *Odyssée*.

Devenez un puits de culture en étant une assidue des concerts, une enthousiaste de la danse ou une spécialiste de théâtre. Lisez tout Molière, allez aux répétitions et devenez une groupie en encourageant les acteurs pour lesquels vous avez de l'admiration.

Prenez des cours de harpe, de mandoline ou de ce dont vous avez toujours rêvé. Si votre choix devait se fixer sur les cymbales, assurez-vous de conserver l'amitié de vos voisins. Mais si l'harmonica obtenait vos faveurs, faites-en profiter l'orchestre de l'Armée du salut ou autres ensembles, le jour de la fête nationale.

Inscrivez-vous à un cours d'ikebana. Les fleurs forment un univers souriant, si vaste et varié. Vos arrangements feront l'admiration de vos visiteurs.

Prenez des leçons de cuisine. Je connais une ravissante jeune femme pleine de talent qui fait profiter de son expertise et de son inépuisable imagination à tous ceux et celles qui veulent apprendre des recettes nouvelles. En fin de cours, elle invite tous les participants, moyennant une somme raisonnable, à déguster sa céleste production. Voilà une merveilleuse façon de joindre l'utile à l'agréable.

Donnez plutôt que d'attendre de recevoir. C'est plus gratifiant. Soyez plus une actrice sur la scène de la vie qu'une spectatrice.

Apprenez tout sur l'histoire de votre ville et devenez-en une guide recherchée. Faites-vous plaisir. Offrez-vous un chien et débitez-lui tout votre savoir. Les chiens ont une oreille attentive. Vous ne tiendrez pas longtemps votre auditoire en haleine si vos sujets de prédilection sont vos rhumatismes, vos allergies, votre constipation ou le mauvais temps. Si on vous demande comment vous allez, répondez toujours que vous allez très bien. C'est tout ce que les gens veulent entendre comme réponse.

Si vous entreprenez un projet, réalisez-le jusqu'au bout et faites-le avec enthousiasme; rien n'est plus contagieux. Initiez vos amis et faites-leur profiter de vos produits.

Surtout, soyez et pensez positif. Repassez souvent en mémoire le film des bons moments de votre vie. Rangez aux oubliettes les chagrins et les tragédies qui ont traversé votre existence. Mettez l'accent sur les bons souvenirs et sur des projets constructifs; bâtissez des perspectives pour demain. Donnez du superlatif à vos saisons. Et si des regards sur le passé vous sont plus souriants que mélancoliques, faites dérouler devant vos mirettes assoupies les gros plans d'un amour tendre, d'une voix d'enfant, d'une partie de tennis effrénée, d'une randonnée romantique en canoë, d'une visite inoubliable dans un musée ou d'une rencontre inopinée qui vous fait battre encore des cils et de la poitrine.

J'ai la grande chance d'être entourée de dames qui ont allègrement entamé les soixante-dix ans ou dont l'âge s'étend bien au-delà et qui sont vertes, cultivées, vives, belles et surtout très inspirantes. Merci particulièrement à Aline, Claire et Eva de me servir de modèles. Vous n'avez rien à envier à la parfaite Katharine Hepburn.

Sachez, madame, que malgré vos rides il y a de fortes chances que vous soyez plus passionnante maintenant qu'à 20 ans. Il est une chose certaine: aujourd'hui, vous êtes plus attachante, plus compatissante, plus compréhensive, vos sentiments sont plus humanitaires, vous êtes devenue plus sage, plus modérée, plus sobre, plus spirituelle, plus charmante, plus magnanime, plus clémente, plus attentive, plus disponible, plus philosophe et plus gracieuse. Et votre allure qui refuse la médiocrité du soir en est grandie d'une assurance qui fait de vous une fringante aïeule.

Soyez celle dont on admire la dignité, l'élégance de l'esprit et la grâce tout court pour que ces qualités aident à croire que la vulgarité n'aura jamais le dernier mot.

L'HÔTEL,
EN PARTICULIER

Une vie de château?

❧

De plus en plus, l'hôtellerie s'industrialise et répond à des normes internationales. Les hôtels de bonne gamme appartiennent à des chaînes et on les trouve à peu près identiques aussi bien à New York qu'au Vanuatu.

Pour mériter le service auquel on aspire, on est tenu de savoir donner le ton et d'offrir le profil correspondant, à commencer par la réservation par téléphone qui doit, plus tard, être confirmée par écrit ou par télécopieur. Les préférences peuvent être mentionnées (chambre, étage, vue), et certains établissements réclameront des arrhes ou encore le numéro de votre carte de crédit pour garantir le règlement de votre séjour. On établira sa durée et le choix sur la pension (demie ou entière). S'il devait y avoir un changement dans les coordonnées (horaire, nombre de personnes, durée du séjour), il est impératif d'en prévenir la réception ou la direction.

À son arrivée, les valises sont confiées au bagagiste ou au groom de service à qui il est indispensable de donner un pourboire (voir chapitre des pourboires).

Dans la chambre, on aura le même comportement que si on était en visite. Les mouchoirs de papier et les cotons à démaquiller iront dans la corbeille à cet effet, et les mégots, dans les cendriers, pas ailleurs.

Les vêtements seront pendus dans les placards et rangés dans les tiroirs, et les valises, groupées sur le porte-bagages. Après avoir utilisé la salle de bains, on veillera à ce que la baignoire soit vidée et on évitera de cirer ses chaussures avec les serviettes de bain, le couvre-lit ou encore (eh oui!) les rideaux. On tâchera de ne pas pousser la distraction jusqu'à emporter dans sa valise le peignoir, les serviettes et les couverts de l'hôtel.

Afin de ne pas rendre le personnel responsable de ses effets, on ne les laissera pas traîner ici et là dans la chambre. Les bijoux devraient être confiés au concierge, qui les enfermera dans le coffre-fort de l'hôtel.

Dans les couloirs, on freinera ses envies de parler trop fort et de claquer la porte, par simple considération pour les occupants des autres chambres, et les conjoints en mal de querelle modéreront leur frénésie de se jeter à la tête sinon des mots, du moins le mobilier. La télévision et la radio feront une sage consommation de décibels, et on n'oubliera pas un singe hurleur dans la chambre ou tout simplement un chat affamé tout autant hurleur pendant son absence.

Dans la salle à manger, on se soumettra aux règles de l'étiquette de la table et, bien que décontracté, on ne sera toutefois pas trop naturel. Les vêtements seront décents et, même en bord de mer ou de piscine, on ne pensera pas un instant à se présenter à table le torse ou les seins nus, même s'ils sont triomphants. À un casse-croûte de plage, les femmes se dispenseront de pointer leurs obus et se draperont dans un paréo. C'est dans un restaurant ou un hôtel que la vie publique commence, et c'est là qu'on bâtit sa réputation. Les manières rustiques ne s'accommodent pas à ce décor.

La direction de l'hôtel sera prévenue la veille du départ et la chambre sera libérée avant midi. Le personnel sera remercié avec des gratifications insérées dans des enveloppes ou offertes de main à main.

Les femmes et les hommes d'affaires qui voyagent ensemble paieront leurs factures, qu'ils porteront à leur compte de dépenses respectif. Il n'est absolument pas correct qu'une femme d'affaires laisse son collègue masculin s'acquitter du taxi, du chasseur, du bar, etc. À son tour, celui-ci n'insistera pas non plus pour que sa plage de crédit soit ouverte *ad libitum*.

Le collègue mâle offrira à sa collègue de prendre part aux mêmes activités que lui à l'hôtel (club sportif, piscine, bar, gymnase), ce qu'elle est libre d'accepter, et, dans ce cas, les frais seront partagés.

Une femme qui voyage seule se rendra au bar ou à la salle à manger autant qu'elle le désirera et prendra la précaution d'apporter son porte-documents qu'elle ouvrira pour signifier son intention de n'être pas dérangée, si tel est son souhait, naturellement.

En pays étranger, une femme seule qui désire le soir se rendre dans un restaurant autre que celui de son hôtel demandera l'aide du concierge ou du réceptionniste, qui la guideront vers un chauffeur de taxi à leur disposition et lui feront les recommandations nécessaires.

Madame, lorsque vous étiez fillette, s'il vous était interdit d'accepter les bonbons proposés par un monsieur inconnu, ne consentez pas aujourd'hui à aller admirer sa collection de papillons, car il en existe une espèce qui peut laisser d'amers souvenirs.

POURBOIRE...

... à ceux qui ont soif

Quel que soit le pourboire qu'on laisse, on est de toute façon condamné à l'ingratitude. La satisfaction, dans ce domaine, est invisible. L'art ou la science du pourboire sont épineux à cultiver, eu égard à la variance des attitudes et des règles du jeu. Dans le monde prétendument démocratique d'aujourd'hui, il est ahurissant de constater que cette pratique persiste, précisément parce que les raisons historiques du pourboire sont devenues largement désuètes.

En France, le mot *pourboire* veut littéralement dire «pour boire» et l'usage de donner de quoi se payer une bière est très répandu dans les pays de la communauté européenne, même quand le service est à peine perceptible, voire inexistant.

Dans l'Angleterre du XVIIIᵉ siècle, le mot *tip* est censé être l'acronyme de *«to insure promptness»* et était une pratique en vigueur dans les cafés de Londres, même si l'habitude de gratifier les gagne-petit comme les serviteurs, les domestiques, la valetaille et les chasseurs d'hôtel remonte à beaucoup plus loin.

À l'origine, les chauffeurs de taxi londoniens recevaient un pourboire pour être encouragés à emprunter l'itinéraire le plus direct et le plus court pour se rendre d'un endroit à un autre. Ironie du sort, les Britanniques sont aujourd'hui considérés, parmi les Européens, comme ceux qui laissent les plus maigres pourboires ou en font fi.

Il arrive que le client contemporain fasse non seulement preuve de générosité mais se fasse simplement abuser. Combien de fois avez-vous été soumis, au restaurant, au rituel de remplir la ligne vierge destinée au pourboire, lorsque vous régliez l'addition avec votre carte de crédit, pour découvrir plus tard que les 15 % alloués au service avaient déjà été calculés?

Attention à ceux qui sont loin de faire preuve de largesse au restaurant! Les garçons de restaurant peu scrupuleux font souvent état de leurs sentiments en s'exprimant fort et avec véhémence, parfois par le biais d'injures, et ont souvent rendu sa misérable obole au client humilié. En outre, qui se voit aujourd'hui rendre la monnaie de sa pièce en payant le chauffeur de taxi qui trouve normal de s'attribuer automatiquement une gratification qui ne lui est pas toujours due, puisqu'il répugne à ouvrir la portière et à caser les valises dans le compartiment à bagages, surtout par intempéries?

Enquête en Europe

En faisant une enquête en Europe, on se demande si tous les pays sont prêts à suivre l'exemple du Danemark et des Pays-Bas, où le pourboire, en tout et pour tout, n'existe pas. Dans ces deux pays, les garçons de restaurant, les chauffeurs de taxi ou les coiffeurs demandent des tarifs qui sont aussi nets que des relevés de banque, et rien ne doit y être ajouté. Les Danois prennent l'attitude de ceux qui ont toujours droit au bon et loyal service qui leur est procuré et estiment qu'ils n'ont aucunement à surenchérir.

Quel contraste avec la France où, si vous négligez de laisser à un chauffeur de taxi un vigoureux 10 à 15 % sur le tarif exigé, sa réaction frôlera la violence, elle, bien gratuite. Il serait certainement utile de savoir que la France est un des rares pays, avec l'Espagne et la Belgique, où il est recommandé de donner un ou deux euros à l'ouvreuse de cinéma et de théâtre. Le cas échéant, tout particulièrement à Paris, vous risquez d'être abandonné devant un strapontin par l'ouvreuse qui ponctuera son geste d'exclamations éloquentes de dépit, ne laissant au public aucun doute sur la mesquinerie de votre attitude.

Le salon de coiffure est un autre champ de mines. Tous les pays européens s'accordent à dire qu'il est inconcevable d'y gratifier le propriétaire. Il devrait en être de même en Amérique du Nord, où celui-ci se sent lésé s'il ne se voit pas accorder le moindre dollar. Cet exemple ne devrait pas priver la personne préposée au shampooing, ni celle qui coiffe, ni celle qui vous apporte le sandwich et la tasse de café d'un ou deux billets.

À votre discrétion

De manière générale, lorsque le service est clairement inclus sur la facture, il est proposé à la discrétion du client de laisser quelques pièces additionnelles selon son bon vouloir.

Si un pilier de bar est fidèle à son titre toute la nuit durant et savoure le plaisir de se faire servir à boire à sa table, il serait mesquin de ne rien laisser au garçon pour son service ; la décence suggère de laisser 10 % de la facture.

Quant aux repas dont le service est compris sur la facture, la courtoisie propose de laisser la monnaie rendue après le règlement de celle-ci. Cependant, il serait bon de s'assurer si le service à la chambre d'hôtel inclut un supplément pour les repas qui y sont servis (cette pratique existe dans presque tous les bons hôtels), à moins que le valet de service ait déposé le repas sur une table de votre choix et ait déplié votre serviette de table.

Service affaires

Pour le service affaires dans les hôtels, qui vous permet entre autres d'envoyer un fax, le pourboire est inclus dans les charges et vous ne devez pas en laisser à la secrétaire. La femme de chambre et les membres du personnel que vous ne rencontrez pas savent apprécier à leur juste valeur une marque de reconnaissance, surtout s'ils ont fait preuve d'empressement à votre égard en cherchant un objet que vous avez perdu et l'ont retrouvé derrière la table de chevet. Il serait impossible d'être trop spécifique quant aux pourboires. Dans les hôtels très élégants, après un séjour d'une semaine, la femme de chambre se verra gratifier de 20 $ à parfois 150 $. La pratique d'offrir des cadeaux provenant des comptoirs d'esthétique et de parfumerie n'est plus appréciée.

Concernant la vaste disparité des coutumes et des tarifs pour les services en Europe, il est fort possible de commettre une erreur en versant son pourboire, à un moment donné. Toutefois, le tableau proposé plus loin pourra servir de guide éventuel.

Un certain soutien moral devrait être apporté à l'ex-chancelier de l'Échiquier Norman Lamont, qui a laissé une livre sterling en guise de pourboire après avoir dîné avec un ami dans un restaurant où le service n'avait pas été perçu sur une facture de 60 livres sterling. Ce faux pas éclatant a pris des proportions si grandes qu'il a fait les manchettes d'un journal anglais à sensation.

Ce pauvre M.P. *(Member of Parliament)* assiégé aurait dû tirer profit d'une page du livre de Groucho Marx quand, dans *Une nuit à l'Opéra*, il a demandé à un valet:

«Le pourboire est-il de mise sur ce bateau?

– Oui, monsieur, répondit le laquais.

– Auriez-vous deux billets de 5?

– Oh oui! Monsieur.

– Vous saurez donc vous passer des 10 cents que j'avais prévus à votre intention.»

Amérique du Nord

Au Canada comme aux États-Unis, toute occasion est devenue bonne pour gratifier un service, et le pourboire a pris des proportions si extravagantes qu'il paraît nécessaire de se pencher plus amplement sur ce sujet à controverse.

Par les temps économiques qui courent, il faut reconnaître que nombreux sont ceux qui comptent sur le pourboire pour arrondir leurs fins de mois, surtout les jeunes étudiants qui travaillent pendant l'été en prévision de leur année universitaire.

La nécessité de pourboire ne doit pas faire loi dans les situations suivantes:

- si le service est rendu de façon désagréable, malveillante et incompétente;
- si un chauffeur de taxi emprunte l'itinéraire le plus long pour atteindre la destination annoncée ou s'il refuse d'aider et de livrer les bagages de son véhicule;
- si le service a déjà été calculé dans la facture.

Si le client juge que le service aurait pu être mieux rendu, il laissera un pourboire inférieur aux normes avec, éventuellement, un mot d'explication dit sur un ton civilisé.

Dans la plupart des restaurants, pour un repas assis et pris en salle, on laissera 15 % de la facture avant les taxes (au Canada, la somme des taxes égale celle du pourboire). À un buffet, on laissera 10 % de la somme à payer.

Souvent, dans les restaurants très élégants d'Amérique du Nord, on aura à acquitter deux factures: celle du restaurant et celle du sommelier. Le maître d'hôtel a comme tâche de vous asseoir à une bonne table et s'attend à se faire offrir discrètement dans la main gauche, au moment de votre entrée dans la salle à manger, un billet de 20 $. Au moment de quitter le restaurant, le capitaine (celui qui prend la commande, désosse le poisson et reçoit vos plaintes) recevra 5 % de la facture restaurant. Les jeunes garçons qui voltigent autour des clients et changent verres, assiettes et couverts se partageront 10 % de la facture restaurant. Quant au sommelier, il se verra remettre 10 % de l'addition des alcools. Tout cela pour un total de 20 % de l'ensemble de la facturation, indispensable au personnel d'un établissement sélect, qui souvent ne reçoit pas d'autres émoluments.

Le valet de stationnement qui ramène la voiture à la porte recevra 5 $ et la dame du vestiaire 1 $.

Taxis

À New York ou à Toronto, le minimum de pourboire à laisser au chauffeur de taxi est de 1 $. Il est évident que la longueur de la course déterminera l'importance du pourboire. Pour une course de 10 $, laissez 1 $. Pour celle de 20 $, offrez de 2 à 3 $. Pour vous faire conduire à l'aéroport depuis le centre-ville, comptez de 15 à 20 % du tarif. Si le chauffeur vous aide avec vos valises et vous ouvre la portière, ne vous évanouissez pas de surprise, mais considérez toutefois que cela tient du miracle et, une fois ce choc passé et que vous avez récupéré vos esprits, augmentez la somme prévue.

Hôtels

Dans un hôtel de luxe, on offre 5 $ au portier, 5 $ par valise au chasseur, 20 % du service inscrit sur la facture pour le service à la chambre et un minimum de 5 $ à chaque visite d'un serveur ou d'un chasseur, de 3 à 4 $ par nuitée à la femme de chambre qu'on laissera sur son oreiller, 10 $ au chasseur qui effectuera une course spéciale, 5 $ pour le service de nettoyeur, 5 $ au valet de stationnement qui ramène la voiture à la porte, 2 $ à celui qui hèle un taxi (5 $ par intempérie et lorsque la mission s'avère difficile), 10 $ au concierge qui s'est efforcé de trouver de bons billets de théâtre ou qui a réussi à retenir *in extremis* des billets d'avion (s'il l'a fait avec une extrême courtoisie, on poussera jusqu'à 15 $).

Il est évident qu'on ne gratifiera pas le concierge ni le chasseur si on ne fait pas appel à eux.

À l'hôtel plus simple des petites villes, on veillera à donner 2 $ au portier à l'arrivée comme au départ, 3 $ au chasseur (ou plus, selon le nombre de bagages), de 10 à 15 % pour le service facturé à la chambre, 2 $ par nuitée à la femme de chambre, (3 $ si deux personnes partagent la chambre), 1 $ à chaque livraison du chasseur, 5 $ au portier pour une course spéciale et 2 $ pour le valet de stationnement.

Il est à signaler ici que la personne désireuse de transporter elle-même ses valises est totalement libre de le faire, mais ne devra jamais s'occuper du moindre bagage dans un hôtel de luxe. C'est la chasse gardée du… chasseur et, si vous tentez de l'éviter, votre désir d'économiser des bouts de chandelles sera perçu par tout le monde.

Si l'hôtel inclut dans la facture le service pour le personnel à votre disposition, il est manifeste qu'il n'y a rien à ajouter.

Après un séjour à l'hôtel où le maître d'hôtel s'est montré particulièrement attentionné, il faudra penser à lui laisser de 15 à 20 $ pour une famille de quatre personnes, et de 30 à 50 $ pour une famille nombreuse ou un groupe.

Si vous avez la chance d'être invité pour un week-end chez des amis qui sont assez fortunés pour s'offrir du personnel, laissez, en partant, une enveloppe contenant 25 $ à la femme de chambre, 20 $ à l'intention du cuisinier et 30 $ si vous avez expérimenté le rare plaisir d'être servi par un majordome. Souvent, le jardinier est celui qui se voit offrir le plus substantiel pourboire pour avoir su fleurir chaque jour votre chambre. Au chauffeur privé qui vous conduira à l'aéroport, offrez de 10 à 15 billets.

Pour parer à toutes ces attentes, la meilleure solution serait de laisser aux maîtres de céans une enveloppe dont le contenu global serait partagé équitablement.

Coiffeurs

À un salon de coiffure renommé, 20 % de la facture seront versés au coiffeur responsable de la coupe, de la coloration ou de la permanente; 15 % pour une simple mise en plis, 2 $ pour le shampooing et, à la manucure, 15 % de sa facture.

Au salon plus modeste, le coiffeur recevra 10 % de la facture, 1 $ pour le shampooing et 2 $ iront à la manucure.

Quel que soit le standing du salon de coiffure, il est contre-indiqué de verser un pourboire au propriétaire de l'établissement.

Grâce au ciel, il est des personnes à qui il ne faut jamais laisser de pourboire: le propriétaire et le chef d'un restaurant, les domestiques et valets de pied à un dîner prié, l'agent de voyage, tous les propriétaires de services rémunérés et les officiers sur un bateau.

Soit dit en passant, sur un bateau, afin d'établir de bonnes relations, une bonne façon de commencer une croisière est de glisser 20 $ dans la main du steward de cabine dès l'embarquement et 10 $ dans celle du steward de la salle à manger dès le premier repas. Ces petites attentions encourageront la bonne qualité du service auquel on s'attend. Au débarquement, répéter l'exercice. Au steward du bar et au sommelier, on laissera 15 % de la facture. Les autres services comme le coiffeur, le masseur, la manucure se verront offrir le pourboire d'usage dans le pays d'origine de l'équipage.

Au cours des longues croisières, on versera des pourboires à la semaine à raison de 40 $ au steward en chef de la salle à manger et 20 $ à son assistant; 40 $ au steward du pont *(deck)* et 50 $ au steward de la cabine.

Façon d'offrir

La façon de donner vaut mieux que ce que l'on donne, dit l'adage. Être discret est la règle d'or à appliquer dans toutes les situations. Les esclandres n'ajoutent rien à la personnalité de quiconque. Si vous êtes insatisfait, faites-le savoir à l'insu de vos invités et des clients de la maison. Si vous préférez être éloquent par le geste, armez-vous de courage et laissez une pièce d'un cent dans le petit plateau. En vérité, cette pratique doit être justifiée et réclame une bonne dose de témérité.

Au restaurant, le pourboire laissé à table ne sera pas ostentatoire; il reposera sous la facture retournée. Vos invités ne doivent pas prendre connaissance du coût du repas auquel ils ont été conviés. Si le pourboire est donné *a mano*, ce n'est pas dans la poche qu'il ira mais bien dans la main, en regardant droit dans les yeux la personne que vous gratifiez et en ponctuant votre geste d'un sourire sincère.

Le bénéficiaire devra également regarder son client dans les yeux, lui sourire avec reconnaissance, et s'abstiendra d'examiner d'un regard assassin la somme déposée dans sa main et l'expression du client dans un aller-retour incessant et comminatoire, tout en restant figé au poste jusqu'à l'embarras extrême du client menacé de mort (expérience vécue par l'auteur à New York).

Une chose pourtant est à signaler, qui est beaucoup plus importante et puissante qu'un pourboire. Une lettre adressée à l'administration pour remercier et démontrer son appréciation sur la performance d'un employé ou d'un groupe de personnes. Sachez que vos éloges seront mises au classeur et permettront, le moment venu, de promouvoir le personnel méritant.

Ce chapitre a-t-il pris une importance justifiée? Et si, après tout, nous prenions comme modèles le Danemark et les Pays-Bas où le client estime qu'il a droit à tous les égards? Le rituel des pourboires (mendicité déguisée, ai-je entendu) serait tellement simplifié, et notre vie aussi. Réjouissons-nous du jour où nous pourrons envoyer au diable cette froide arithmétique.

Tableau des pourboires (1)

	Grande-Bretagne	France	Allemagne	Italie	Pays-Bas	Danemark	Rép. d'Irlande	Portugal	Espagne	Luxembourg	Belgique	Grèce
Restaurants	Service inclus (de 10 à 15%)	Service inclus (de 10 à 15%) + de 1,50 € à 4,50 € (si satisfait)	Service inclus (de 10 à 15%). Arrondir l'addition à l'euro supérieur	Service inclus (15 %) + De 5 à 10 % pour le serveur selon la qualité du service et des mets	Service inclus (de 10 à 15%)	Service inclus	Service inclus (12 %)	Service inclus	Service parfois inclus (même si la loi l'interdit) ou 10 %	Service inclus	Service inclus	Inclus facture (18 % à Noël et à Pâques orthodoxes). + de 8 à 10 %
Bars/Pubs	Hôtels seul. (de 10 à 15%) jamais les pubs	Petite monnaie	De 2 à 5 % de la facture	Service inclus + de 5 à 10 % service exceptionnel			10 % hôtels seulement. Jamais dans les pubs	Au serveur du resto-hôtel: entre 2,50 et 5 € à la fin du séjour	De 5 à 10 % ou arrondir à l'euro supérieur		1,25 € pour le portier (bars, discothèques, boîtes de nuit)	Inclus facture (18 % à Noël et à Pâques orthodoxes). + de 8 à 10 %
Cafés	Petite monnaie	1 €	De 2 à 5 % de la facture	De 5 à 10 % (Italiens ne laissent rien)			0,65 €	Petite monnaie	De 5 à 10 % ou arrondir à l'euro supérieur		Toujours inclus (15 %)	Inclus facture (18 % à Noël et à Pâques orthodoxes). + de 8 à 10 %
Taxis	En général (de 10 à 15%)	de 10 à 15 %	Arrondir à l'euro supérieur (donner plus si bagages lourds)		Arrondir à l'euro supérieur		Au moins 10 %	10 %	De 5 à 10 % (si taximètre utilisé. Si prix négocié, ne pas en laisser)	15 %	Toujours inclus dans tarif (15 %)	Le chauffeur ajoute 0,30 € au tarif
Femmes de chambre	De 10 à 20 £ par semaine	20 € par semaine ou 1,50 € par jour	1 € par jour	0,75 € par jour ou 5 € par semaine				1 € par jour	0,60 € par nuit (si plus de 2 nuits)	2,50 € pour le portier	2,50 € pour le portier	

Tableau des pourboires (2)

	Grande-Bretagne	France	Allemagne	Italie	Pays-Bas	Danemark	Rép. d'Irlande	Portugal	Espagne	Luxembourg	Belgique	Grèce
Cinéma/Théâtre ouvreuse		0,30 €						0,25 €			0,50 €	0,60 €
Musée (guide)		De 0,75 à 1,50 € pour tour guidé		1 €								
Coiffeurs Madame/Monsieur	De 10 à 15% coiffeur. Jamais proprio 1 £ shampooing	10 % pour le coiffeur					1,30 € coiffeur. Jamais proprio	Coiffeur 10 %				Coiffeur 10 %
Chasseurs	1 £ et plus	1,50 €	1 €	De 0,50 € à 1 €	0,90 € et 1 € pour le portier (s'il appelle le taxi)	5 couronnes	0,65 € (1,30 € hôtel de luxe)			1,25 € (2,50 € hôtel de luxe)	1,25 € (2,50 € hôtel de luxe)	
Porteurs (gare, aéroport, etc.)		1,50 € par valise	1 € par valise	0,25 € (en plus du prix fixe)			0,65 €	0,50 €	0,50 € (tarif fixe) par valise	1,25 € par valise (maximum de 4)	0,75 € par valise. 1 € la fin de la semaine	0,60 € par valise
W.C.	50 p	0,30 € ou montant fixé	0,50 ou 1 €		0,25 €	1 ou 2 couronnes			Débité sur la facture			
Vestiaire		0,75 € ou montant fixé										

Présentations

Simples comme... bonjour

***

« Ça, c'est ma mère!» entend-on souvent d'adolescents aussi incertains de l'existence de la courtoisie que de la vie après la mort. «Ça» ne signifiant pas exactement le paquet qui se trouve devant eux, mais cette personne qui leur a donné la vie et a oublié d'y joindre le mode d'emploi. Ne serait-ce pas plus gracieux ou simplement aimable de dire: «Maman, voici ma camarade de classe Michèle; ma mère, Madame Aline Duperey ou Madame Duperey» (on présente sa mère de la façon dont elle voudrait être appelée).

Il n'est pas indispensable d'être au service du secrétariat d'État ou au protocole des Affaires étrangères pour connaître la hiérarchie des personnes de votre entourage et savoir les présenter. Cet aspect du protocole est capital puisqu'il touche à la première identité d'une personne: son nom et ensuite sa qualité professionnelle, qui est souvent une indication de son rang.

Les règles de base sont de présenter une jeune personne à une plus âgée, un grade inférieur à un supérieur, un collègue à un visiteur étranger, un homme à une dame, mais une jeune fille à un homme plus âgé, un ami à son patron. «Monsieur le Juge, permettez-moi de vous présenter mon mari, Jean Mercier.» S'il s'agit de deux personnes du même sexe, on présentera la plus jeune à la plus âgée, sauf si la plus jeune a un rang plus élevé ou détient un titre de ministre, de gouverneur, etc. «Madame l'Ambassadeur, puis-je vous présenter Madame Charlotte Gauthier.»

En serrant la main, on préférera «Bonjour, madame», «Bonsoir, monsieur» à «Enchanté», «Ravi de vous rencontrer» et «Très heureux», devenus désuets, et pas toujours sincères. Un homme dira à une dame: «Mes hommages, madame.»

C'est la personne à qui on est présenté qui initie la poignée de main. Les messieurs qui n'ont pas l'expérience du baisemain ne devraient pas s'y aventurer. Ce geste pourrait trahir leur innocence dans ce domaine. Le baisemain n'est pas très en usage en Amérique du Nord; il est resté une habitude courtoise dans certains pays européens et, malgré 50 ans de communisme, les Polonais sont des seigneurs dans leur façon de l'effectuer.

On ne baisera pas la main d'une jeune fille mais celle d'une dame, et cette coutume ne se pratique jamais dans la rue ni dans un lieu public, hôtel mis à part. Le monsieur saisira doucement la main tendue, s'inclinera jusqu'à elle et l'effleurera de son menton plutôt que de ses lèvres. Sa main restée libre ne sera pas logée dans sa poche mais pendra le long de son corps. On ne baise pas une main gantée, à l'exception de celle d'une reine.

Si on se présente soi-même, il faudra énoncer son nom clairement et le lieu de sa résidence (si on est en visite à l'étranger). En affaires, il est capital de décliner l'information concernant sa profession: «avocat chez Durand, Dupont et associés». Dans les grandes réunions d'affaires où tout le monde doit se présenter, il serait bon d'ajouter à son nom et à sa profession un qualificatif de charme afin de ne pas passer inaperçu et de laisser un souvenir de sa personne: «Bonjour! Mon nom est Caroline Pagé, relationniste chez Alcan de Montréal, et mon par au golf est…» La fadeur doit également être évitée quand on présente une autre personne, à moins que ce ne soit une célébrité: «Venez rencontrer Madame Line Poirier, ma compétente secrétaire, sans qui vous n'auriez pas obtenu ce rendez-vous ce matin.»

Quand on présente deux futurs collègues ou deux personnes travaillant au même projet, il n'est pas important de s'enquérir de la priorité de la personne. Ce qui est essentiel est de citer prénoms et noms et ne pas se satisfaire de «Marguerite, je vous présente Suzanne.» Il faudrait dire: «Marguerite, veuillez rencontrer notre représentante en Ontario, Suzanne Vallée. Suzanne, Marguerite Saucier est en charge des affaires juridiques de notre maison.» L'information est d'un intérêt considérable lors des présentations. C'est d'ailleurs leur but.

Si on est nerveux et peu assuré à l'égard des présentations, il faudra s'exercer devant un miroir avant le moment venu. Imaginez un petit rôle dans une assemblée et enchaînez une phrase après les présentations: «Avez-vous lu les manchettes de ce matin? Qu'en dites-vous?»

Si on tient à être professionnel, on se concentrera sur le nom qu'on vient d'entendre. Il peut être d'une grande importance, surtout si on se trouve dans la situation de présenter cette personne à son tour.

Souvent, à la suite des présentations, la situation se prête au bavardage que nos voisins anglophones appellent le *small talk*, dont on aurait tort de penser qu'il est futile. Il permet de se faire mieux connaître, d'exposer son charme (au singulier) et ses qualités de communicateur ou de relationniste. Il est un préambule parfait à toute situation nouvelle ou indéfinie comme celle de se trouver seul ou nouveau venu à une réception ou à une réunion d'affaires. En général, on y a recours après les présentations et la durée de ce temps sera brève.

Le babillage est apprécié lorsqu'il s'agit de se montrer aimable, de mettre une personne en valeur ou de réparer une gaffe.

Le bavardage innocent peut avoir lieu à l'aéroport en attendant son vol, ou dans un ascenseur avec des personnes régulièrement rencontrées dans ce curieux habitacle. Il peut aussi avoir lieu à l'entracte d'un concert ou d'une pièce de théâtre et naturellement aux réceptions mondaines. Il faut lui donner toute l'importance à laquelle il a droit. C'est un outil social avec lequel on fait parfois de savantes manœuvres, comme éviter un faux pas ou couvrir une situation gênante. En outre, il rend charmants ceux qui en font usage et font d'eux des aimants auxquels il est difficile de résister.

Toutefois, à un repas d'affaires, un invité engagera une conversation candide jusqu'à ce que la conversation d'affaires s'engage.

Dans les pays d'Orient et d'Amérique du Sud, il est interdit à un repas entre gens d'affaires de négocier à table. Il est recommandé de parler superficiellement de son entreprise et jamais des problèmes la concernant.

Si un participant à un lunch d'affaires meurt d'envie de raconter une histoire amusante, il le fera en début de repas, avant de toucher aux sujets sérieux.

En société, on donnera autant d'attention à chacune des personnes autour de soi, spécialement à ses deux voisins immédiats, même si une troisième personne apparaît plus captivante. On tâchera de parler toujours de façon positive, même si on vient à parler de son concurrent. Le bavardage est une bouée de sauvetage, une source d'information sur la personne qui en use, un moyen de briller en société. Surtout, n'oubliez pas le sourire en prime. Il vaut parfois mieux que l'expression verbale.

Sur les habitudes internationales de serrer la main

... *et la pince*

L a manière la plus courante d'approcher quelqu'un en société et en affaires est de lui offrir sa main à serrer, que ce soit sur notre continent ou à l'étranger.

On offrira sa main en l'avançant, le pouce bien levé afin qu'elle soit facile d'accès; la personne qui la saisira établira ainsi un bon contact. Si on présente une main sans muscle (la main molle) dont le pouce est retourné vers le bas, le contact n'est pas assuré, et l'impression qu'on laisse est celle d'une personne timide et sans énergie.

En dehors de notre continent, l'étiquette demande qu'on serre la main de chaque personne se trouvant dans le groupe auquel on appartient lors d'une réunion. Il faut éviter de substituer la poignée de main en secouant celle-ci en l'air et de lancer cavalièrement: «Salut, tout l'monde!» Ce geste n'est pas convenable et est mal interprété puisqu'il suggère un manque d'implication, ce qui peut choquer. La coutume exige de serrer la main en arrivant et en partant.

Apprenez à serrer les mains. Ne présentez pas une main mollassonne ou des doigts timides et surtout mouillés. À un cocktail, tenez toujours votre verre de la main gauche pour ne pas offrir une main moite ou glacée à serrer. Ne broyez pas les phalanges baguées des dames à la manière de Tarzan. Si vous n'y êtes pas habitué, ne vous lancez pas dans le baisemain; vous trahiriez votre innocence et votre candeur dans ce domaine. En serrant la main, ne gardez pas celle-ci trop longtemps. Rendez-la à son propriétaire.

Il est admis qu'une femme gantée offre sa main à serrer dans la rue. Un homme, en pareille occasion, se dégantera.

Les Européens

Toutes les occasions sont bonnes de se serrer la main en Europe. C'est une façon de prendre contact avec les gens. En arrivant ou en se quittant pour le déjeuner, par exemple, que ce soit au bureau, à l'université, dans la rue ou à l'intérieur. Dans un groupe, on accordera une poignée de main à la personne la plus âgée ou à celle ayant le plus haut rang, puis aux autres, suivant leur rang. La personne la plus âgée ou au rang le plus élevé tend la main la première.

Les femmes se serrent la main entre elles. C'est à la femme d'affaires d'offrir la sienne à un homme. Si une femme d'affaires nord-américaine ne se soumet pas à cette règle avec un cadre mâle européen, elle perdra de sa crédibilité.

Les Arabes

La poignée de main des Arabes est plus molle et dure deux fois plus longtemps que la nôtre. Si la main est retirée trop rapidement, ce geste est considéré comme un refus.

Les Japonais

Ils serrent la main en la secouant une seule fois en un geste ferme. La plupart des personnes d'affaires japonaises serrent la main à des cadres étrangers ou combinent la poignée de main et la révérence, typique au Japon. Il est souhaitable de répondre à une révérence par une révérence.

Où que vous soyez dans l'arène internationale, il est impensable de ne pas serrer la main au début et à la fin de réunions d'affaires ou mondaines.

Ne vaut-il pas mieux serrer la main que les mâchoires?

À LA RECHERCHE D'UN EMPLOI

Les chasseurs de têtes ne sont pas des Jivaros

❧

Pour parler le langage de nos jeunes en quête d'emploi: «Chercher un job, c'est pas évident. En tout cas, c'est ben d'l'ouvrage!» Un pléonasme! Ils ne croyaient pas si bien dire. Aujourd'hui, il est intéressant d'observer que ceux qui ont encore leur emploi, et je parle malheureusement sans ironie, sont souvent ceux qui sont aussi efficaces qu'agréables et courtois. Comme nul patron n'a reçu à ce jour le don d'ubiquité, il délègue ses tickets de présence à qui le mérite. En outre, la clientèle, c'est prouvé, va là où on la traite bien.

Le postulant soumet d'abord son curriculum vitæ (CV), qui est en soi un travail d'Hercule. Puisque le but de ce portrait intellectuel est de plaire au plus grand nombre, on a tendance, passez-moi l'expression, à mettre le paquet. C'est la première erreur à ne pas commettre. L'information qu'on donne doit convenir au poste convoité, en n'étant ni abondante, ni laconique. Il est cependant très compliqué de discerner entre les deux, l'hésitation se faisant souvent sur un détail qui pourrait changer le cours d'une carrière.

Un bon conseil à donner au postulant serait qu'il se mette à la place de l'employeur et qu'il se pose les questions suivantes: «Quelle est la caractéristique qui me distingue de la multitude qui s'apprête au même exercice que moi?» «Est-ce que je sais quel est mon cheval de bataille?» Appliquez-vous à le découvrir, car vous miserez sur lui.

Un CV doit contenir les renseignements élémentaires suivants: le nom entier du candidat, son adresse au complet et son ou ses numéros de téléphone, sa nationalité et son statut marital. La date de naissance est signalée à la discrétion du candidat.

L'école secondaire, le cégep, le collège et les institutions de formation supérieure doivent apparaître accolés aux années qui leur appartiennent. Il est important de citer les concours gagnés, les mentions d'honneur méritées et les notes honorables reçues. Les emplois ou le développement de carrière suivent par ordre chronologique, en commençant par la dernière occupation. Les dates sont essentielles pour accompagner chaque emploi et, s'il y a eu des périodes creuses, il faut en donner une brève explication.

Ceux qui sont à la recherche de leur premier emploi et qui, naturellement, ont peu à dire sur leur carrière devraient faire mention des moindres expériences qui pourraient permettre de juger de leur sens des responsabilités et de leur volonté de travailler. Les hobbies et les intérêts divers doivent être proposés en dernier lieu. Ils attirent souvent l'attention, car ils sont parfois plus éloquents que le résultat d'un examen.

Un soin extrême doit être apporté à la présentation d'un CV. Le papier doit être distingué et de texture élégante. La nuance se situera entre le blanc, le beige, l'ivoire, le gris perle ou le coquille d'œuf. Les couleurs fantaisie n'ont aucunement leur place dans ce contexte. On choisira des caractères de traitement de texte agréables à lire et, surtout, on révisera son texte de nombreuses fois afin de s'assurer de l'absence totale de fautes de grammaire et d'orthographe et de coquilles typographiques. Les erreurs ne seront pas gommées ni camouflées sous du liquide correcteur. La technologie permet la perfection.

Pour certains emplois, on demande de remplir un questionnaire souvent compliqué, nébuleux et détaillé. Il faut fournir un effort soutenu pour répondre le mieux possible à toutes les questions. Toutefois, soyez sélectif, concis et bref dans l'information pertinente que vous donnez. Si ce questionnaire devait être rempli sur les lieux de l'emploi, apportez avec vous tous les faits élémentaires et les dates dont vous aurez besoin. Si vous avez fait une erreur, demandez plutôt de remplacer le papier en présentant vos excuses que de raturer et salir une copie qui dénotera une attitude ou un comportement délabrés.

La lettre de présentation qui accompagne un CV vous distinguera de la majorité qui juge ce procédé inutile. Assurez-vous que votre lettre soit écrite en cohérence avec l'information requise dans l'annonce qui vous a attiré. Vérifiez que le nom précédé de Monsieur/Madame, le titre (très important), l'adresse et le code postal de votre correspondant soient rigoureusement exacts et bien orthographiés. Votre texte reflétera l'originalité, la distinction, la simplicité et la compétence. Il est préférable d'adresser son CV et sa lettre à une personne spécifique plutôt qu'à une raison sociale ou à un directeur de département quelconque. L'entreprise vous fournira cette information par téléphone.

Une lettre d'accompagnement doit établir si vous répondez à une annonce (mentionnez le nom du journal et sa date), et essayer de produire de l'effet et une réaction positive en expliquant pourquoi vous croyez mériter le poste annoncé en rubrique. Imprégnez votre énoncé d'enthousiasme non seulement pour le poste mais aussi pour l'entreprise, décrivez vos aptitudes pour ce travail et votre ambition de réussir, tout cela appuyé par vos qualifications et votre expérience. Il serait judicieux d'indiquer si vous êtes présentement employé ou si vous êtes immédiatement disponible. Ne vous précipitez pas sur votre calendrier pour proposer une date de rencontre. Ce n'est pas à vous que cette tâche revient. Votre lettre comportera aussi l'adresse et le numéro de téléphone où on peut vous joindre, le jour et le soir, et sera dûment signée de votre main. Le papier sera autant que possible le même que celui qui aura servi à votre curriculum vitæ (ce mot toujours écrit dans son entier et non pas substitué à CV), et vous écrirez sur le recto seulement. Il est recommandé que cette lettre se limite à une seule page. Avant de l'envoyer, faites quelques photocopies pour vos archives personnelles. Si le tout est trop volumineux, une grande enveloppe enfermera l'ensemble du document non plié. Si le CV ne dépasse pas trois pages, il pourra alors être plié, la lettre de présentation étant sur le dessus, et sera inséré dans une enveloppe format standard.

Enfin, vous êtes sélectionné pour l'entrevue. Le jour J et l'heure H sont fixés. La ponctualité est capitale dans ce cas. Arrivez toutefois 15 minutes avant le rendez-vous, quitte à attendre dans le portique ou le hall de l'immeuble. À l'heure précise et pas avant, ce qui pourrait trahir votre manque d'assurance, présentez-vous à la réception, donnez-y votre nom en entier et le nom de la personne que vous devez rencontrer. Si vous avez eu le malheur d'arriver en retard, vous devez absolument vous en excuser et, si on vous fait attendre, ne vous en offensez pas. Je ne vous conseille pas du tout le retard, car il indique un manque flagrant de courtoisie et est un misérable préambule à toute entrevue. L'impression ainsi laissée ira infailliblement au détriment de votre candidature.

Pendant l'attente, si elle a lieu, observez si une revue ou un dépliant sur l'entreprise sont en évidence ou offerts sur une table d'appoint. Si oui, lisez-les avidement. Plus vous en saurez sur la maison, mieux l'information servira à l'entrevue.

Il y a des entreprises qui exigent de la réceptionniste qu'elle soit attentive au comportement des candidats qui attendent leur tour. Si vous deviez engager la conversation avec elle, veillez à ce que vos propos soient neutres et charmants, jamais inquisiteurs.

Qu'on se le dise, même si cela semble injuste, la première impression est cruciale. Après les présentations brèves et une franche poignée de main, offrez un sourire pour un sourire, l'œil vif, l'air aimable, le maintien droit et impeccable, une aisance apparente et laissez l'initiative à la personne chargée de l'entrevue. C'est elle qui vous désignera un siège. Ne vous y asseyez qu'une fois invité à le faire. Si on l'oubliait, demandez gentiment: «Puis-je m'asseoir ici?» Surtout, ne poussez pas le style décontracté jusqu'à demander la permission de fumer. Jamais. Ne prenez pas trop d'espace vital et n'envahissez pas de votre torse et de vos bras le bureau qui vous sépare de votre interlocuteur. Si des petites questions assassines surgissent, ne changez pas d'attitude et surtout ne prenez pas l'air navré, vague ou ahuri. Faites votre simple possible pour répondre. Soutenez le regard de la personne en face de vous avec un œil plein d'intérêt. Évitez le regard canon agressif et, dans les moments d'hésitation, n'étudiez pas en détail la confection de vos chaussures. Vous n'êtes pas sur la chaise électrique. Visez à avoir l'air décontracté, ni abattu ni arrogant, en vous concentrant uniquement sur votre objectif, votre défi. Vous n'êtes pas en présence d'un technicien de scanner, et personne ne désire vous faire une échographie du cerveau ni n'a l'intention de vous autopsier. Soyez calme. Ne «phosphorez» donc pas.

La mission d'un chasseur de têtes est de conseiller en recrutement et de trouver le plus vite possible le candidat idéal pour un poste précis. Cette personne n'est pas là pour vous mortifier ni pour vous humilier, mais pour vous aider, vous comprendre, vous définir et évaluer votre contribution à l'entreprise. Votre comportement envers elle sera le même que devant toute personne liée aux ressources humaines d'une entreprise menant une entrevue.

Vos vêtements seront choisis avec soin, mais ils seront surtout sobres et propres. Soyez à votre avantage dans une tenue qui vous va bien. N'ayez pas l'air endimanché dans un costume étriqué si le chandail sur la chemise vous sied mieux. Ce qui est important dans votre aspect vestimentaire, c'est d'être net, à l'aise et gentiment sûr de vous. Les femmes ne rechercheront pas le look sexy, tapageur ou excentrique. Le malentendu peut être regrettable. Il faut dire que le vêtement doit toujours être en parfaite conjonction avec le poste brigué. Au nom du ciel et des fosses nasales de votre interlocuteur, ne vous parfumez pas avant de vous enfermer une heure dans un espace réduit. Sentez le frais.

Il est plus joli et agréable de faire suivre un oui ou un non de *madame* ou *monsieur*, autrement la conversation paraîtra truffée d'onomatopées ennuyeuses et disgracieuses. Évitez autant que possible de ponctuer chaque phrase dite ou entendue par un *OK* (ou un *ouais*) banal et peu représentatif.

Les entrevues n'ont pas toujours lieu dans l'environnement d'un bureau. Il se peut qu'on vous invite à un bar et qu'on vous offre un verre pour échapper à la formalité de la circonstance et aussi pour étudier votre comportement dans une situation plus sociale. Aux États-Unis, le dernier test à passer dans une entrevue est d'aller déjeuner ou dîner au restaurant avec une experte en étiquette pour établir le dernier score. Cette récente méthode aide à faire un choix parmi les derniers candidats retenus en éliminatoire. C'est en quelque sorte le sprint final. Attention aux manières à table: elles sont révélatrices de votre éducation, de votre profil et de votre personnalité. À Toronto, cette procédure est déjà adoptée. Demain, elle le sera chez nous!

Soyez très informé sur l'entreprise qui offre un emploi. Sachez ce qu'on y fait, ce qu'on y produit, ce qu'on y offre. Soyez au courant de son plus récent chiffre d'affaires, de son internationalité, de son esprit d'équipe et des salaires qu'on y verse.

Soyez assuré que le poste et la description des tâches vous conviennent parfaitement.

Si vous avez une expérience à l'étranger à signaler, faites-en part dans votre CV et au cours de l'entretien.

N'exagérez pas votre expérience, ni ne gonflez vos qualifications, ni ne faites croire en de fausses connaissances. Tout est vérifié.

Ne camouflez pas vos faiblesses; ne les étalez pas non plus. Si vous êtes un solitaire ou un taciturne, il faut le dire.

Déclarez votre sens de la hiérarchie, s'il est authentique.

Si le poste offert est à l'étranger, parlez de vos disponibilités. Si vous avez de jeunes enfants, informez-vous sur le système scolaire du pays, l'ordre qui y règne et les différents aspects qui peuvent intéresser votre famille.

Si vous avez été sélectionné pour l'entrevue, c'est qu'on vous a remarqué. N'en rajoutez pas. Donnez des réponses concises et dynamiques. N'affichez ni désinvolture ni grande volubilité. Sachez vous taire et é-c-o-u-t-e-r, la vertu la plus cardinale à une entrevue.

Si on vous demande des références, vous êtes obligé de les fournir. Prendre l'initiative de les offrir peut parfois agir à votre détriment. Validez-les avant de les présenter, sinon elles peuvent réserver de désagréables surprises. Appelez les personnes concernées, initiez-les à votre projet et voyez ce qu'elles en pensent. Si les réactions sont négatives, n'insistez pas. Sans chercher à éblouir, trouvez une référence qui vous appuiera avec sincérité et autorité. Il va sans dire qu'il faut demander la permission à qui de droit avant.

Imaginons que votre précédent employeur vous ait congédié. Il faut en donner les raisons brièvement, histoire de vous montrer transparent. Il se peut qu'un congédiement collectif ait eu lieu pour des raisons économiques. Dites-le. C'est un lieu si commun aujourd'hui que personne ne s'en étonnera.

Si votre précédent employeur vous a remercié par manque de compétence, vous n'êtes aucunement tenu de le déclarer. Mais si on exige de vous que vous fournissiez son nom et ses coordonnées, il est extrêmement difficile de l'éviter. Dans ce cas, il faudra faire état de ce qui est arrivé, mais de froide façon afin de ne pas perdre ni vos moyens ni la face. Les raisons suivantes pourront être évoquées: conflit d'intérêts ou de personnalités, malentendus à l'égard de la description des tâches ou stress dû à des raisons personnelles comme un divorce ou le décès d'un être cher.

Il est dans votre intérêt de ne pas dénigrer votre dernier employeur. Soyez loyal et digne. Si vous devez avouer vos erreurs, vous pourrez peut-être bénéficier de la compassion ou de la compréhension de la personne qui vous interroge en l'assurant que vous avez déjà beaucoup appris à travers elles.

Les personnes qui savent gérer leur carrière doivent parfois se mettre à la place de leur patron qui se pose la question: «Quelles sont les raisons qui me poussent à l'embaucher?» C'est ainsi que vous pourrez jouer vos plus fortes cartes et vos plus puissants atouts, avec la conviction que vos qualifications et votre expérience sont uniques et fort appréciables dans l'arène du travail. Démontrez que vous avez la volonté et l'enthousiasme de faire face aux responsabilités qui vous sont offertes, même en travaillant des heures supplémentaires. Ne poussez pas le zèle jusqu'à parler de week-ends, parce qu'on les tiendra peut-être pour acquis.

Si c'est vous qui avez quitté votre emploi, donnez-en les motifs, qui seront crédibles, valables et bien formulés. Ne vous plongez pas dans de grands développements. En tant que personne libre et sûre d'elle, vous n'avez pas trop d'explications à donner. Mais ne perdez pas de vue que votre éventuel employeur ne souhaite pas investir dans un employé instable, capricieux et prétentieux. Il a en tête de vous garder longtemps et de vous installer dans son fonds de retraite.

Prenez la liberté de poser quelques questions sur le poste si vous les jugez nécessaires, en évitant d'être trop direct, trop percutant, voire indiscret. Prenez le risque de demander depuis quand le poste est vacant et combien de personnes l'ont occupé durant les cinq dernières années. Il est bon de montrer de l'intérêt sans pour autant conduire l'entretien. Si vous êtes bavard, faites preuve d'abstinence! Ne vous laissez pas emporter par vos envolées lyriques; s'il vous plaît, ne bifurquez pas sur un autre sujet et contrôlez votre temps de parole. Ne vous vantez pas sans cesse en utilisant la même phrase en leitmotiv: «Je suis efficace. Je suis le meilleur!» Laissez cela à Mohamed Ali, pardi! On ne le sait pas encore que vous êtes un as. C'est à vous de le prouver.

En parlant de vous, apaisez quand même vos ambitions. Pas de bouchées doubles. On vous les donnera assez vite. Les objectifs irréalistes ne sont pas crédibles. Quelle erreur que de surestimer ses capacités! C'est Démosthène qui l'a dit avant moi: «C'est de la folie que d'entreprendre quelque chose au-dessus de ses forces.»

Ne vous laissez pas intimider. Gardez en permanence un agréable contact avec les yeux, écoutez et tenez un discours pertinent et concis.

L'entretien se termine lorsque la personne qui l'a mené entame les paroles d'épilogue. Le candidat devra remercier pour le temps mis à sa disposition et l'intérêt manifesté. On se serrera la main, debout, en affichant de part et d'autre une expression de confiance et d'optimisme. Il n'est pas superflu de la part du candidat de demander quand il peut espérer connaître la décision finale.

Si vous avez gagné, bravo! Mais si, du premier coup, vous ne l'avez pas emporté, n'allez pas vous pendre. Vous venez de vivre une expérience qui vous aura beaucoup appris et qui vous aura sans doute donné le goût de recommencer et de bâtir des perspectives pour être encore meilleur la prochaine fois. Car d'autres occasions se présenteront à vous. Maintenant, vous vous connaissez mieux et vous savez exactement où le bât a blessé. En outre, votre chasseur vous connaît davantage et, vous ayant dans ses classeurs, il vous proposera le poste superlatif qui est fait pour vous. Du sur mesure.

Savoir écouter

Oreille, ouvre-toi!

S i on prête une oreille attentive à l'intérêt qu'on nous porte, on donnera l'écoute à ceux qui ont besoin de se faire entendre. L'oreille est un organe qui est lié à l'information; elle est aussi un appendice associé à l'attention; elle est enfin un attribut allié à la compassion.

Les cavités supérieures du cœur s'appellent-elles oreillettes parce qu'elles écoutent en secret le bon fonctionnement de ce muscle triangulaire qui nous dit le temps, les pulsions, les caprices de notre santé corporelle et morale?

Savoir écouter est la politesse maîtresse en communication. On n'interrompt l'écoute que si on a été invité à le faire. Le bavard incorrigible, l'égocentrique encombrant, le phraseur impénitent qui interrompent le discours de leur interlocuteur font preuve d'intolérance et d'impertinence. Les âmes bien nées supporteront avec un flegme exacerbé; un petit nombre n'écoutera que d'une oreille; d'autres s'engageront dans une joute oratoire dont l'issue est à craindre; certains encore prendront l'air insensible et ennuyé que suggère toujours le ridicule de la vanité.

À une réunion, à la table d'un restaurant, à une réception, il vaudra mieux attendre qu'on vous montre de l'intérêt avant de prendre d'assaut la parole. Chose curieuse, on écoute beaucoup avec ses yeux. Leur contact avec la personne qui parle est capital.

Il est des situations où savoir interrompre fait loi et peu, hélas! s'en préoccupent. Lorsqu'une personne prend l'initiative et le plaisir de colporter un scandale ou un potin, ou d'égratigner injustement la réputation d'un collègue, d'un ami ou d'un membre de la famille (la vôtre), l'attention devra être suspendue. Si on est diplomate, on adoptera un air absent; si on l'est moins, on se convertira en courant d'air; et si on devait se sentir l'âme intrépide en... n'écoutant que son courage, on priera l'ignoble de se taire.

En cas d'urgence, il est naturellement permis d'interrompre pour annoncer une dépêche, pour corriger avec habileté une erreur grave ou encore pour ajouter un élément de poids à l'entretien. Dans ce cas, on s'excusera avant de s'exprimer.

À bon écouteur, salut!

Les bonnes manières au téléphone

Figure de proue souriante

D'après l'Organisation internationale des communications, le Québec serait le plus grand usager du téléphone au monde. D'après mon expérience, les préposés au service à la clientèle des sociétés de communication canadiennes sont les plus gentils, les mieux entraînés et les plus compétents. Voilà une note enviable. Mais pourquoi diable ces valeurs ne s'étendent-elles pas partout ailleurs: à la maison, dans les entreprises ou dans les institutions gouvernementales? Les entreprises qui enseignent à leur personnel les bons usages au téléphone font de bonnes affaires.

Les premières impressions que donne une entreprise sont capitales; les gaffes et les fautes de goût au téléphone coûtent cher aux sociétés.

Les sondages montrent que les premières quatre à six secondes de conversation téléphonique sont déterminantes sur l'impression qu'on peut avoir d'une entreprise. Plus que jamais, le téléphone est le moyen le plus en usage pour traiter des affaires.

Après combien de sonneries faut-il répondre au téléphone?

Il est inacceptable qu'une entreprise laisse sonner son téléphone quatre ou cinq fois avant que l'on ne réponde. La personne qui appelle juge mal le professionnalisme d'une compagnie où personne n'est assigné pour répondre au téléphone et conclut qu'elle est en faillite. S'il s'agit d'un client potentiel, le marché est perdu avant même que vous tentiez votre chance. On devra répondre après un maximum de trois sonneries.

Quelle est la meilleure formule d'usage pour répondre au téléphone?

Déclinez votre identité et celle de votre entreprise d'une voix claire et sur un ton professionnel. Au téléphone, l'expression corporelle est inexistante, mais vous devez savoir communiquer l'enthousiasme et l'intérêt par le biais de la voix. Quelques paroles aimables doivent capter l'attention du correspondant. Il faut traiter la personne qui appelle avec courtoisie et lui faire sentir qu'elle est bienvenue. Évitez le ton ennuyé ou nonchalant.

Les éléments suivants sont déterminants dans l'accueil au téléphone:

- une formule de politesse d'entrée en matière telle qu'un «bonjour» amical;
- le nom de l'entreprise ou celui du département représenté ou les deux;
- votre nom, car en vous présentant personnellement, vous créez un climat de confiance chez l'appelant;
- votre assistance offerte avec une phrase telle que: «Puis-je vous aider?» ou «À votre service.»

Quelle information êtes-vous en droit de donner?

Quelle que soit la personne qui prend l'appel, elle représente l'entreprise aux yeux du public. En principe, la direction a la mauvaise tendance de se réserver le droit de divulguer de l'information et de résoudre les problèmes, ce qui entraîne de la part de la réceptionniste le trop populaire «je ne sais pas» à un bon nombre de questions et laisse souvent une impression d'incompétence au correspondant. Les réceptionnistes devraient être formées pour toujours répondre de façon positive en disant, par exemple: «Je me ferai un plaisir de m'enquérir et de vous revenir avec toute l'information dont vous avez besoin.» N'oubliez pas que la manière dont la préposée répond au téléphone est d'un effet percutant dans les affaires modernes.

Comment faut-il diriger ou filtrer un appel?

Le filtrage d'appels téléphoniques englobe trois questions:

- «De la part de qui, s'il vous plaît?» ou «Qui dois-je annoncer?»
- «Quel est le nom de votre entreprise?»
- «Quel est l'objet de votre appel?»

Ces trois questions sont agressantes et même menaçantes. Pour en alléger le choc, la réceptionniste dira avec douceur: «Merci de votre appel. Permettez-moi de vous annoncer», ce qui est plus gentil et courtois. «Permettez-moi» est un mot-tampon qui ne laissera personne indifférent. Les phrases du type «Qui appelle?» ou «Qui est à l'appareil?» sont trop abruptes.

Un bon criblage a pour effet d'identifier, non pas d'éliminer. La personne qui exige que ses appels soient filtrés prendra la communication et s'adressera à la personne en l'appelant par son nom.

Comment doit-on prendre un message téléphonique?

Seulement 30 % des appels d'affaires qui visent à parler à la personne désirée réussissent du premier coup. Aujourd'hui, prendre ou laisser des messages est pratiquement inévitable. Si votre personnel de soutien demande: «Puis-je prendre un message?» quand vous n'êtes pas disponible, vous risquez de manquer des communications importantes. Il serait trop facile de protester sur cette question. Une meilleure façon serait de se servir du système de questions à compléter, comme: «Et vous êtes Monsieur? ou Madame? de la compagnie?» Le réflexe naturel des gens est tout simplement d'achever la phrase que vous leur avez proposée.

Gardez toujours près de chaque téléphone du papier et un crayon. Ayez soin d'inscrire la date et l'heure de l'inscription de chaque message.

Prendre le message en entier et le livrer assidûment et lisiblement. Pour le bon fonctionnement d'une société, il est impératif de retourner tous les appels dans les 48 heures. Ayez la réputation de celui qui retourne ses appels et répond à son courrier. Soignez aussi cette image-là. Il est prouvé que les entreprises perdent des clients à cause de leur négligence à le faire.

Comment réussir à passer outre la vigilance de la secrétaire?

Quand vous téléphonez dans une entreprise, traitez la secrétaire ou l'assistante administrative comme une alliée potentielle. Il est de son ressort d'assister son patron dans le meilleur de ses capacités et de lui faciliter ses communications téléphoniques. Laissez vos messages sur un ton clair, en utilisant des mots gentils et aimables et en remerciant de manière personnelle. Après le deuxième ou le troisième appel, vous devriez être en mesure d'employer le nom de la secrétaire (pas son prénom) en laissant votre message. Assurez-vous son assistance en partageant l'information et en développant une stratégie pour établir le contact.

Comment réussir à rattraper un appel ou comment gagner au jeu du chat et de la souris (telephone tag)?

Si vous n'arrivez pas à entrer en contact avec votre correspondant qui ne réussit pas à vous joindre à son tour, laissez un dernier message en proposant une heure spécifique à laquelle vous serez sûr d'être accessible ou fixez des heures où il vous est possible de recevoir des appels. Pour communiquer avec vos insaisissables correspondants, il serait à conseiller de fixer un rendez-vous téléphonique.

Quel comportement faut-il adopter à l'égard du courrier vocal et autres systèmes de téléphone électroniques?

Aucune technologie ne se substituera jamais à une voix humaine, amicale et chaleureuse. Des sondages ont prouvé qu'il n'y a rien de plus déprimant à entendre qu'un message enregistré. Mais en cette période de restrictions diverses, la technologie est inévitable.

Si vous avez recours au courrier vocal robotisé, veillez à ce que le message personnalisé que vous aurez enregistré soit bref, articulé et aimable.

Rien n'est plus ennuyeux que d'être coincé dans une chaîne de messages enregistrés auxquels il faut obéir sans pouvoir y échapper. À mon avis, chaque système de traitement de la voix devrait permettre une issue vers une voix humaine.

Quelle est la courtoisie en matière d'appels mis en attente?

Les appels mis en attente ne sont pas gagnants. Si vous avez des raisons économiques de préférer un système de mise en attente plutôt que deux lignes d'affaires, le premier correspondant a priorité sur le suivant. Le second appel doit être traité promptement et efficacement, tout en offrant la priorité et toute la considération possible au premier appelant.

Ne mangez ni ne buvez et encore moins ne mâchez de la gomme au téléphone, que ce soit pour des communications personnelles ou professionnelles. Si vous citez le nom de votre compagnie en guise de *allô!* et qu'on demande de parler à quelqu'un, dirigez l'appel en demandant de patienter «s'il vous plaît». Si la personne demandée n'est pas à son bureau, offrez gentiment de laisser un message.

Dites «au revoir» en épilogue de conversation et évitez l'affectueux *be-bye* qui n'est pas évident pour tout le monde. Ne déposez pas trop vite le combiné. Respectez la personne en bout de ligne qui appelle peut-être d'un endroit bruyant et qui demande à vous faire répéter. Indiquez que vous la mettez en attente, s'il y a lieu.

Une voix au téléphone est très significative de la qualité d'une maison. Si un client a une plainte à faire passer, il faut le traiter en humain même s'il montre sans économie sa mauvaise humeur. Gardez votre sang-froid.

Le correspondant doit toujours se présenter avant d'entamer la conversation (nom, titre, raison sociale). S'il compose le numéro direct d'un cadre, celui-ci répondra: «David Gauthier à l'appareil» et non pas: «Monsieur Gauthier, à l'appareil». Le correspondant, lui, s'adressera en disant: «Monsieur Gauthier».

Faut-il utiliser le prénom et le tu?

Le moins possible, à moins bien sûr de bien se connaître. Nous avons la chance que notre langue recèle un filtre naturel, le *vous*. Ne lésinons pas sur son usage. Il est difficile d'insulter quelqu'un en vouvoyant. Pourquoi tant se presser de devenir familier avec les gens qu'on ne connaît pas ou avec ses supérieurs hiérarchiques? À l'étranger, il est impératif de réserver l'usage du *tu* à la seule intimité. Les Québécois sont souvent mal appréciés sur cette question. En tout cas, au téléphone, une réceptionniste ne se permettra jamais un tel comportement (user du prénom et tutoyer).

Autres bonnes manières

On se souviendra de ne jamais laisser une personne trop longtemps en attente sans venir régulièrement s'excuser du temps qui s'allonge et s'informer si elle ne veut pas laisser de message.

Faut-il filtrer les appels? C'est un jeu dangereux. Comment savoir toujours si on n'empêche un client potentiel d'approcher la personne avec qui il veut faire affaire? Le risque est souvent grand. Le jeu en vaut-il la chandelle? Pour filtrer un appel, il faut faire preuve de beaucoup de tact, car il faut éviter d'humilier celui qui est privé de parler à la personne désirée. N'appliquez cette attitude qu'en cas de grande nécessité. Un jeune cadre ne songera pas un instant à y avoir recours. Si la personne demandée est absente ou n'est pas disponible, on en fera état avant de demander au correspondant de se nommer et non l'inverse, qui est si maladroit.

À moins d'une urgence, n'appelez pas vos employés le soir chez eux pour leur demander: «As-tu suffisamment affranchi la lettre de M. Dumas?» Attendez au lendemain.

Respectez vos clients et ne les laissez pas toujours en compagnie de votre répondeur. Donnez-leur une réponse humaine. Répondez aux appels que vous avez aussi initiés.

À un vendeur qui vous sollicite et à qui vous ne voulez pas donner suite, ne fermez pas le téléphone avec rage. Dites-lui plutôt qu'il a une bonne voix, qu'il a du talent et faites-lui comprendre que pour l'instant vous ne pouvez pas vous offrir son produit. Votre attitude polie l'étonnera à un tel point qu'il balbutiera un «au revoir» rapide et définitif.

En parlant de sollicitation, je voudrais m'adresser aux préposés des sondages téléphoniques. Pourquoi diable faut-il qu'ils se livrent à cet exercice justement à l'heure et au moment délicat où une ménagère est en train de lier sa sauce, où l'hôtesse accueille ses invités, où les enfants réclament l'aide de leur mère, où alors qu'on est tout simplement en train de décompresser après une dure journée de travail? Y a-t-il un temps idéal pour déranger les gens chez eux afin de connaître leur opinion? Peut-être le samedi entre 16 h et 17 h. Qui dit mieux?

Si vous avez composé un faux numéro, ne raccrochez pas; excusez-vous et remerciez.

C'est la personne qui a initié l'appel téléphonique qui doit clore l'entretien, même si l'appel vient de l'autre côté de la planète et que vous vous souciez de la note. C'est à cette personne d'entamer les paroles d'épilogue.

En dehors des heures convenables, avant 8 h le matin et après 11 h le soir, on doit s'assurer de ne pas déranger et on proposera d'appeler à un autre moment.

On doit toujours garder en mémoire qu'une communication peut être interceptée. La discrétion s'impose à chaque instant. Les conversations sentimentales ou les négociations d'affaires à caractère confidentiel ont un meilleur résultat en tête-à-tête.

À domicile, le téléphone sera installé dans un endroit où on peut s'isoler pour pouvoir parler en toute discrétion. Si on se trouve chez des amis au moment où le téléphone sonne ou encore dans le bureau de son patron, on s'esquivera discrètement afin de respecter l'aspect privé de la communication. Si on devait, dans ces deux situations, user du téléphone pour un appel interurbain, on proposera de le régler *illico*.

En présence de visiteurs, on ne prendra pas d'appel. Il est particulièrement impoli d'en recevoir plusieurs au cours d'une même réunion.

Dans les cabines téléphoniques, on sera bref et on ne mobilisera pas l'endroit trop longtemps, surtout si d'autres personnes patientent derrière soi.

Autant que possible, accrochez un sourire à votre voix. On vous sourira tout autant.

ÉCRIRE, C'EST D'L'OUVRAGE

«Pour savoir écrire, il faut avoir lu, et pour savoir lire,
il faut savoir vivre.» – Guy Debord

♣

La correspondance personnelle ou professionnelle est un moyen de communication de plus en plus utilisé de nos jours, que ce soit pour les besoins d'une lettre, d'une carte, d'un courriel, d'une télécopie, et les circonstances pour la justifier sont multiples.

À l'ère technologique, l'étiquette a dû s'ajuster, mais reste qu'un mot écrit à la main sur un carton personnalisé a beaucoup plus de valeur que celui écrit au traitement de texte. Dans le cas d'une lettre manuscrite, on respecte les marges de droite et de gauche, on ne se permet pas de ratures ni de surcharges, et la signature est lisible. À mon avis, une lettre d'amour écrite à la main prend tout son sens, et la personne qui la reçoit et qui la lit puis la relit maintes fois en ressent plus de plaisir, si les mots ont, en plus, la personnalité de l'écriture. C'est pour cette raison également que le papier doit être de bonne qualité, car ces billets doux sont faits pour durer. En outre, les lettres d'amour ont le privilège d'être nouées d'une faveur de soie de couleur tendre, et la joie de les relire est prodigieuse. Dommage que le facteur en livre moins que des dépliants publicitaires et des factures qui, elles, n'ont rien d'une faveur.

Un carton faisant part de condoléances, de félicitations, d'excuses, de remerciements, d'encouragements, d'invitation ou encore de vœux de Noël ou de rétablissement est inévitablement considéré comme une lettre personnelle et doit, dans tous les cas, être manuscrit, autant que possible sur du papier de belle qualité. Dans le milieu professionnel, la papeterie de couleur blanche ou ivoire est élégante et simple; le carton (bristol) de dimension carte postale porte le nom, imprimé ou gravé en haut et au milieu, de la personne qui en fait usage, et son enveloppe, de même format, comporte le logo, le nom et l'adresse de son entreprise. Dans la vie privée, ce n'est que la couleur du papier et la calligraphie du nom qui pourraient avoir éventuellement recours à la fantaisie. Si on s'adresse directement au destinataire, il faut barrer et son prénom et son nom d'un trait de plume, en diagonale, entamer comme une lettre par: «Chère Anne» et signer le carton. Si l'on préfère l'impersonnalité de l'usage de la troisième personne, on laisse son nom tel quel et, à la ligne suivante, on commence le texte. Dans ce cas, on ne signe pas. Par exemple: «Louise Masson prie Jean Coutu de recevoir ses compliments pour sa remarquable performance...» L'encre doit être noire ou bleu marine.

Il n'est pas de situation où il est permis d'employer du papier quadrillé, ligné ou perforé à la marge pour écrire une lettre. Cet usage est ingrat. Il est de bon ton de répondre à une lettre sans trop de délai.

Il est de mauvais goût d'envoyer sa carte de visite pour exprimer sa reconnaissance en réaction à une gentillesse ou un cadeau. Une femme célibataire ne fera pas apparaître le titre «Mademoiselle» pour précéder son nom sur sa carte de visite.

En français, très curieusement, la formule d'appel est moins intime qu'en anglais qui utilise copieusement le *dear* à tout venant. Le «cher» français doit se mériter et ne s'accorde qu'aux amis, connaissances ou clients confirmés. On entame une lettre par «Monsieur» ou «Cher Monsieur Dubois». «Chère Madame» est impropre. Si on s'adresse à une personne titrée, on le mentionne: «Monsieur le Député», «Madame la Ministre». Il faut bannir les formules régionales: «Allô!» et «Bonjour», qui n'ont rien d'épistolaire. En épilogue, on exprime la nature de ses sentiments qui ne sont pas obligatoirement distingués ni les meilleurs (ils peuvent être d'indignation) et on reprend la formule d'appel du début de lettre: «Veuillez agréer, Madame la Ministre, l'expression…»

Pour une correspondance en français, la provenance et la date s'inscrivent en haut à droite, et le destinataire, son titre, le nom de son institution ou entreprise et son adresse, à gauche, en respectant les marges. On prétend que de commencer un texte par «Je» dénote l'égoïsme et je suis prête à le croire. Il vaut mieux débuter par: «Pour faire suite à notre conversation…» plutôt que: «Je fais suite à notre conversation…» Quant à la signature, elle est apposée en fin de lettre avec un espace raisonnable après le texte, à droite.

Il faut toujours accompagner un chèque ou un reçu d'un mot inscrit sur papier à lettres ou carte de visite, et l'argent comptant nu ne s'insère pas dans une enveloppe. Quelle que soit la forme donnée à la monnaie, elle réclame de la pudeur.

C'est une nouveauté en étiquette épistolaire que d'écrire une lettre personnelle au traitement de texte, à la condition que la formule d'appel et la signature soient manuscrites plutôt à la plume qu'au stylo. Dans le milieu professionnel, l'ensemble est dactylographié, mais si la lettre est adressée à un ami ou à un client avec qui on a des relations amicales, on rayera la formule d'appel «Cher Monsieur Brisebois» à la plume et on inscrira à la main: «Cher François». À l'égard de la signature, on raturera son nom en entier pour ne signer que de son prénom, à la plume. Dans le cas où le destinataire est un ami, on devra personnaliser la lettre d'affaires.

Il est impératif d'adresser des mots de remerciement manuscrits après avoir reçu un cadeau, accepté l'invitation à un repas, été l'hôte pour quelques jours, consenti à assister à un spectacle, reçu des condoléances, été gratifié d'une faveur ou d'un service et bénéficié de tout soutien lié à sa carrière ou à sa vie privée.

Ce n'est pas parce que l'usage du courriel doit être bref et concis qu'il faut oublier de savoir écrire et d'appliquer la courtoisie la plus élémentaire. Dieu que le style de ce mode d'expression peut être sec, rude et dépourvu de syntaxe et de bonne orthographe! Le Net est aussi un moyen d'afficher son image qui est, selon Talleyrand, le plus grand capital d'une personne. N'allez pas perdre l'occasion de paraître à votre meilleur! Si le message qu'on a l'intention d'envoyer est écrit sous l'effet de la colère, attendre au moins 24 heures avant de prendre la décision de presser sur le bouton d'envoi, car il pourrait causer plus d'embarras que de bienfait, même à votre âme. Terminez avec des formules de qualité imprégnées de courtoisie et d'humanité, des ingrédients manquants de nos jours et qui n'ont pas besoin d'être longs.

Certains tons de courriels ressemblent à des aboiements. Serait-ce donc possible de cultiver l'art d'être cybernétiquement aimable? Le style dictatorial est désagréable: «Envoyez-moi ça tout de suite!», surtout en majuscules qui ont pour effet de hurler et de faire réagir à l'opposé de la commande. Heureusement, la convivialité suscite encore chez bon nombre de gens l'empressement. Il n'est pas superflu de signer sa correspondance électronique; c'est même un signe de bonne éducation et en plus cela officialise le document. La concision n'autorise pas à être rustique ou brutal mais à être professionnel! Avant de presser sur la clé d'envoi, relisez, car les fautes sautent aux yeux comme des puces; pour certains, il vaut mieux imprimer une copie pour mieux corriger.

J'aime beaucoup cette citation attribuée à Molière: «L'écriture ressemble à la prostitution. D'abord on écrit pour l'amour de la chose, puis pour quelques amis et, à la fin, pour de l'argent.»

RÉUSSIR
UN BON ENTRETIEN

Le dialogue courtois

❧

1. Soyez un excellent écouteur. Ne soyez pas pressé de discuter de votre emploi du temps. Sachez être mondain. *Time is money*, on sait. Mais ce temps que vous passez à écouter est très important, surtout au Moyen-Orient.
2. Veillez à ce que votre voix soit claire et votre discours articulé. Si vous avez des problèmes d'élocution, n'hésitez pas à consulter un thérapeute. C'est majeur.
3. Le contact des yeux est vital. Regardez votre interlocuteur sans relâche. Au cocktail, établissez des contacts avec les yeux. On viendra vers vous.
4. Ne riez pas de votre propre humour. Laissez les autres le faire.
5. Ne riez pas aux dépens des autres et ne pointez pas les gens du doigt. Les objets seulement sont montrés du doigt.
6. Évitez d'avoir la pupille Valium et de vous endormir pendant que les autres parlent.

7. Soyez courtois. N'interrompez pas la personne qui parle et n'essayez pas de parler par-dessus sa voix. Si vous avez remarqué que vos collègues ont cette mauvaise habitude, faites-le-leur remarquer gentiment. N'ébruitez pas les potins ni les intrigues. Évitez d'étendre les scandales. Soyez discret.

8. Ne poursuivez pas la conversation mondaine au-delà de dix minutes dans les réunions. Utilisez-la seulement comme préambule à vos débats. Choisissez un sujet dont on parle avec intérêt: dernières nouvelles à la télévision, sports, famille. Discourez avec intérêt, avec passion même.

9. Lisez les journaux. Soyez une personne avertie des événements courants afin de soutenir les conversations.

10. Sachez parler du marché qui monte, du dernier Nobel. Évitez de parler de cancer, du sida ou de la guerre en cours. En affaires, exprimez-vous de façon positive.

11. Tâchez de ne pas parler de divorce, d'hypothèque, du prix de votre maison, de votre régime amaigrissant, de votre *face-lift* ou de vos apparences de grossesse, de l'âge de vos interlocuteurs, de l'impôt qu'ils ont payé, etc. Ne répondez pas aux questions d'ordre personnel.

12. N'utilisez à aucun prix le langage vulgaire. Il fait rire de moins en moins. N'insultez pas les gens qui vous parlent. N'acceptez pas ce genre de langage dans votre entreprise. Non seulement il détruit l'apparence de quelqu'un, mais il diminue le profil de votre société. Au lieu de faire usage de jurons ou de mauvais mots, maîtrisez-vous et apprenez à vous discipliner. Donnez du lustre à la langue que vous utilisez. Bannissez les OK répétitifs et les anglicismes tels que: *canceller, dispatcher, c'est l'fun*. Sans parler avec recherche, il fau-

drait faire un petit effort pour sortir du langage fade. Soyez fier de bien parler. Il est faux de penser que c'est du snobisme que de bien s'exprimer. Au contraire, cela prouve que vous avez de l'assurance et que vous savez bien présenter vos sujets et vos produits. Recherchez le mot juste. Notre langue s'y prête si bien. Exprimez-vous dans votre discours et dans vos lettres de façon fluide et non laborieuse. Intéressez ceux qui vous écoutent. Soyez stimulant.

La réceptionniste a un rôle majeur à jouer. Elle ne doit jamais laisser l'impression d'être irritée, blasée ou à bout de patience.

Il est de plus en plus difficile de converser, la pratique devenant plus rare à cause de l'usage abondant qu'on fait du magnétoscope, de la télévision, des ordinateurs.

Exercez-vous en dînant souvent avec vos enfants. Lancez un sujet et encouragez la discussion. Ce moyen non seulement vous aidera tous à reprendre le sens du dialogue, mais resserrera les liens de la famille, qui se relâchent de plus en plus.

Réunion
ton sur ton

Une plus-value…
et un chapitre austère

❧

Les gens se réunissent pour faire avancer un projet, tirer de l'information judicieuse et des conclusions profitables. Il n'est pas question d'étaler ses états d'âme ni de faire perdre le temps des participants. Réussir une réunion, c'est réaliser un coup de maître. Pour y arriver, il faut connaître le savant dosage des mesures techniques, du savoir-faire qui relève des compétences de chacun et du savoir-vivre collectif.

- Convoquer tous les participants par voie d'une note qui comportera l'objet de la réunion, son ordre du jour et la liste des participants.
- Préciser la date et l'heure auxquelles la réunion aura lieu et prévoir, si on le peut, sa durée.
- Autant que possible, faire en sorte que les réunions se tiennent le matin.
- Être à l'heure. Le président de la réunion doit fournir immédiatement le matériel pertinent à la réunion, si ce n'est déjà fait.

- Présenter de façon efficace et agréable les nouveaux participants aux habitués et excuser les personnes absentes.
- Annoncer à l'avance les pauses-café si elles n'ont pas été mentionnées à l'ordre du jour.
- S'assurer du bon fonctionnement de l'équipement technique et audiovisuel, s'il y a lieu.
- Accepter que tout participant ait droit à la parole.
- Penser à faire précéder ses opinions contradictoires de grandes précautions oratoires telles que: «Je regrette de ne pas partager votre avis», «Excusez-moi de penser que vous n'avez pas tout à fait raison», et veiller à ne pas interrompre celui ou celle qui parle.
- Contrôler sa gestuelle et apprendre à ses yeux à se taire et à freiner ses soupirs.
- Éviter d'entrer dans une salle de réunion en mâchant de la gomme ou en fumant. Se montrer détendu, mais freiner ses envies de vouloir toujours faire rire l'assistance.
- Respecter l'assignation des places, qui est un acte politique. Chacun est assis selon son rang. Si un des participants à une réunion ne s'est pas présenté, combler sa place vide et retirer sa chaise. Une table qui accuse une personne manquante est comme une bouche à laquelle il manque une dent.
- Observer les règles du maintien. Ne pas s'écraser sur son fauteuil ni jeter sa veste, son sac et son porte-documents n'importe comment et n'importe où. Éviter d'avoir l'air ennuyé ou de s'endormir.
- Les organisateurs de réunion verront au confort des chaises, à la propreté des tables et à la bonne présentation du matériel. Veiller à ce que la nourriture prévue à la pause soit fraîche, saine et variée. Penser en après-midi à offrir une tasse de bouillon et des bouchées

au fromage pour revigorer. Cette initiative est appréciée et laisse à penser que la réunion a été préparée avec soin.

- Si la réunion a lieu dans le bureau emprunté à un collègue et que seuls quelques participants y adhèrent, ne pas oser prendre la liberté de s'asseoir derrière son bureau, d'ouvrir ses tiroirs pour les inspecter, et ne pas se servir de ses objets de bureaux ni faire une incursion sur son ordinateur sans lui en avoir demandé la permission au préalable. Cette politesse est essentielle dans l'univers professionnel.
- Éviter d'en profiter pour rattraper le temps perdu dans son travail. On est là pour apporter sa contribution.
- En préparant la liste des participants, la relire souvent afin de s'assurer qu'il n'y manque personne et que chaque nom est parfaitement orthographié.
- En fin de réunion, établir la date, l'heure et l'endroit de la prochaine rencontre. Remercier tous les techniciens qui ont participé à l'organisation de la réunion (personnel lié à l'audiovisuel, interprètes, etc.). Un des participants devra prendre la parole pour remercier le président de la réunion.

Une réunion est jugée efficace en fonction des décisions prises en rapport avec l'ordre du jour. Des notes rigoureuses et fidèles auront été prises, et un compte rendu sera mis à la disposition de tous les participants, même de ceux qui ne pouvaient y assister.

Une réunion est un moyen souverain pour raviver l'esprit d'équipe, fort affaibli ces dernières années. Elle peut aussi l'anéantir si le président ne s'est pas tenu à l'ordre du jour ou a privilégié tel participant au détriment d'un autre. Les collaborateurs accordent une extrême rigueur aux règles du jeu. Un autre perdra crédit auprès de collègues parce qu'il a fait preuve d'arrogance ou d'agressivité. Il faudrait savoir que la communication réussie, dans notre société impersonnelle et égoïste, a recours à la convivialité qui n'est rien d'autre qu'un moyen efficace de rendre la vie de son entourage plus agréable, plus simple, moins oppressante et plus humaine. Elle permet aux gens de sortir de leur univers personnel et de s'intéresser aux problèmes des autres; de décontracter une atmosphère tendue; de rapprocher les idéologies au lieu de les diviser.

Le savoir-vivre à une réunion garantit une plus-value dans le développement de sa carrière.

La carte de visite

Un coup de griffe

♣

Par les temps qui courent – oui, ils sont pressés –, la carte de visite tend à remplacer la correspondance. On l'utilise pour inviter, s'excuser, féliciter ou remercier. On n'y offre pas encore ses condoléances, ni ses vœux de Noël, mais ça viendra.

La carte de visite classique est en bristol blanc et peut avoir deux formats, soit 11 cm x 16 cm ou 10 cm x 13 cm, et ce sont les seuls admis par la poste. Le grand chic est de faire graver ses cartes de son nom, et le dernier cri, qui est coûteux, de sa signature.

Aujourd'hui, presque toutes les fantaisies sont permises, que ce soit dans le choix du carton, de sa teinte, de la typographie, de la couleur d'encre, du logo de sa société ou du chiffre de sa maison.

Là où la fantaisie n'a plus cours, c'est dans les règles à respecter.

Usage de sa carte personnelle

Si un couple utilise une carte commune, elle est libellée au nom de: «M. et Mme Paul Gauthier», ou du titre: «Professeur et Madame Paul Gauthier». Si chacun des conjoints se sert de sa propre carte professionnelle, celle-ci porte le prénom et le nom de famille de chacun d'eux, qui ne sont jamais précédés de «M.» et «Mme» (Paul Gauthier) (Marie Pagé Gauthier).

Pour l'usage mondain, la carte d'une femme ou d'une jeune fille ne comporte pas son adresse. Les jeunes gens ne font jamais précéder leurs prénoms et nom de «M.» ou «Mlle». Cependant, la carte d'une femme porte l'indication «Madame» en entier suivie de son prénom et de son nom, en Amérique du Nord, du prénom et du nom de l'époux, en Europe méridionale.

Dans le cas d'une femme divorcée, la carte peut porter le nom de son mari, si elle le souhaite, suivi du sien relié par un trait d'union: «(Mme) Henriette Leblanc-Roy». Une veuve ne commettra pas l'erreur de faire inscrire: «Madame veuve Aline Beaulieu».

L'adresse apparaît dans l'angle inférieur droit, et le numéro de téléphone, dans l'angle inférieur gauche. Il serait de mauvais goût d'y mentionner ses titres et ses décorations.

Une carte de visite se rédige à la troisième personne et ne se signe pas. On s'adresse au destinataire également à la troisième personne: «Madame Henriette Coupal offre ses félicitations à Monsieur Luc Métivier pour la place d'honneur qu'il s'est méritée au concours X.»

Si l'on préfère s'exprimer à la première personne et si l'on désire apposer sa signature, on rayera son nom imprimé ou gravé d'un trait oblique.

Pour accompagner un cadeau ou des fleurs, la carte de visite ne porte que quelques mots d'usage: «Avec nos vœux affectueux» et est insérée dans une enveloppe de mêmes dimensions.

En Occident, on attend d'avoir été présenté et d'avoir engagé une conversation avant d'échanger ou de distribuer ses cartes de visite, et ce geste n'a pas sa place dans un salon privé. La personne avertie notera sur son carnet le nom et les coordonnées de la personne dont elle veut retenir l'identité. Un homme ne remet pas sa carte à une femme dans une maison privée.

On peut convier des invités à une réception sur une carte de visite à la condition qu'elle soit de bon format (10 cm x 13 cm) et imprimée spécialement pour la circonstance. La formule *R.S.V.P.* signifie qu'une réponse est attendue et essentielle. Cette invitation est envoyée de deux à trois semaines avant la réception. Pourquoi ne pas préférer tout simplement un carton d'invitation?

Usage de la carte professionnelle

Dans le monde des affaires, la carte professionnelle a le même format qu'une carte de crédit et est fort en usage en Amérique du Nord et au Japon. Elle porte prénoms et nom, titre, fonction, numéro de téléphone et adresse professionnelle. Les titres universitaires sont utilisés, dans la mesure où ils ont un rapport étroit avec la fonction. Les fantaisies sont peu prisées dans ce cas, à moins que le titulaire appartienne à un milieu qui l'y autorise, comme celui du spectacle.

Si l'on occupe plusieurs fonctions, une carte est imprimée pour chacune d'elles.

Pour un cadre qui voyage, la carte d'affaires est imprimée dans sa langue au recto, et dans celle du pays d'accueil, au verso.

À table, il est discourtois de distribuer sa carte à moins qu'il ne s'agisse d'un repas d'affaires et que l'échange ne se fasse discrètement. À un repas, on n'est pas au casino et, façon de parler, il n'est pas de mise de jouer cartes sur table.

Quelle que soit la carte, elle doit être impeccable et représenter la personne qu'elle identifie. Elle ne doit jamais être cornée, sale ou raturée (pour corriger).

Si on devait changer d'emploi, on veillera à renouveler sa carte et à ne jamais distribuer celle de son ancienne entreprise. Dans ce cas, on tâchera de remplacer les anciennes cartes auprès de ses relations d'affaires.

En dehors des institutions gouvernementales et bancaires, il est de rigueur de toujours accompagner un chèque ou un reçu de sa carte de visite.

Les cartons d'invitation

Ils sont gravés ou imprimés pour les grandes occasions. Des lignes en blanc sont destinées au nom des invités, au jour et à l'heure de la réception, du bal ou du dîner. La formule *R.S.V.P.* exige une réponse qu'on néglige malheureusement trop souvent et qui rend la tâche encore plus difficile aux hôtes et aux organisateurs. La mention *tenue de ville* signifie costume sombre, et *cravate noire*, smoking.

Quelle que soit la réception à laquelle vous êtes convié, s'il vous plaît, ne demandez pas si vous pouvez vous présenter avec vos enfants ou vos animaux. En vous adressant un carton d'invitation, on ne vous a pas donné… carte blanche. Parfois, un carton d'invitation est envoyé de deux à trois mois à l'avance et on répond sous 72 heures.

Pour la réception suivant un mariage, le carton d'invitation est inscrit au nom des deux mères des mariés et inséré dans le faire-part.

À un bal, les invitations sont lancées de six à huit semaines à l'avance et au nom de l'hôtesse.

Aux réceptions officielles, les invitations sont adressées deux semaines à l'avance pour un déjeuner, et trois pour un dîner. Ne pas oublier les 72 heures de délai.

L'important est de ne pas… brouiller ses cartes!

L'ART D'OFFRIR
ET D'ACCEPTER UN CADEAU

Grands ou petits, ils entretiennent l'amitié

❧

L es cadeaux, petits ou grands, sont l'expression pro-
bante de la générosité et de la qualité d'une personne.
Chaque attention matérielle exprime la personnalité
de la personne qui l'offre, indique sa culture et son
goût, tout comme sa façon d'évaluer l'intérêt du récipiendaire. Savoir offrir un cadeau peut entamer une relation ou
un projet professionnels, ouvrir des perspectives romantiques,
apporter de la joie à ses bien-aimés et de l'éclat à différentes
festivités.

La notion de recevoir ne pourrait pas exister sans celle de
donner et elle constitue l'échange qui a assuré les bases des
civilisations les plus anciennes. Le cadeau devrait être un
geste spontané qui témoigne de la sympathie, de l'amitié, de
l'amour, de la reconnaissance ou de la satisfaction. Sa valeur
marchande a beaucoup moins d'importance que la manière
de l'offrir, et son contenu doit correspondre à la personnalité et au désir de celui à qui il est destiné. L'important est de
choisir un cadeau en fonction des goûts de la personne qui le
recevra plutôt qu'aux siens. Lors de l'achat ou de la fabrication

d'un cadeau, il est essentiel de garder à l'esprit les hobbies, les aversions, le style de vie, l'âge, la profession, etc. de la personne à qui il sera attribué.

Les rituels entourant les cadeaux varient selon les cultures, les pays et les occasions. Une stricte différence doit être établie entre les circonstances, qu'elles soient d'anniversaire, de baptême, de fiançailles, de mariage, de Noël, de promotion ou encore d'entreprise.

La manière de donner est aussi importante que ce que l'on donne. Un cadeau, même précieux, n'a aucune chance d'ouvrir l'appétit ni d'éblouir si l'emballage est rafistolé de quelconque façon. En fait, la présentation suscite déjà la surprise, l'excitation, la fébrilité joyeuse. Un joli papier, un lien de raphia, une boîte de soie ou de jute, une carte faite à la main et remplie de tendresse ajoutent considérablement à la valeur de l'objet. Ne pas oublier la petite carte obligatoire qui doit l'accompagner et qui contient un charmant message personnel, même si le cadeau est livré directement de la boutique ou du catalogue. Le grand plaisir de donner et de recevoir se trouve dans l'inattendu: la surprise! Toujours choisir le label de qualité que l'on aimerait recevoir.

Si on sait être prévoyant, on dressera la liste des cadeaux offerts et reçus pendant les cinq dernières années afin d'éviter les doublons ou, ce qui serait mortel, de les retourner, par inadvertance, aux personnes qui nous les ont donnés. Cette liste servira à ceux qui font du recyclage, c'est-à-dire qui offrent à d'autres les cadeaux qu'ils ont déjà reçus et qu'ils n'utiliseront pas. Une amie s'est vue offrir une ravissante boîte de chocolats avec le même emballage dans lequel elle l'avait elle-même donnée un an auparavant; on pouvait évaluer qu'elle était passée entre une bonne dizaine de mains avant de revenir à nouveau dans les siennes… Dans un esprit plus immonde, je me souviens d'un farouche harpagon qui avait osé offrir à ses convives de l'innommable piquette décantée dans

une prestigieuse bouteille de grand cru. Il y a de ces aléas qui ne s'oublient pas. Attention également à ceux qui veulent à tout prix éblouir et qui offrent des objets de contrefaçon dans un écrin original. En plus de se payer la tête des gens, ce geste est de très mauvais goût.

En faisant des achats au hasard de promenades dans les boutiques, être prévoyant et attentif et se laisser tenter par un objet dont on sait qu'il plaira à son entourage. Le coup de foudre à cet égard est courant quand on porte quelqu'un dans son cœur. Il faudrait toutefois se contrôler d'acheter la gravure d'un cheval qui hennit tout simplement parce qu'il est si ressemblant au grand rire de son beau-père avec l'intention de la lui offrir.

Les ingrédients de base dans l'art d'offrir un cadeau sont indéniablement l'écoute, la générosité et l'imagination; l'idée-étincelle qui fait sortir du banal, du coutumier, du déjà-vu, du cliché assommant et qui correspond au goût de celui qui le recevra. Être sensible aux petits messages sournois: «Je craque pour ces gants!» «Comme j'aimerais assister au prochain concert de X», ce sont des sonnettes d'alarme qu'il faut entendre et des petits pièges tendus dans lesquels il faut tomber, car ils permettent d'offrir sans décevoir.

Si le chèque devait constituer l'essence des étrennes, penser à l'accompagner d'un petit objet charmant qui atténuera son caractère un peu mercantile.

Ce qui me rend personnellement malade sur ce chapitre, c'est le fait que beaucoup de gens reçoivent un cadeau comme s'il leur était dû et sont prêts à vouloir eux-mêmes l'échanger systématiquement; cette petite ruse qui en réclame la facture est d'une impolitesse de goujat. C'est la personne qui donne qui propose d'échanger dans le cas où la taille ou la couleur ne conviendraient pas.

Pour que ses attentions soient soutenues, il serait bon d'établir un calendrier de dates importantes qu'il n'est pas toujours nécessaire de souligner avec un cadeau mais par l'envoi d'une carte personnalisée avec des mots éblouissants.

À chaque cadeau reçu, il est primordial de remercier dans les 48 heures au maximum, avec une carte manuscrite ou un coup de fil chargé de sincérité, d'enthousiasme et d'enchantement. Il me semble si banal de dire: «Un grand merci» ou «Ça m'a fait bien plaisir» ou «Comme t'es gentille» ou pire encore «C'était pas nécessaire». Ayez le tempérament latin, comme aime dire un de mes amis teinté d'irlandais. Remerciez à grands coups de tripes et ayez le sens de l'émerveillement: «C'est exactement ce dont je rêvais» ou «C'est une superbe trouvaille» ou «Quel bon goût». On ne remercie jamais assez dans les sociétés où la reconnaissance est encore une vertu. Pour bien démontrer votre reconnaissance, portez le vêtement devant la personne qui vous l'a offert ou invitez-la chez vous pour qu'elle voie l'usage que vous faites de son couteau à fromage ou de sa nappe provençale.

Les cadeaux d'entreprise ont un caractère bien différent de celui de la vie privée, et leur choix doit être en proportion avec les raisons qui les motivent. Souvent on y a recours pour stimuler des collaborateurs, remercier des clients, accueillir un partenaire de l'étranger, lancer un concours de vente, promouvoir un produit, compatir avec un collègue à l'hôpital, souligner un départ à la retraite ou fêter l'anniversaire d'un membre du personnel. Les raisons sont multiples.

Au bureau, par exemple, on favorise la qualité du cadeau collectif acquis par l'écot de chacun plutôt que la quantité de petites babioles insignifiantes offertes individuellement. Il est recommandé de faire passer une enveloppe à chaque membre du personnel qui se sentira libre d'y déposer la somme qu'il estime possible, en toute discrétion.

Si le patron veut remercier et encourager sa secrétaire pour sa compétence et son dévouement, il soulignera d'un cadeau le succès d'un projet auquel elle a participé, à l'occasion de son anniversaire ou à Noël. Les fleurs restent le cadeau le plus agréable à offrir et à recevoir. Il faut tenir compte de leur couleur, révélatrice, et de leur nombre, qui doit être impair. Un bon d'achat dans un magasin chic est toujours apprécié.

Le patron devra veiller à ne pas se méprendre en faisant preuve d'attention à sa secrétaire le jour de la Saint-Valentin et en aucune circonstance lui offrir des roses rouges, de la lingerie fine ou même un parfum qui est le domaine réservé à l'amant, à l'amoureux ou à l'époux. Si la collaboratrice se voyait présenter un bijou par son patron, ce qui est d'un goût douteux, elle devra le lui remettre. Il revient à l'épouse du patron de la gratifier d'une telle largesse. Une femme patronne ne courra pas le risque de donner à son personnel masculin des cadeaux à caractère intime tels qu'une cravate, une eau de toilette, de la lecture érotique, un maillot de bain, etc. Elle préférera une belle bouteille de vin fin ou d'eau-de-vie, des chocolats d'une grande maison ou encore de bons cigares. Si l'occasion le justifiait, on peut offrir des accessoires de bureau ou des articles de voyage, un livre de culture, un atlas ou des billets de théâtre. Ce qui convient le mieux en affaires, c'est l'objet qui correspond aux hobbies de la personne tout en conservant l'image digne de son entreprise et en évitant tout caractère d'ambiguïté, et qu'on accompagne d'une petite carte manuscrite insérée dans une enveloppe de même format. Oui, un homme peut recevoir des fleurs, en deux occasions: lorsqu'il est à l'hôpital (fleurs coupées) et lorsqu'il vient d'être promu (plante en pot).

Chaque entreprise a ses traditions de Noël et du Nouvel An qui s'étalent depuis le *party* de Noël, en passant par le chèque contenu dans une enveloppe, jusqu'aux aliments de luxe (ou encore d'un séminaire sur l'étiquette des affaires). L'éventail est grand. Une secrétaire n'est absolument pas obligée d'offrir un cadeau à son patron à Noël.

Les cadeaux d'entreprise aux clients sont plus coûteux et réclament que leurs choix soient judicieux. Ils ont pour unique nature d'entretenir les bonnes relations entre le fournisseur et le client, et non pas de l'embarrasser ou de s'imposer à lui. En cas de doute, il serait pertinent de consulter son collaborateur ou, pour les personnalités politiques ou diplomatiques, le secrétariat d'État. Quant au cadeau promotionnel, il n'est nullement question d'en faire usage pour remercier: son objectif est justement de faire de la promotion, l'exception étant la bouteille de vin portant l'étiquette de l'entreprise.

Encore une fois, il faut apprendre à recevoir avec un naturel charmant et enthousiaste. À cet égard, voici des exemples à éviter s'il y avait échange de cadeaux et que l'un des deux s'avérait être plus coûteux que l'autre: «Comme j'ai l'air mesquin!» ou «Ceci est la première partie du cadeau, la seconde suivra bientôt» ou «C'est l'intention qui compte» ou pire «C'est incroyable ce qu'on peut trouver pour dix dollars». Au nom du ciel, remerciez avec grâce!

Si, à l'occasion d'un anniversaire, les invités s'amènent avec un cadeau, le destinataire les ouvrira un à un au moment du champagne ou du dessert et remerciera chacun. Dans le cas où certains invités se présenteraient les mains vides, on s'interdira d'ouvrir les cadeaux des autres. Au moment du départ, on les remercie et, le lendemain, il est indispensable de les appeler pour leur exprimer toute sa gratitude avec chaleur et sincérité.

Quand un invité se présente avec des fleurs ou s'est fait précéder de leur livraison, on est tenu de les mettre dans un vase qui sera placé bien en évidence et on ne les oubliera pas sur une console, le bureau ou le comptoir.

On ne mandate jamais une personne pour offrir un cadeau, car il s'agit d'un geste purement personnel. Il serait prétentieux et de mauvais aloi de faire l'éloge de son propre cadeau et d'en évoquer le prix. Il en est qui ne peuvent pas se passer du besoin de faire état de leurs efforts financiers. Si le cadeau reçu ne correspondait pas aux attentes, ne pas le laisser paraître et surtout ne pas demander de l'échanger; toujours se montrer digne.

Avant de se rendre à l'étranger, il vaudrait mieux consulter un traité des bons usages du pays à visiter, car aussi bien en voyage d'affaires qu'en voyage d'agrément, il est important de se soumettre aux règles locales pour ainsi éviter de malheureux quiproquos.

«Donner avec ostentation, ce n'est pas très joli, mais ne rien donner avec discrétion, ça ne vaut guère mieux.» – Pierre Dac

Savoir donner sa démission

De glace et de feu

✿

Avant d'en arriver à cette ultime résolution, la réflexion bien mûrie s'impose. Cette rupture prendra autant que possible des allures civilisées.

L'annonce de la démission se fait de vive voix, directement à son supérieur, sans étalage de griefs professionnels ou personnels. L'éthique suggère que l'employé laisse quelques jours, voire quelques semaines à l'employeur pour trouver un successeur.

La lettre de démission peut contenir plusieurs ingrédients. Les principaux étant de l'ordre des doléances et des récriminations accumulées ou du désir sincère de changer de carrière.

Cette lettre sera dictée par les accords stipulés dans le contrat d'embauche, comportera les raisons qui obligent à la démission et éventuellement exprimera les regrets occasionnés par cette décision. Elle se terminera par de bons souhaits à l'égard de l'entreprise.

Il serait courtois de faire état, dans la lettre, de l'expérience positive acquise durant le séjour passé dans la maison. Si la décision a été prise sous l'influence de la colère, il est à

conseiller de ne pas prononcer ni écrire de paroles irréparables et définitives. Elles pourraient nuire ultérieurement à la
carrière.

En cas de litige ou de représailles, la consultation d'un
avocat est vivement souhaitable.

Il y a des situations où vraiment il faut avoir une âme
inoxydable.

Peut-on
bien congédier?

Le flegme devant le vertige

❧

Personne n'aura assez de tact ni de noblesse pour apprendre à un être humain qu'il est privé de son gagne-pain et le lui signifier sans l'humilier. Comme une maladie grave, on croit que cette issue fatale n'arrive qu'aux autres. La personne responsable de cette action profane devra certainement connaître les règles de l'étiquette et de la morale.

Lorsqu'on aura pris la pénible décision de se séparer de ses employés, on sera conscient de la gravité de la situation et on agira avec doigté et bienveillance. L'attitude adoptée laissera un souvenir impérissable dans la mémoire de la personne qui est congédiée. Quelle que soit la raison pour laquelle on remercie quelqu'un de ses services, il faut agir avec pondération, respect (au moins de soi-même), tact et humanité.

Une fois seul avec l'employé (ne jamais confier cette tâche délicate à un collaborateur), on parlera de ses qualités, des aspects positifs de son travail dans l'entreprise et du potentiel qu'on a vu en lui. On ne lésinera pas sur les compliments qu'il mérite.

On procédera ensuite doucement avec les raisons qui amènent à se séparer de lui, en évoquant les pressions budgétaires, la demande moins importante de la clientèle, la régression de l'entreprise, et on se montrera vraiment navré de devoir se séparer de son employé. On l'assurera de sa confiance en sa carrière et en son avenir, et on lui proposera des références à d'autres établissements.

Si on congédie un employé à cause de sa mauvaise conduite ou à cause d'un manque de compétence, on se montrera aimable sans paternalisme. On expliquera qu'il ne correspond pas 100 % aux attentes et qu'il sera plus heureux ailleurs.

Si la nouvelle est publiquement annoncée à tout le personnel, ce sera avec mesure, sans offrir de détails et surtout sans donner l'impression qu'un plan a été orchestré en sourdine. Agir avec style. L'employeur attentif et prévenant procurera à son employé autant de motifs possibles d'échafauder de bonnes perspectives d'avenir.

Les modalités de départ doivent être exprimées clairement, et l'employeur aura le bon goût de donner quelques jours, voire quelques semaines de préavis. Il évitera à tout prix la sécheresse, le manque de compassion, la rudesse et surtout la grossièreté du genre: «On t'a assez vu. Disparais!» ou bien «Dans 10 minutes, on veut plus te voir», surtout après cinq ans de services. L'employeur ne provoquera pas de représailles. Il se conduira toujours avec dignité et fera preuve de considération. Il souhaitera à son employé toute la chance qu'il mérite et ils se quitteront debout sur une franche poignée de main.

Il serait déplorable que l'employé remercié s'entende dire qu'il est inutile d'essayer de plaider sa cause pour que l'employeur revienne sur sa décision. Pourquoi mettre sa dignité en péril?

En principe, la personne congédiée ne prendra pas l'initiative de claironner la nouvelle à la volée, et les collègues, probablement déjà informés, freineront leur curiosité à tous

égards et se garderont de poser des questions. Celles-ci auraient pour effet d'approfondir la blessure.

À l'heure du départ définitif, les collègues exprimeront
leur sympathie et formeront des vœux de succès. Ceux qui
sont particulièrement aimables offriront d'aller boire un verre
ensemble et s'entretiendront de sujets positifs. Faire savoir
que telle entreprise est à la recherche d'une personne de même
gabarit peut avoir l'effet d'un baume sur la plaie ou d'une sé-
rénade à l'oreille désespérée.

Le courage en de telles circonstances tient de l'héroïsme.

Y A-T-IL ENCORE DE BONS BOSS?

Au nom du Père

❧

Même si on ne les connaît pas tous, on est tenté de dire qu'ils sont une denrée recherchée. Faut-il blâmer les restrictions budgétaires, les pressions, le chômage, la compétition de plus en plus féroce, les responsabilités qui incombent à une seule personne et ne sont plus partagées par une équipe? Autrefois, on recherchait plus le bon patron que le bon job. Aujourd'hui, on veut simplement trouver un emploi.

La première règle pour être un chef respecté, c'est d'abord d'être aimable. La personne qui se laisse envahir par son travail et guider par sa mauvaise humeur ne mérite pas d'avoir des employés.

Risquons un inventaire de ce que tout employé s'attend d'un bon patron:

- Éviter d'ébruiter des potins ou des scandales. L'autorité ne doit pas les initier, car ils indiquent la mesquinerie et la méchanceté.
- Ne pas humilier ou réprimander un employé devant ses collègues. Un reproche se fait entre quat'z'yeux.

- Toujours rendre à César ce qui lui appartient. Un compliment ou une appréciation devraient être monnaie courante dans toutes les entreprises. Le salaire ne suffit pas à prouver sa satisfaction. Une parole gentille, dite ou écrite, est un précieux encouragement qui a l'effet d'un boomerang.
- Lorsqu'une action est couronnée de succès, toujours se référer à l'effort de toute l'équipe et éviter de rappeler que JE est à l'origine de la réussite. En cas d'échec, éviter de blâmer Claire ou Jacques qui ont peut-être lancé l'idée. Tout le monde y a cru, le directeur inclus.
- Toujours tenir ses promesses. Même s'il s'agit de joindre l'équipe pour travailler sur un projet jusqu'à la nuit tombée. Retourner les appels téléphoniques annoncés et écrire la lettre de référence promise.

- Retourner tous les appels reçus dans les 24 heures ou déléguer cette responsabilité à sa secrétaire. Cette attitude dictée par les règles de l'étiquette dénote le professionnalisme en affaires.
- Répondre aux lettres importantes dans l'espace d'une semaine; jamais au-delà. Le courrier moins important pourra attendre deux à trois semaines, au maximum.
- La ponctualité est la politesse des rois (a dit Louis XIV) et celle des patrons (du XXIe siècle). Si le temps est de l'argent, il l'est autant pour l'hôte que pour le visiteur.
- Tout le personnel désigné à un projet doit être informé à fond des affaires en cours. En d'autres termes, le patron ne doit pas s'octroyer des secrets d'instruction sans les partager avec l'équipe.
- S'assurer que les employés travaillent dans un environnement agréable, sain et confortable.
- Encourager les membres débutants du personnel en leur faisant des suggestions et en répondant à leurs questions avec patience. Permettre à un cadre de 35 ans de servir de tuteur à un employé de 25 ans. Tout ce qui est requis dans ce cas est un peu d'expérience et d'aménité.
- Ne pas confondre sous-traitants avec sous-hommes (-femmes). Lorsque leurs services sont réservés, les honorer; s'il devait en être autrement, prendre la peine élémentaire de les prévenir.
- Répondre à toutes les invitations dans la semaine qui suit et se rendre à celles qui ont été acceptées. Le patron ou le cadre supérieur courtois respecte le *R.S.V.P.* de toute invitation et ne se contente jamais d'ignorer l'attention ainsi donnée. Ce comportement reflète de façon négative la qualité d'une personne et celle de son entreprise.
- Retourner avec promptitude tout emprunt fait à un collègue, en parfaite condition, avec un mot ou une

note de remerciement. Si une voiture a été empruntée, elle sera rendue nettoyée de l'intérieur comme de l'extérieur et le réservoir sera rempli d'essence.

- Donner (gentiment) des ordres plutôt que de les aboyer. Ils sont ainsi plus faciles à exécuter.
- Pencher sur le côté de la générosité et ne pas manifester sa mesquinerie surtout au moment de régler l'addition au restaurant. Les déjeuners d'affaires sont initiés par le patron.
- Se montrer empressé à féliciter un employé qui a bien travaillé. Rien de tel qu'un mot encourageant écrit qu'on peut lire et relire, pour stimuler quelqu'un à aimer son emploi et à éprouver une saine fierté pour le travail accompli.
- Défendre avec énergie, quelle que soit sa fonction, l'employé qui a été injustement traité ou calomnié. La gamme de variantes dans ce domaine est vaste.
- Savoir comment se vêtir au travail et aux réceptions. Offrir au public un profil de l'entreprise qui soit impeccable et irréprochable. Le cadre supérieur qui représente son patron à un dîner officiel, dans un hôtel élégant, en flanelle grise et blazer, n'affiche ni discernement ni sens de la bonne représentation.
- Montrer de la déférence aux membres du personnel plus âgés en ne les appelant pas par leur prénom, en ne les tutoyant pas et en ne leur décochant pas une claque dans le dos dans une attitude d'égalité.
- Être sobre au sujet de son passé ou même de son présent. Même si les relations avec le grand patron sont étroites, ne pas le montrer en public ou devant les collègues.
- Faire preuve d'intérêt et de compassion envers le collègue qui vient de recevoir de mauvaises nouvelles, en le prenant à part, en cherchant à le consoler et en lui offrant de l'aide.

- Ne pas gaspiller le temps des autres en leur racontant des histoires insignifiantes ou en prenant tout le monde à témoin de ses appels téléphoniques personnels.
- Parler avec respect de son conjoint et de ses enfants si l'occasion se présente. Éviter de parler de sa vie sexuelle ou intime au travail.
- Écrire un mot personnel afin de remercier pour un repas, un cadeau ou une faveur. On se souviendra que le président Bush (père) et son épouse ont été célèbres et très appréciés pour avoir donné ce type d'attentions, par de petites notes écrites, à chaque occasion.
- Remonter le moral au collègue découragé. Parfois, il suffit de passer la tête dans la porte de son bureau et de chuchoter: «Ne t'en fais pas. Un peu de patience! Cette difficulté sera bientôt réglée et en un rien de temps tu seras au-dessus de tes affaires.»
- Accorder des rendez-vous à ceux qui les sollicitent, tout en leur faisant sentir le caractère exceptionnel de cette démarche.
- Entendre une requête pour une augmentation de salaire avec sang-froid et sans hurlements.
- Organiser des visites à celui qui est hospitalisé et préparer une collecte pour faire livrer des fleurs qui seront accompagnées d'une carte où tout le personnel aura écrit son petit mot d'encouragement et des nouvelles du bureau.
- Féliciter un collaborateur pour un heureux événement survenu dans sa vie privée. Envoyer ses condoléances en cas de malheur.
- Présenter son personnel de façon à ce qu'il se sente important et compétent. Un peu d'humour ajoute au charme des présentations. Savoir qu'un débutant est présenté à un supérieur et à chaque personne, selon son rang.

- Se souvenir de remercier le personnel de l'ombre qui a contribué à la réalisation d'un projet: arrangements de voyage, technique audiovisuelle, matériel de photocopie, salle de conférence et pause-café, etc. Cette reconnaissance peut être démontrée par une note de service, par un petit discours devant tout le personnel ou par un message écrit dans la revue de l'entreprise.
- Cultiver les belles manières au téléphone. Faire ses propres appels. Ne pas laisser trop longtemps ses correspondants en attente. Ne pas prendre d'appels quand on a un visiteur dans son bureau. Ne pas garder trop longtemps au bout du fil quelqu'un qu'on sait très occupé. Ne pas filtrer ses appels sans raison majeure. S'excuser avant de raccrocher si on a composé le mauvais numéro.
- Se lever quand un visiteur étranger à l'entreprise ou un supérieur entre dans son bureau.
- Serrer fermement et franchement la main plutôt que de la broyer à l'arrivée et au départ d'un visiteur.
- Ne pas lésiner sur l'usage des titres: Monseigneur, Monsieur le Premier Ministre, Excellence, Docteur, Maître, Madame, Monsieur...
- Cultiver l'art du bavardage en sachant quand l'entamer et le terminer. Il est souvent essentiel en négociation et sert de trait d'union entre des discussions sérieuses et laborieuses.
- Exiger de soi-même ce qu'on réclame aux autres. Montrer l'exemple. Être à un poste de commande nécessite l'excellence absolue et permanente.

Trouvée dans une revue, d'un auteur anonyme anglophone, cette prière de la secrétaire:

«Seigneur, aidez-moi à accomplir mon travail le mieux possible, à avoir la mémoire d'un éléphant, et grâce à un de vos miracles, à faire cinq choses à la fois, à répondre à quatre appels téléphoniques pendant que je tape une lettre qui doit partir aujourd'hui. Même si cette lettre ne sera pas signée avant demain, s'il vous plaît, Seigneur, donnez-moi la force de me contrôler en gardant le silence.

«Seigneur, ne permettez jamais que je succombe à la tentation de perdre patience, même quand le patron m'oblige à chercher pendant des heures un dossier qui se trouve déjà sur son bureau.

«Donnez-moi l'intelligence d'un professeur d'université malgré mon diplôme d'école secondaire et ma formation en secrétariat.

«Aidez-moi à déchiffrer ses pensées autant que son écriture et à comprendre tous ses désirs sans qu'il ait à m'en donner les explications.

«Faites-moi toujours savoir exactement quand mon patron est à son bureau, quand il le quitte et quand il reviendra, car il ne m'informe jamais de ses déplacements ni de ses allées et venues.

«Et encore, Seigneur, à la fin de l'année, donnez-moi la prévoyance de savoir ne pas détruire des documents qui seront exigés deux jours plus tard et pour lesquels ON avait donné l'ordre spécifique de se débarrasser parce qu'ils devenaient encombrants.

«Au nom de toutes les secrétaires du monde qui ont des patrons semblables au mien, je demande toutes ces bénédictions, Seigneur. *Amen.*»

DE L'ABUS
DE LA TECHNOLOGIE

Trop, c'est trop!

♣

Nous vivons sous le règne de la distraction et parfois ni l'œil ni l'esprit ne voient l'essentiel. La fulgurance de notre époque et son cortège de changements, la fascination pour le virtuel et la cybernétique, l'enivrement technologique, les leurres et les trompe-l'œil que nos sociétés produisent en permanence sont autant d'illusions qui souvent nous éloignent de la réalité. Jugez-en par vous-même dans l'exemple qui suit.

Alors que j'assistais un jour à des funérailles nationales, j'ai eu la douloureuse stupéfaction d'entendre sonner un téléphone cellulaire qui se trouvait enfermé dans le porte-documents d'un jeune cadre à quelques bancs de moi, et j'ai dû me rendre à la sombre réalité que nous, c'est-à-dire la société et moi, étions en difficulté. Je ne pouvais pas m'empêcher d'entendre discuter cet importun de son emploi du temps et préparer une réunion de travail, et je me suis surprise à implorer Dieu de couper sa ligne téléphonique. Est-ce par déformation professionnelle, mais il m'arrive d'enregistrer toutes les gaffes, les faux pas et les fautes de goût de l'ère de l'informatique.

Ce qu'il faut savoir, c'est que la technologie a été créée pour nous servir et pas le contraire.

En attendant que le décorum s'accorde avec la technologie, pourrait-on insister autant sur l'usage de la forme que sur celui du fond?

Le laptop

Le plus rapide court-circuit à toute discussion est sans doute l'apparition d'un ordinateur de poche et de ses bruits extraterrestres. Il vaut mieux prendre note d'un tuyau à la Bourse ou d'un numéro de téléphone sur une serviette de papier à un cocktail ou sur une de ses propres cartes de visite que sur l'abominable *laptop* qui prendra toujours trop longtemps à s'allumer et qui risquera de tuer l'intérêt (s'il y en a) de l'interlocuteur.

Le répondeur

L'outil qu'on aime haïr mais dont on ne peut se passer. Il y a pire que la messagerie vocale; c'est de ne pas atteindre la personne qu'on cherche depuis trois jours et de n'avoir aucun moyen de le lui laisser savoir. Que l'on ait un répondeur ou que l'on soit abonné à une messagerie vocale, il est essentiel d'enregistrer un message d'accueil. Avant d'enregistrer le message, l'écrire et le répéter jusqu'à la perfection. Veiller à ce que le message soit empreint de courtoisie et de cordialité. Avoir la voix souriante pour se rendre accessible. Se présenter avec son nom en entier. Donner le sentiment que les messages sont bienvenus et qu'ils recevront une réponse rapidement. Si plusieurs personnes se servent du même répondeur, la première qui relèvera les messages les livrera promptement à qui de droit.

Le message enregistré qui invite le correspondant à s'exprimer pourrait se passer de musique hawaïenne, des trompettes chères à Haendel, des gazouillis du bébé ou de plaisanteries qui n'en sont pas. Quel temps perd-on à se soumettre à une écoute aussi navrante! Être bref et courtois et éviter de donner le mode d'emploi de cet objet devenu courant. Le message d'accueil ne donne pas l'impression d'être mécanique. Ne pas le bredouiller ni en avaler les données. Dans le milieu professionnel, on n'enregistre pas de message rigolo. Il est discourtois d'entamer un message par «Je», sans autre information. Qui est «Je»? Moi, je suppose?

Si on a une vie privée dont on souhaite conserver le caractère personnel, on n'écoutera son répondeur que dans l'intimité de la solitude pour en savourer égoïstement tout le contenu, et non pas en présence de tiers.

Sur le répondeur d'autrui, laisser un message avec son nom en entier et les coordonnées complètes en mentionnant la date et l'heure de l'appel. Il n'est pas superflu de citer les raisons de l'appel. Indiquer le temps auquel on peut vous atteindre. Répéter deux fois le numéro de téléphone pour éviter de devoir réécouter le message.

Que les messages qu'on laisse à autrui ne soient ni trop longs, ni trop personnels, ni confidentiels.

Un message sibyllin émergeant d'une boîte vocale ne remplacera jamais un mot charmant de remerciement écrit à la main ou dit par une voix humaine. Jamais! On ne peut pas faire mieux. Et quand je dis charmant, j'entends que ce mot devrait être plus éloquent que: «Merci de nous avoir prêté votre chalet tout l'été.»

Par la même occasion, on s'adressera aux répondeurs téléphoniques avec un certain… respect. Éviter les chiffres avalés, les messages marmonnés ou lancés en staccato que seuls un commissaire-priseur ou un commentateur sportif saurait interpréter. Surtout, penser à se nommer en évitant l'usuel: «C'est moi!» Même si vous pensez avoir une voix inoubliable, il en est pour qui la mémoire ne l'a pas retenue.

Le cellulaire, la pagette

Encore plus prétentieux: il n'y a pas si longtemps, le jeune homme gonflé de testostérone démarrait en trombe dans la décapotable de son papa, en s'assurant, par des regards furtifs dans le rétroviseur, que le vent n'avait pas dérangé les accents brillantinés de sa coiffure. Le must d'aujourd'hui est de s'accrocher un téléphone cellulaire à la mâchoire et de prétendre s'abîmer dans d'importantes conversations qui sont, en fait, assez banales. Aujourd'hui, ce n'est plus ni chic ni viril d'avoir un téléphone cellulaire. Au contraire, c'est très tendance de ne pas en avoir. Ce qu'il faut retenir, c'est la courtoisie avec laquelle en user.

À l'intention de l'usager du cellulaire:

Ne pas envahir la vie privée et la tranquillité des autres.

Ne pas l'utiliser dans les lieux publics tels que: restaurant, église, train, club, aire de détente, bibliothèque, cinéma, opéra, salle de concert, salle de classe, stade de sport, salle de conférence, terrain de golf, etc.

À l'intention de la victime du cellulaire:

Ne pas injurier, ne pas lancer de regards furieux, ne pas agresser physiquement l'usager sans scrupule.

Ne pas jeter le mécréant par la fenêtre, qu'elle soit ouverte ou fermée, ne pas s'emparer de sa machine infernale pour la lancer en bas de l'escalier même si on a toutes les raisons de le faire.

Même un haussement d'épaules, un hochement de tête excédé peuvent générer des grossièretés de la part de l'usager.

Essayer la bravoure jusqu'au bout en restant charmant et dire: «Je comprends que votre communication soit de la plus haute importance, autrement vous n'en informeriez pas tant de gens. Mais, tout le monde ici apprécierait grandement que vous trouviez un endroit plus discret pour continuer votre conversation. Merci de comprendre.» Parfois la politesse est ce qui désarme le mieux les malotrus.

Selon Umberto Eco, il n'y aurait que quatre groupes de personnes autorisées à faire usage d'un cellulaire:

1. les personnes handicapées qui ont besoin d'aide immédiate;
2. les médecins qui font des greffes d'organes;
3. les journalistes à l'affût d'un scoop;
4. toute personne entretenant des relations extraconjugales…

Pour les autres, la solution est de porter sur soi une pagette muette (téléavertisseur) qui envoie des ondes vibratoires en espérant qu'elle donnera à son propriétaire un frisson insoupçonné du reste du monde. Avec une pagette, en mode de vibration silencieuse, on est en mesure de déterminer si l'appel qui entre est urgent ou pas. S'il exige une réponse immédiate, s'excuser et s'isoler dans un endroit discret pour y donner suite. Savoir que sa liberté s'arrête là où commence celle des autres.

Les pagettes devraient être muettes au restaurant, au théâtre et à l'opéra, surtout durant les airs de *Turandot* de Puccini. Croyez-moi, lorsque vous vous précipiterez, dans la partie orchestre du théâtre, par-dessus huit personnes pour répondre à un appel, personne, entendez-vous, personne ne pensera: «Dieu est grand! Dans Son infinie bonté, Il m'a fait l'honneur de me placer à côté de quelqu'un d'aussi important!» Non, car tout ce monde auquel vous aurez écrasé les orteils vous méprisera et aura probablement envers vous des mots qui n'apparaissent pas dans les chroniques sur l'étiquette. D'ailleurs on aura sans doute compris que votre urgente communication était en provenance de votre foyer conjugal et vous sommait d'acheter un litre de lait 2 % en rentrant à la maison.

Ceux qui ne peuvent pas résister à la tentation d'interrompre une conversation pour prendre un appel en attente (comprenez que c'est grossier) sont priés de présenter leurs excuses aux victimes de ce fléau. On peut aussi s'excuser avec des roses!

Le courrier électronique (Internet)

Le dernier cri en communication et ce qu'on y trouve n'est pas toujours de bon goût. Internet nous en fait voir de toutes les couleurs, et des responsables de sites n'ont aucun scrupule à nous assaillir par courriel de propositions pleines de fautes de toutes sortes et d'un savoir-faire douteux.

Cette forme de communication est rapide et concise et n'est souvent lue qu'à l'écran. Il serait donc judicieux de ne pas surcharger les messages sans en omettre la courtoisie élémentaire.

En utilisant le courriel, s'appliquer à donner une impression positive, durable, forte et courtoise. Si on peut détruire le message après l'avoir envoyé, il restera pourtant ineffaçable dans la mémoire du destinataire. Être prudent et vigilant avant de presser sur le bouton d'envoi. Un courriel (les Français adorent dire «e-mail») doit porter le nom de l'expéditeur comme pour une lettre classique (sur Internet, il n'y a pas encore de papier en-tête). Dans la case de l'expéditeur, la provenance doit être claire pour le destinataire. En guise de salutations, il devrait y avoir une formule polie pour conclure le message et exprimer la nature de ses sentiments. Ce système est pratique, courtois et pas superflu du tout. Un message ne devrait pas se terminer en suspense comme un hélicoptère au-dessus de la tête. Imprégner ses messages électroniques d'humanité.

Pour un courriel collectif, faire apparaître le nom des destinataires à cet effet et attention à ne pas oublier un participant qui appartient à la conception du projet et qui pourrait se sentir exclu ou oublié. Souvent les courriels ressemblent à des aboiements; cultiver l'art d'être électroniquement aimable. Faire en sorte que le sujet en rubrique soit évident, efficace et même original.

Il y a eu déjà des incidents de virus sur le Net, et la panique s'est installée. Il est essentiel de signer son courrier qui se fait sur deux ou trois lignes: son nom, son adresse de courriel et son site Internet s'il y a lieu. Toujours envoyer des mots de remerciement écrits à la main. Les messages de remerciement, de félicitations, d'encouragement, de condoléances ne s'envoient pas par Internet. Rien ne remplace la gentillesse et l'élégance d'un mot écrit à la main sur du beau papier.

Les acronymes et les pictogrammes dérangent le regard, brisent le rythme de la pensée et rendent la lecture plus lente et difficile.

Il est inélégant et inacceptable de donner des ordres secs du style «ENVOYEZ CE MESSAGE IMMÉDIATEMENT!» avec point d'exclamation et majuscules. Qui est enclin à répondre à un tel impératif? Il est plus agréable de lire: «J'apprécierais que vous m'envoyiez ce message dès que vous le pourrez. Merci.»

La concision ne doit pas autoriser la rudesse mais un ton professionnel! Être bref et concis n'empêche personne de faire usage d'une formule d'appel et d'une formule de départ, au moins en français (chic, alors!). On vous distinguera de la masse! Cultivez le souci d'épeler et d'écrire correctement. On vous juge sur la qualité de l'écriture, du style, de l'épellation et de la ponctuation. Poussez le professionnalisme jusqu'à relire votre texte avant de l'envoyer. L'expérience dicte de l'imprimer pour mieux le corriger avant l'envoi. Au cas où vous auriez besoin d'une réponse urgente, téléphonez en laissant un avis.

Il est à conseiller de reprendre le message seulement s'il sert à éclairer le destinataire; autrement, effacer tout le texte initial; il alourdit le courrier inutilement.

Au risque de me répéter, n'imposez pas de pièces jointes qui ne soient pas compatibles avec un logiciel de votre correspondant ou qui ne soient pas souhaitées. Renseignez-vous avant. Faites en sorte que le receveur ne perde pas de temps à ouvrir des fichiers incompatibles. Les gros fichiers comportant un nombre incalculable de graphiques paralysent l'accès à l'ordinateur; ne les envoyez pas de cette façon. La poste et les services de messagerie existent encore. Qui n'a pas encore été empoisonné par des pièces comportant des vers ou des virus? Vérifiez avant d'envoyer.

L'image qu'on désire projeter nous poursuit non seulement dans notre apparence mais dans tous nos faits et gestes. Soyez toujours poli, diplomate et indulgent. L'impersonnalité du monde virtuel ne devrait pas faire oublier que les destinataires sont des êtres humains.

Un mot en lettres majuscules signifie qu'on hurle ou qu'on parle très lentement. Un peu de dignité, s'il vous plaît. Attention à l'ironie, l'humour et les farces de bas niveau, et n'envoyez pas sur Internet des paroles que vous ne diriez pas face-à-face. Ne faites pas preuve de maladresse et de manque de tact en relevant les fautes du correspondant… même si c'est fort tentant.

Le télécopieur (fac-similé)

Il est de bon goût professionnel de toujours faire précéder son envoi télécopié d'une lettre de couverture comportant les données pertinentes (date, provenance, nombre de pages, destinataire, ses propres numéros de téléphone et de télécopieur). Il n'est pas superflu d'humaniser et d'officialiser ses envois en les signant à la main. D'ailleurs, un document qui n'est pas signé n'a aucune valeur.

Aux excités du télécopieur, merci de ne pas congestionner celui d'autrui en lui envoyant de trop longs messages et d'encombrantes pièces jointes qui ne sont pas sollicitées. Le curriculum vitæ ne s'envoie pas par l'intermédiaire du télécopieur à moins qu'on ne l'ait requis par ce moyen. Ce document est considéré comme confidentiel.

Oh, mon Dieu! De grâce, ne pas l'utiliser pour adresser des condoléances, des félicitations, des excuses, des invitations formelles (formelles? par fax?) et des vœux de quelque nature. S'il vous plaît, épargnez à votre fax vos lettres d'amour poétiques et vos invitations au mariage de votre fils. En plus d'être du domaine strictement privé, ces communiqués sur papier flasque et inélégant parviennent à leur destinataire par la voie d'un hoquet électronique fort disgracieux. Il en va de même pour l'avalanche de courrier publicitaire indésirable; non seulement il est grossier de l'imposer au télécopieur, mais il est considéré politiquement incorrect. En outre, le papier fax n'est pas biodégradable.

Ces exhortations ne vous paraissent-elles pas raisonnables? Je dirais que, oui, elles le sont. Comme tout ce qui est du domaine de l'étiquette, elles relèvent de la logique et de la considération dont nous sommes en manque, ces derniers temps. Bien sûr, la technologie nous rend d'innombrables services depuis qu'elle est entrée dans nos vies. Qui n'est pas reconnaissant de participer à un appel-conférence avec des parents âgés qui sont dans un centre d'accueil ou encore avec des amis de pays lointains? Vive le courrier électronique qui nous trouve des donneurs d'organes et les programmes d'ordinateur qui apprennent à lire! Si seulement quelqu'un pouvait inventer un logiciel qui enseignerait les bonnes manières, j'atteindrais sûrement le nirvana de l'ère technologique.

À TU ET À TOI

Faut-tu dire vous?

♣

La langue française offre le choix entre un *tu* et un *vous* qui est beaucoup plus sensible qu'on pourrait le croire. Ce choix permet de différencier les situations qui autorisent le respect, la considération, le sens de la hiérarchie et la volonté d'établir une distance, qu'elle soit professionnelle, mondaine ou sociale, ou qui encouragent la familiarité, l'intimité ou la convivialité. L'usage de l'un et de l'autre peut transformer l'état ou la qualité de bien des rapports humains.

Au Québec, on est pressé d'établir des relations de fraternité et de camaraderie. L'intention est louable. La conséquence devient négative lorsque le désir d'intimité se manifeste en toutes circonstances, le *tu* allant trop loin et trop vite; il prend alors des proportions excessives et fait place à la tension et à l'ambiguïté. Le *vous* est le rein de la langue parlée; il filtre la mauvaise humeur, la colère, le mépris, l'insulte facile et la vulgarité. Le vouvoiement constitue un obstacle de taille à l'insolence et installe une distance courtoise. Certaines

[201]

personnes ont même le *vous* affectueux quand elles s'adressent à leurs grands-parents, par exemple.

En famille, tout le monde se tutoie. C'est lorsque l'enfant grandit qu'on lui apprend qu'il est des personnes qu'il faut vouvoyer. Malheureusement, dans un grand nombre d'établissements scolaires, on encourage le tutoiement d'écolier à maître et vice-versa, et l'enseignement du français est à l'image de cette grande permissivité et de cet effacement générationnel. Aujourd'hui, les adolescents savent rarement conjuguer un verbe jusqu'à *nous*. C'est *je, tu* et *on*, et après cet effort le déluge! Un déluge d'erreurs et de laideurs.

Les jeunes devraient s'adresser à leurs aînés en les vouvoyant et, si ces derniers désiraient l'inverse, ils initieront cette pratique.

En un certain milieu de travail, par exemple en salle de rédaction d'un journal ou sur scène, le tutoiement est automatique; il n'est que le directeur et le producteur pour être parfois épargnés. Dans une entreprise, les collègues se tutoient mais vouvoient leurs supérieurs, surtout en présence de clients ou de personnes ne faisant pas partie de leur environnement quotidien de travail.

Il est des cas embarrassants où le doute ne permet pas l'abstention: la rencontre avec un ancien camarade de collège devenu premier ministre ou maire, une lointaine relation sentimentale ou un vieux professeur devenu votre élève. Que faire? En public, on n'hésitera pas à se vouvoyer; ce n'est que dans la détente de l'aparté ou de l'ambiance amicale qu'on utilisera le *tu*.

De même, il est difficile d'apprécier le plombier qui se présente pour la première fois à une dame en déclarant: «Je suis le plombier; montre-moi tes tuyaux?» Cette présentation me paraît grossière et exposée à la rouille, si je puis dire.

Les États-Unis nous ont, encore là, beaucoup influencés. On y aime s'interpeller par son prénom ou présenter quelqu'un en utilisant même un sobriquet ou un raccourci. Il apparaissait assez ridicule de présenter le président des États-Unis comme Bill Clinton; cette façon de faire ne le rendait pas plus démocratique. Au contraire. Vu son poste, son prénom de William lui conférait déjà plus de crédibilité et de respect. Si quelqu'un présente sa secrétaire, il donnera son nom entier précédé de *Madame* et non pas «c'est Suzie», comme si on donnait une identité à un meuble. Cette manière décontractée incite immédiatement au tutoiement, et pourquoi tutoierait-on cette personne? Certains en usent au nom de la démocratie, qui est, la pauvre, mêlée à trop de sauces. Cette attitude est banale et commune.

Au Québec, le recours au *tu* est tellement étendu que même Dieu, dans les prières, doit s'y soumettre.

Cette habitude qui est la nôtre de tutoyer sans discernement n'est pas toujours appréciée à l'étranger, que ce soit en France, au Maroc ou en Haïti. Le fait de dire *tu* à un chauffeur de taxi ou à une vendeuse dans un magasin est très mal considéré dans les autres pays de la francophonie.

Ceux pour qui le *vous* semble désuet et pénible peuvent se consoler, car il est des contrées où l'on se parle encore à la troisième personne. De quoi en perdre son... italien!

Dans un esprit d'esthétique, Georges Duhamel rêvait d'une société qui ne tutoierait que les chefs-d'œuvre.

Un refus poli?
C'est pas de refus!

Pour un oui, pour un non

☙

Comment réagir devant l'affront? De nos jours, on ne lave plus son honneur à l'aube sur le pré, l'estoc à la main. Si l'outrage a été prémédité, ce qu'il faudra vérifier, on lui opposera un souverain et durable mépris. Avant de mettre fin définitivement à une amitié ancienne, il vaudra mieux faire appel au calme, le sien, et prendre du recul. Si, en effet, les intentions se révèlent impures, l'issue à considérer est celle de la rupture de ce qui aura été une belle solidarité.

Il se peut que l'insulte soit accidentelle et résulte d'un malentendu. Le cas échéant, l'obligation est impérieuse de s'excuser dans les plus brefs délais avant de faire macérer dans un jus de colère des relents de rancune qui prendraient des proportions irréparables. Il serait maladroit et même grave de refuser ces excuses, et cette attitude pourrait constituer pour soi un cas de conscience incommodant, voire douloureux. On ne doit pas perdre une seule occasion de se réconcilier avec l'humanité.

Présenter des excuses relève de l'humilité, de la diplomatie et de l'intégrité de quelqu'un. La personne à qui elles sont adressées sera consciente de ces difficultés et saura apprécier ces vertus. On les exprimera avec simplicité et sincérité sans grand développement oratoire ni justifications illimitées. Il ne s'agit pas ici de défendre une thèse, d'ouvrir un débat ou de faire entendre sa rhétorique. Toutefois, une parenthèse s'impose: rayez à tout jamais la formule *je m'excuse*, qui est un solécisme d'un usage quotidien. On fait preuve de clémence envers les autres; pas envers soi-même. Il vaut mieux présenter, offrir ou faire ses excuses ou encore prier d'excuser; on préférera même la formule toute simple *excusez-moi* ou *pardon*.

Si on devait envoyer une lettre d'excuses, on choisira un ton concordant avec le sujet qui l'inspire. Des excuses pour un méfait mineur auront une résonance moins dramatique que s'il s'agit d'une impardonnable faute de savoir-vivre.

Les raisons qui amènent à s'excuser verbalement sont de l'ordre du retard, de l'oubli, de la détérioration et du dérangement, en général. Causer du chagrin, susciter de l'embarras ou commettre une offense exigent des excuses exprimées oralement ou par écrit.

Une lettre d'excuses énoncera les raisons de la démarche, exprimera des regrets et offrira réparation, s'il y a lieu. On évitera le style trop repentant et l'humilité complaisante allant jusqu'à la componction. L'expression du regret et de la contrition sincère est un acte honorable et digne. Il ne serait pas superflu d'accompagner sa lettre de fleurs qui traduiront plus la simplicité que l'exubérance.

Savoir refuser requiert de la réflexion, du flair, du tact. Comment ne pas blesser quelqu'un quand on doit lui faire essuyer un refus? Un gentilhomme m'a un jour avoué que ce qu'il craignait le plus de la part d'une femme qu'il désirait courtiser était de se faire dire non. Refuser à un homme (ou à une femme) faisant des propositions qui ne laissent aucun doute sur la nature de l'intimité suggérée est une affaire de nuances, de dispositions, d'attraits et de moments propices. Le degré d'évidence n'est pas toujours facilement perçu et, si la femme souhaite se dérober, elle s'esquivera sous le premier prétexte. Si la femme ne se sent pas menacée, mais n'a toutefois pas l'intention de céder à l'invite proposée, elle prendra soin d'atténuer son refus en l'exprimant sur le ton de la bienveillance ou par le biais d'un mot écrit d'aimable façon. La brutalité n'est pas nécessaire dans ce cas. L'homme qui aura exprimé ses intentions ou initié une approche qui auront été refusées évitera d'insister.

En Asie, surtout au Japon et en Chine, les négociations seront fructueuses si on ne met pas ses correspondants dans la situation d'avoir à dire non. Ni soi-même. Car rien n'est plus discourtois qu'un refus. Même en affaires. Proposer autre chose ou différencier les enjeux vaut mieux que de formuler un rejet. Il n'y a probablement que dans le cadre de la politique ou de l'éducation des enfants que son usage est imposé.

Quelle est la façon la moins brutale de refuser à un ami d'être témoin à son mariage? À moins d'avoir une raison aussi valable que la maladie, le décès récent d'un proche ou un voyage lointain déjà prévu et organisé, il est difficile de «bien» refuser un tel honneur. C'est une situation qui mérite mûre réflexion et prétexte adéquat.

À une invitation pour un dîner, une réception, un week-end et à laquelle on ne peut (ou ne veut) se rendre, on présentera, en personne libre que l'on est, des excuses polies sans en donner les raisons. On n'a pas à se justifier dans ce cas. De toute façon, les raisons fournies sont souvent fausses. Pourquoi les inventer? Il suffira de dire qu'on n'est pas libre ce jour-là.

La résonance sèche et l'effet stérile produits par le petit mot ingrat qu'est le *non* sont affreusement meurtriers. Avant d'en faire usage, on aura épuisé toutes les possibilités de s'en soustraire. Il est un principe, à table, qui ne permet pas de dire non. On lui préférera le *merci,* qui permet de penser qu'on ne veut pas être resservi et, au lieu de refuser le pain qu'on offre (ô sacrilège!), on l'acceptera avec grâce et on le fera circuler aux convives autour. Comme à la dernière Cène.

Dire non, c'est exprimer le caractère définitif d'une décision. Il est utile en cas d'indélicatesse de la part d'autrui ou en position de légitime défense verbale, pour soi. Quelques mariages seraient encore en bonne condition si les époux s'étaient contentés d'essuyer la vaisselle plutôt que des refus.

Savoir rester poli en opposant un refus, c'est faire preuve de virtuosité en matière de courtoisie et de respect. Savoir dire non, c'est aussi un art qu'il ne faut pas regretter d'avoir appliqué. Certains préconisent qu'en amour comme en politique, en affaires comme en famille, oser dire non fait perdre l'équilibre dans l'immédiat, mais, à long terme, il récompense celui ou celle qui en a eu le courage.

Mais il est une personne à qui on ne refuse rien: soi-même!

SUS AUX PARFUMS

À vue de nez

S i vous faites partie de cette société composée de femmes
enceintes à leurs premières nausées, d'asthmatiques
ou de Cyranos dont l'appendice nasal est aussi ré-
ceptif qu'interminable, évitez d'entrer dans les grands
magasins qui ouvrent sur les comptoirs-parfumeries. Non
seulement vous serez saisi, harcelé, agressé, étranglé par les
odeurs qui s'y répandent, mais vous serez assailli par quelque
trois ou quatre ravissantes jeunes filles qui vous infligeront,
à grand renfort d'atomiseur, les senteurs à la mode. Si votre
sinus citadin est sensible, vous êtes menacé de mort et «mourir est un manque de savoir-vivre» (Sacha Guitry). Si vous
avez réussi à subsister, vous êtes sûrement atteint de rhinite
chronique. Courez chez l'oto-rhino. À bien y penser, non,
n'y allez pas! Évaluez plutôt votre chance; elle est grande.

L'odorat est le sens qui a le plus de mémoire. C'est aussi
l'un des plus grands laissés-pour-compte dans nos sociétés
qui devraient entamer une gigantesque entreprise de désodo-
risation conduisant au silence olfactif de notre environnement actuel.

Puisqu'un homme averti en vaut deux, que peut bien valoir une femme prévenue de ce danger? Autrefois, le parfum était un produit de grand luxe, et qui dit luxe pense faste, somptuosité, plaisir coûteux. Or, aujourd'hui, on sabre tous les budgets, on s'engouffre dans le chômage, on mange menu, mais on sauve la face (tout en perdant le pif) en flairant le parfum à tout prix. Le flacon est omniprésent dans le sac, la pochette du soir, le tiroir du bureau ou, bien en évidence, dans la salle de bains. Signe extérieur de richesse oblige!

Comprenez que les essences les plus rares, si elles ne conviennent pas aux peaux qui s'en imprègnent, dégénèrent en miasmes. C'est ce dont je viens me plaindre. Découvrir son parfum est devenu une responsabilité sociale. Entrer dans un ascenseur qui vient de vomir une douzaine de personnes outrageusement parfumées de différentes mixtures a de quoi rendre malade. Ce cocktail est plus menaçant encore pour la santé que celui de Molotov. Alors, si vous me voyez apparaître dans vos couloirs ou au rez-de-chaussée des grandes surfaces en tenue d'homme-grenouille ou, en l'occurrence, de femme-grenouille, ne concluez pas que ma lointaine aïeule a fauté avec un quelconque amphibien. Constatez plutôt que je lutte simplement pour ma survie. De l'air! De l'air! Oui, encore de l'air!

Autrefois, les parfums portaient des noms qui étaient en harmonie avec l'usage qu'on en faisait, comme objet de séduction: *Nuit de Paris*, *L'Heure bleue*, *L'Air du temps*, *Arpège*, *Chant d'arômes*, *Vol de nuit* (celui de Saint-Exupéry en 1931 a fait naître celui de Guerlain en 1933). Des mots à faire rêver. En ces jours formidablement violents, on veut s'assurer du muscle en s'imbibant de musc qui s'appelle *Poison*, *Obsession*, *Drakkar*, *Tribu*, *Opium*, *Égoïste*. Arrêtons d'anesthésier la masse populaire déjà saturée!

L'odorat est un sens extrêmement subtil qui réveille souvent des souvenirs enfouis, des sensations perdues. Enfant, j'accompagnais parfois ma pieuse mère à l'église. Pour meubler le temps qui me paraissait long et pour ignorer un lieu que je trouvais peu rassurant, je reniflais les effluves subtils qui s'échappaient de ses gants. *Paris* de Coty et l'odeur des cierges et d'encens me procuraient une extase différente de celle que ma mère éprouvait dans ses prières. Un parfum doit laisser un souvenir, pas une obsession.

Je vous exhorte à faire la différence entre l'eau et le parfum de toilette, et le parfum tout court. Ayez de la considération pour vos collègues peut-être allergiques au *Shalimar* et qui souhaiteraient le neutraliser à l'eau du samovar.

Savoir trouver les petits endroits secrets de son corps propices à la meilleure exhalaison est un art. Un art plein de tact. Le corps tout entier ne s'y prête pas; ni toutes les peaux. Le dosage et le moment de la journée sont des composantes essentielles dans l'usage du *sent-bon*. Ce n'est pas parce qu'on s'habitue à sa propre odeur qu'on fleure le néant. N'y allez donc pas à grands coups de vaporisateur. Apprivoisez votre entourage avec douceur en lui offrant les senteurs fraîches d'une eau parfumée, appliquée au sortir de la douche et non pas avant une réunion à 17 h, après une journée de labeur et de sueur. Ne l'imposez pas non plus à vos vêtements, surtout ceux de polyester. En plus de virer au plus mal, votre parfum laissera des auréoles et s'entêtera à ne pas s'évanouir. Vos perles doivent éviter de subir le même courroux si vous désirez leur conserver tout leur éclat.

Les endroits où appliquer le parfum sont discrets. Ils se situent parfois là où la peau est la plus fine: l'intérieur des coudes, derrière les genoux, sur la nuque, derrière l'oreille, sur les reins. Les hommes distingués vaporisent leur eau de toilette sur la toison de leur poitrine ou à la naissance des épaules; l'effet est doux et durable et moins agressif que sur le visage. Si le parfum est appliqué ou vaporisé sur la face intérieure des poignets, il faut éviter de les frictionner l'un contre l'autre. Cette substance précieuse doit respirer et ne pas être écrasée.

Si la fine lingerie est de fibres naturelles, un nuage léger d'eau ou parfum de toilette procurera à celle qui la porte un divin plaisir. Pour la subtile voluptueuse, quelques gouttes vaporisées sur l'ourlet de la jupe valent aujourd'hui mieux qu'un mouchoir abandonné derrière soi.

Les personnes qui mangent souvent de l'oignon, de l'échalote et de l'ail et celles qui font une consommation régulière de vitamines B devraient s'abstenir de parfum, ce mariage n'étant absolument pas réussi. Même l'angoisse dénature le parfum.

Il est indélicat de se présenter à un repas, intime ou officiel, enveloppé de parfum tenace et virulent. La table en elle-même est un endroit privilégié de générosité où se rencontrent les senteurs des fleurs fraîches qui composent le centre de table, le bouquet des vins, le fumet des viandes, les arômes raffinés des légumes, le caractère puissant de certains fromages, la présence naturelle des fruits et la fragrance irrésistible et réconfortante du café. *Opium* et *Poison*, haro! Si on installe les fumeurs au restaurant dans un quartier qui leur est réservé, on devrait en faire autant pour ces *messieurs dames* trop parfumés.

Le métro, qui se laisse parfois deviner au hasard d'une bouche d'aération, impose ses émanations dès la première marche d'escalier. Goût indescriptible, puissant et amer que viennent brouiller le matin les lotions après-rasage, parfums et autres déodorants des milliers de voyageurs qui s'y agglutinent et qui repartent le soir dans les vapeurs de sueur, de fatigue et de journée achevée. La ville sent les autres, les foules et les heures de la journée, et ces fades effluves envahissent nos narines épuisées.

La couche d'ozone et notre liberté sont toutes deux agressivement menacées par tous ces produits si hautement civilisés que sont les shampooings, les lotions, les laques à cheveux, les désodorisants, les cosmétiques, les savons, les crèmes à raser, les détergents, les savons à vaisselle... qui imposent leurs relents à notre misérable environnement. Une étude américaine récente nous apprend que le parfum est devenu si véhément qu'il est à l'origine de maux de tête tenaces, d'allergies diverses, de nausées fréquentes et de crises d'asthme soudaines. Bien sûr! puisqu'il nous poursuit jusque dans les rouleaux de papier de toilette et les sacs à ordure et que, depuis quelques années, la publicité nous l'inflige dans nos magazines préférés. Que vous aimiez ou pas le *Vice des temps modernes*, vous devrez le subir tout au long de la lecture de votre revue hebdomadaire ou mensuelle, car il s'est infiltré perfidement dans une bande de papier dont elle est abondamment imbibée. Ce n'est pas abusif, pensez-vous? Même notre liberté de respirer chez nous est menacée. Si ça ne s'appelle pas du harcèlement...

Amazoniens à plateau, Papous au nez busqué, vous qui respirez les parfums vrais de vos forêts, apprenez-nous ce bonheur-là!

LA BISE

Sans carte blanche

❦

Au Québec, l'importation va bon train. On y va fort en commerce international depuis 30 ans. On s'ouvre à l'élégance, à la gastronomie, aux objets de grand luxe, à la culture, aux arts, aux herbes euphoriques et soporifiques, aux virus et à une expression affectueuse dont on fait grande consommation: LA BISE qui, elle, ne souffle pas du nord, mais qui nous vient, depuis trois décennies, de nos cousins pas si lointains de France et de Belgique. Aujourd'hui, dans les rues, les boutiques, les bureaux, à la télé et *ad libitum*, même si on ne se connaît pas, et surtout si on ne se connaît pas, on se bise, on se rebise, on se surbise; oui, on se croit obligé de se lécher la poire avant même de se connaître. C'est-à-dire que, à travers la bise, on fait connaissance. Ce geste, à force d'être abusé, n'a plus aucune valeur.

Dans mon enfance, qui ne se situe pas à l'âge de fer, le petit baiser affectueux se donnait avec parcimonie, aux fêtes, aux anniversaires et lors d'un départ et encore, on limitait les débordements de tendresse en n'offrant qu'une joue. Même la veuve éplorée ne bénéficiait pas de ces preuves d'affectueuse sympathie aux funérailles de son mari. Le bécot de mon enfance était solennel, rare et pas juteux du tout.

Depuis quelque temps, on se sent obligé d'offrir son maquillage ou sa barbe à tous venants sous prétexte qu'on fait connaissance avec un quidam. De grâce, laissez les bactéries frayer seules leur chemin et soyez généreux, laissez-les à leur propriétaire, et surtout apprenez à doser vos preuves d'attachement et à discerner ceux à qui elles sont destinées.

Le baiser, qu'il soit bec, bécot ou bisou, est un mode d'expression de tendresse qui ne s'applique qu'à des intimes. Il est à se demander si on est à la veille de prendre à témoin nos premiers ministres se rencontrant et s'imprimant un baiser sur la bouche «à la soviétique». Laissez à Brejnev ce qui appartient à Brejnev!

Avant d'en arriver à cette importation-là, serrons-nous donc civilement la main. Elle est si éloquente.

DES BONS USAGES CHEZ LE COIFFEUR

Figaro fi – Figaro la

♣

Pour beaucoup de femmes, le coiffeur est le personnage numéro deux de leur vie. Il est leur confident du cœur et celui à qui elles confient leur beauté – ou du moins, le soin de leur en créer une. Rencontrer un coiffeur pour la première fois, c'est, ni plus ni moins, mettre sa tête à prix. Se rendre dans un institut de beauté, que ce soit pour son visage ou pour sa tête, n'est pas toujours rassurant. Pour y être bien, il faut déterminer son territoire et avoir pleinement foi dans le talent de son maître.

Si des clientes se meurent d'envie de prendre le bac à shampooing pour un confessionnal, mesdames, chuchotez vos péchés; il y en a qui sont plus savoureux lorsqu'ils sont soupirés.

Un salon de coiffure et d'esthétique, c'est un peu une clinique. On y va pour des soins. De ce fait, il doit être impeccable. Les mèches ne doivent jamais encombrer le sol pendant longtemps, les blouses qu'on enfile et les serviettes dont on s'enturbanne doivent être immaculées. Comme c'est détestable d'endosser un peignoir qui a déjà servi et qui laisse sur vos vêtements le parfum des précédentes clientes et leurs cheveux qui vous chatouillent le cou et s'entêtent à rester sur vos tissus!

Tous les objets utilisés inspireront la netteté et l'hygiène. Le bac pour laver les cheveux, même s'il est souvent de facture noire, ne doit pas camoufler des traces humides et fraîches de colorant à cheveux ni de matières chimiques pour les techniques capillaires. Les applications de la permanente ou de la teinte orange de Marrakech de Madame-avant-nous ne concernent et n'intéressent pas la cliente suivante.

Il est à noter que de moins en moins de rigueur est déployée dans le nettoyage des peignes, des brosses et des rouleaux à mise en plis. On s'attend à ce qu'ils soient parfaitement nettoyés après chaque usage. N'est-il pas contrariant pour la cliente de devoir retirer tous les cheveux qui se sont enchevêtrés dans les brosses avant de les tendre à son coiffeur? Cet état de fait est inadmissible.

Est-il superflu de dire que le personnel de l'institut ne devrait pas se coiffer ni se maquiller dans le salon devant les clients? Utiliser ensuite le même peigne pour élaborer la coiffure du consommateur semble répugnant. Cette pratique se répand malheureusement sans qu'on en fasse la remarque aux propriétaires de salon de coiffure.

Beaucoup de dermatoses et de pathologies capillaires, la plus courante étant celle des pellicules, circulent dans un lieu de cette nature. Personne ne veut risquer de les attraper. Puisque les causes de l'alopécie sont encore d'origine inconnue (en dehors de la raison génétique), personne ne souhaite courir le danger d'en devenir la victime.

Quant aux pourboires à laisser dans cet établissement, veuillez trouver la section consacrée à ce sujet.

DÉFÉRENCE ENVERS LES HANDICAPÉS

Une politesse réinventée

❧

Les invités qui souffrent d'une invalidité sont tout d'abord traités en invités. Ils se sont rendus à votre invitation parce qu'ils souhaitent s'amuser et partager le plaisir d'être avec vous et les autres convives.

Une personne en fauteuil roulant aura priorité pour entrer à la maison et on s'assurera que tout soit mis en œuvre pour faciliter son accès. Inspirées par la gentillesse et la grâce, quelques personnes s'occuperont de lui faire la conversation, de l'entourer de prévenances et de pourvoir à ses désirs et à ses besoins. Si, à table, cette personne requiert de l'assistance, on veillera à lui en fournir le plus discrètement possible.

Faire preuve de considération soutenue envers les handicapés relève tout simplement de la bonne éducation et de l'âme bien née.

Les malentendants trouvent un plus grand confort si la télévision, la musique ou le bruit environnant sont à leur plus bas volume. Ils sont désireux de capter le maximum de la conversation par le biais de leur appareil ou en dépistant les paroles prononcées sur les lèvres de leur interlocuteur.

On fera un effort de langage très articulé à l'adresse d'un malentendant.

Le handicap d'un malvoyant n'est pas toujours facilement identifiable. Au cours des présentations, il faudra discrètement le faire savoir afin que l'entourage se comporte adéquatement.

Les personnes souffrant d'une incapacité quelconque n'aiment pas qu'on fasse grand cas de leur handicap, mais il est nécessaire d'en être informé afin d'éviter les incidents fâcheux, les faux pas inutiles, les gaffes incommodantes et d'être en mesure d'offrir son assistance, si besoin était.

Quand un enfant se trouve en face d'un nain, d'un manchot, d'une personne qui marche avec l'aide de béquilles, d'une personne enroulée dans un bandage ou de toute personne présentant une caractéristique physique inhabituelle, il arrive malheureusement souvent qu'il la dévisage en s'écriant toujours trop fort: «Mais qu'est-ce qu'il a ce monsieur?» ou encore «Regarde le drôle de visage de la dame». Qui n'a pas vécu cette embarrassante situation? Il faut d'abord tenter de calmer l'enfant, lui demander de cesser de regarder avec insistance et, gentiment, avec douceur, lui dire que vous lui expliquerez les difficultés de ce brave homme ou de cette très gentille dame une fois rentrés à la maison. Si le parent est conscient que la personne handicapée a entendu les commentaires de l'enfant, il serait bon de lui chuchoter des excuses comme celle-ci: «Je regrette ce qu'a dit mon enfant. Il ne comprend tout simplement pas et pardonnez-lui tout le malaise que sa remarque a pu vous causer.»

Il arrive qu'un enfant soit traumatisé à la vue d'une personne très différente des autres, physiquement. Une fois à la maison, il faut s'appliquer à lui expliquer nos différences et lui faire comprendre la chance qu'il a d'être en bonne santé.

Dans une famille où il se trouve un enfant handicapé, celui-ci est souvent le plus aimé ou le plus aimant de la maisonnée. Malheureusement, il se peut que ses frères et sœurs lui en tiennent rigueur et se sentent en retour négligés des parents. Ils extériorisent leur contrainte en maltraitant ou en taquinant méchamment l'enfant différent. Ces parents font face à un problème grave. Ils doivent expliquer aux frères et sœurs la chance qu'ils ont d'être sains, beaux et normalement constitués, et leur faire comprendre les obstacles laborieux que leur frère ou sœur doit surmonter quotidiennement. Ils devront faire appel à leur compassion et surtout à la nécessité de se rendre compétents et utiles à son égard. La formation de l'esprit d'équipe est très importante, car la famille entière doit participer à l'évolution de l'enfant moins privilégié en lui apportant l'attention soutenue qui lui revient: un admirable moyen de créer la solidarité dans une famille en se retournant vers le point central le plus important.

«Aimer, ce n'est pas se regarder l'un l'autre, c'est regarder ensemble dans la même direction.» – Saint-Exupéry

AVEC LES QUADRUPÈDES

Apprivoisez-moi!

❧

En août 1994, dans un Paris dépeuplé et sympathique, un carton placé tout en bas d'une vitrine de la rue du Bac affichait:

«Chers toutous parisiens du VII⁰ arrondissement! Veuillez avoir l'amabilité d'éviter d'uriner devant notre vitrine. Merci d'avance! Le très reconnaissant Directeur d'Échange France Asie.»

Les toutous, les matous, les nounours nous rendent la vie bien supportable et nous leur devons souvent la chaleur qu'on aimerait qualifier d'humaine. Ils savent nous inspirer un amour presque inconditionnel. Leur présence nous apporte la joie, le confort et beaucoup de générosité. Toutes ces vertus ne devraient pas pour autant leur permettre de vivre dans nos sociétés sans notions de savoir-exister. Si nos amis à quatre pattes s'appellent domestiques, encore faut-il qu'ils le soient.

Nous avons appris à nos bébés qu'à travers l'amour et sans doute au nom de celui-ci, il y avait des règles à connaître et à respecter. Si nos enfants sont tenus par la main dans la rue et dans les parcs, nos chiens seront tenus en laisse depuis

notre seuil passé. Si on ne permet pas à son enfant de cueillir des objets qui traînent sur le trottoir, on apprendra à son chien à n'en pas laisser.

Les chiens devront être propres et ne pas incommoder leur entourage par leur odeur. Les brosser et les toiletter aussi souvent que possible sont des règles d'hygiène et de savoir-vivre.

Si votre chien vous accompagne dans un endroit public ou chez des amis à qui vous rendez visite, apprenez-lui à ne pas aboyer quand il n'est pas chez lui et aussi à rester près de son maître.

Au Québec, il est formellement interdit de se présenter dans les restaurants accompagné d'un animal, quel qu'il soit. La consigne est sévère même dans les auberges de campagne et l'hiver, par froid polaire, les animaux qui vous accompagnent en voyage n'auront pas droit à quelque hospitalité ou chaleur de croisière.

Un chien, un chat, un poisson rouge, un canari, un singe d'appartement ne sont pas considérés par la société ni par vos amis intimes comme votre mari (épouse) ou votre amant(e).

Si vous recevez une invitation à une soirée ou à un dîner, ne comprenez pas tout de go que le minou est sous-entendu sur le bristol. De même pour le week-end à la campagne; attendez qu'on vous le propose. Si on connaît votre attachement indéfectible à votre animal, on aura peut-être une bonne pensée pour lui. Assurez-vous aussi qu'il fera bon ménage avec les animaux de la maison où vous irez.

Si Médor a des pipis nostalgiques, veillez à faire disparaître vous-même toute trace de ses méfaits et à ne pas laisser cette corvée aux domestiques de la maison, qui vous en tiendraient rigueur. Leur humeur est aussi importante à surveiller que la vôtre.

Il y a des hôtes qui veulent à tout prix partager le plaisir de l'accueil et de l'hospitalité avec leur caniche à qui il arrive de confondre la jambe (gauche) des invités avec un lampadaire (déjà vu, de mes yeux vu).

Dans les pays où le civisme à l'égard des animaux est rigoureusement appliqué, il est absolument interdit aux chiens de laisser leurs souvenirs biologiques en bordure des trottoirs ou près des arbres. Leurs propriétaires se munissent de sacs de plastique avec lesquels ils récupèrent leur moisson. Des amendes très élevées sont infligées à ceux qui négligent d'appliquer cette loi de civisme.

J'ai connu à Copenhague un gérant d'hôtel qui plantait un petit drapeau danois sur chaque moulage laissé par les chiens distraits qui défilaient devant sa devanture. Après l'avoir observé, je me suis demandé si c'était de là que venait l'expression *apprendre sur le tas*.

Puisque les animaux provoquent à certains des allergies véritables, il est conseillé de le faire savoir à des invités qui insisteraient pour amener leur bête chez vous. Personne n'est tenu de se sacrifier à ce point.

Si les animaux ne vous inspirent aucune sympathie, montrez-vous tolérant envers eux et ne débordez pas d'une fausse affection pour faire plaisir à leur maître. Ni le chien, ni le chat, ni leur propriétaire ne seront dupes.

Enfin, pensez que les animaux savent souvent créer d'excellentes situations pour faire se rencontrer leurs maîtres au cours de promenades au parc ou en forêt. Est-ce dû au hasard ou par prétexte, mais de véritables histoires d'amour se sont nouées grâce à la rencontre d'une shitzu et d'un dalmatien. Comme quoi, pour séduire, il faut avoir… du chien.

ATTITUDES POLITIQUES

Dans la cour des grands

✣

En parcourant le magazine français *Paris-Match* du 11 juillet 2002, je suis tombée sur des photos prises à Kananaskis, lors du sommet du G8, et qui m'ont laissée interdite.

Avant de les commenter, il faut préciser que G8 est une appellation qui définit les huit nations les plus économiquement riches du monde et, de ce fait, les plus puissantes puisque l'argent est ce qui détermine le pouvoir. À ce titre, nous sommes en droit d'attendre des membres de cet aréopage qu'ils commandent au moins le respect. Or, nous voyons sur l'une des images portant le titre: «Les maîtres du monde en toute intimité» un président américain bien calé dans son fauteuil, les pieds sur la table à café et nous offrant à nous, le commun des mortels, les semelles de ses chaussures à contempler. Pour toutes les cultures d'Orient, d'Europe et d'Afrique, offrir au monde ce qui a foulé le sol, la poussière et la saleté est le geste le plus avilissant et le plus méprisant qui soit.

Tout près de lui, on aperçoit le premier ministre espagnol qui, dans un geste de solidarité un peu timide, semble s'efforcer

d'en faire autant. Peut-on l'imaginer ainsi devant son roi, Juan Carlos?

Sur la page suivante, on voit le même président George W. Bush boire une bière en portant la bouteille à la bouche et être le seul à le faire. M. Bush aurait tout intérêt à savoir qu'il y a une nette différence entre regarder un match de soccer dans son sous-sol et poser en maître du monde. Tenons-nous à ce que l'Amérique du XXIe siècle soit synonyme de rusticité, de nonchalance et de grossièreté? «Soyez polis envers tous, mais intimes avec peu», proposait, en son temps, George Washington.

Mais Papa Bush, où êtes-vous? Tout le temps qu'a duré votre vie publique, vous nous avez habitués à des manières impeccables. Nous savons que vous avez bâti un réseau politique très important grâce à de multiples attentions empreintes de gentillesse, et le monde a pu apprécier votre courtoisie naturelle sans faille. Faites en sorte que votre fils en profite. Espérons qu'il en soit encore temps!

M. George W. Bush voudrait-il donner raison à Diderot qui disait: «Si tout ici-bas était excellent, il n'y aurait plus rien d'excellent»? Seulement, nous avons la douce illusion d'avoir élu d'excellents maîtres du monde...

SAVOIR PLAIRE
EN AMBASSADE

Excellence!

❧

« Il ne suffit pas d'aimer le commerce du monde, il faut aussi en connaître le mode d'emploi. Il ne suffit pas de se plaire à recevoir; il faut encore savoir comment et qui.» – Le Comte de Ricaumont

Ce soir, il y a réception à la Résidence. Sous le lustre du grand hall, monsieur l'ambassadeur accueille ses invités.

En moyenne trois fois par semaine, ces commis voyageurs de l'État ouvrent la Résidence à leurs invités pour des déjeuners, des réceptions ou des dîners. Presque tous les diplomates en poste dans les capitales du monde entier vivent à ce rythme. Ils lancent diverses invitations à l'occasion de fêtes nationales ou en l'honneur d'hôtes de marque et répondent à d'autres, quotidiennement. Parfois, ils doivent répondre à plusieurs invitations le même jour. Ces obligations font partie intégrante de leur job.

Ces mondanités raffinées, considérées à tort comme superflues, ont autant leur raison d'être que les repas d'affaires, les séminaires d'entreprises ou les colloques culturels. Elles offrent aux diplomates et aux personnalités du monde économique, politique, culturel et de la presse l'occasion de se rencontrer et d'échanger. On attend de ces chargés de mission qu'ils apportent leur contribution à leur hôte, entre une coupe de champagne et une bouchée de saumon, en lui donnant une image aussi définie et exhaustive que possible du pays qu'ils représentent.

Ce qui assure le succès d'une réception, c'est le parfait dosage des ingrédients. Il faut équilibrer les sexes (avec un léger excédent de mâles), les conditions sociales et les générations, mesurer sans excès la présence des célébrités et celle du commun des mortels. «L'intelligence et la culture de ses amis se goûtent mieux dans l'intimité que dans la cohue», aurait dit Proust.

«Les réceptions offrent d'excellentes occasions de rencontrer les gens de manière moins formelle, dans un contexte différent du bureau», commente un chef de protocole.

Moins formel ne veut pas dire décontracté. L'existence même du chef du protocole l'atteste, la spontanéité n'est pas prisée lors de ces réceptions: «Le protocole n'est pas une manière de paraître ou de faire des cérémonies, mais un moyen d'expression politique dont se sert l'État pour donner un cadre et une atmosphère à ses activités et garantir par là l'unité de matière et d'action de sa politique étrangère», dit le règlement. Il se peut que les diplomates louent les salons d'un grand hôtel de la capitale où ils sont en représentation pour offrir une grande réception ou un gala d'envergure.

Les réceptions d'ambassade sont souvent de véritables spectacles. On voit les habitués former des clans et ils sont parmi les rares à ne pas prendre d'assaut le buffet. Sans doute, l'habitude…

La grâce d'une rani enveloppée d'un précieux sari rappelle l'opulence encore existante de privilégiés de l'Inde. Plus loin, on entrevoit un lorgnon bien ajusté sur l'œil d'un militaire en tenue. Ici, des boucles d'oreilles scintillent, là un décolleté appétissant s'offre à l'œil gourmand. Ce défilé d'étoffes chamarrées embelli par l'éclat du cristal et des pierres précieuses rappelle quelques séquences de *L'année dernière à Marienbad*.

«Il ne s'agit pas de perpétuer des usages désuets», explique le nonce apostolique, et de ce fait doyen du corps diplomatique. Savoir recevoir et connaître les belles formules est tout simplement l'expression d'une politesse universelle. «Contrairement à une idée largement répandue, s'il arrive aux diplomates de jouer sur les mots, ce n'est pas dans le but de cacher la vérité. Mais leur profession leur impose de savoir communiquer sans blesser leurs interlocuteurs», poursuit l'ambassadeur du Saint-Siège dans un salon lambrissé de la nonciature.

La jeune personne qui souhaite entrer dans la carrière verra à peaufiner ses connaissances du savoir-vivre avant d'entrer en scène. Il est vivement à conseiller d'offrir aux novices qui s'apprêtent à aller représenter leur pays à l'étranger de suivre, pendant leurs deux premières années de formation, un cours très développé sur le règlement protocolaire et sur les règles non pas rudimentaires mais éminentes de la courtoisie. Il va sans dire que le reste, s'il n'est pas déjà acquis, s'apprend en situation.

De petites incartades demeurent néanmoins prévisibles. Il semblerait qu'à un bal un très jeune diplomate dansait avec une haute et forte commère, mamelue et de surcroît dragon de morale. Tout était double chez elle, du biceps au menton, et ses seins tenaient plus de montgolfières que de coupes d'albâtre. Il demanda à sa voluptueuse cavalière portant bustier par quelle astuce cette robe tenait... Elle lui aurait répondu habilement: «Par mon âge et par ma vertu.»

Un politicien distingué, gourmand des bonnes choses de la vie, s'est vu accorder une promotion au ministère des Affaires étrangères d'un pays de la Communauté européenne. Il était déterminé à être le premier ministre de sa condition depuis des décennies à faire une visite de courtoisie à Vienne. À cette occasion, les Autrichiens ont vraiment mis les petits plats dans les grands et ont déroulé le tapis rouge en son honneur. Alors qu'il se trouvait au château de Schönbrunn pour un fastueux banquet, il s'est senti un peu perplexe. À sa gauche était assise une très attirante brunette; à sa droite, une dame très impressionnante vêtue d'une vaste robe rouge camouflant toutes les formes que son corps aurait pu avoir. Il s'est engagé dans une conversation très animée avec la brunette jusqu'à ce que des airs joués par l'orchestre en place lui fassent prendre conscience de ses responsabilités et de la bienséance. Se tournant vers la dame enchasublée de rouge et lui prodiguant un charmant sourire, il lui a demandé: «Madame, me feriez-vous l'honneur de cette valse?» Sur quoi elle a répliqué: «Non, monsieur. Ceci, pour trois raisons: premièrement, nous sommes à un banquet et non à un bal; deuxièmement, ce que nous entendons n'est pas une valse mais l'hymne national autrichien; troisièmement, permettez-moi de vous informer que je suis le cardinal-archevêque de Vienne.»

Si la formation de jeunes diplomates et de leur conjoint(e) m'était confiée, je n'hésiterais pas à leur faire suivre un stage dans une école hôtelière de bonne réputation. Ils y apprendraient la façon de joliment présenter les produits d'une cuisine efficace et rapide, la décoration florale, l'art de l'accueil et de l'hospitalité, des rudiments d'organisation de réceptions sur les quantités adéquates de nourriture, de boissons et d'accessoires de table, de même que des notions sur les vins, surtout ceux produits par le pays représenté, s'il en était. Cette initiation hôtelière pourrait éviter aux nouveaux ambassadeurs les désagréments qu'ont connus certains. La course aux plus belles tables et à la réception la plus originale que se livrent parfois les membres du corps diplomatique n'aboutit en effet pas toujours au résultat escompté.

Les jeunes qui considèrent sérieusement une carrière diplomatique ont malheureusement tendance à mépriser ces règles et à ridiculiser un tel apprentissage. Or, une ambassade se doit de représenter dignement son pays, que ce soit par le patrimoine, le décor, la gastronomie ou la qualité de l'accueil.

Il ne faudrait pas imiter certains qui ont poussé le zèle jusqu'à indisposer leurs convives en faisant dresser, en guise de centre de table, une vasque de cristal remplie d'eau où s'ébattent de petits poissons exotiques. Quelle n'a pas été la surprise de l'invité d'honneur de voir sauter un de ces poissons frétillants dans sa tasse à consommé! Il est des situations où même les cours d'une école hôtelière suisse n'auraient pas convenu.

Chaque résidence officielle d'ambassade est fière de sa personnalité et de sa réputation. Celle d'Autriche à Berne, par exemple, recèle de pièces de mobilier ayant appartenu à la famille impériale et reflète bien les étapes de l'histoire de ce pays. La résidence canadienne à Copenhague, quoique n'ayant pas beaucoup de terrain, a superbe allure et représente la pureté symétrique de l'architecture danoise de la fin du XIXᵉ siècle (pour les âmes scrupuleuses, j'apprendrai qu'elle a été acquise, après la dernière guerre, pour une bouchée de pain). L'ambassadeur néerlandais dans une capitale européenne organisait des soirées culturelles en invitant des ensembles de musique pour agrémenter d'heureuse manière les réceptions qu'il offrait et promouvait ainsi la culture de son pays à l'étranger. Il regrettait toutefois de n'avoir pas de salle assez grande pour pouvoir se permettre d'accueillir un orchestre symphonique.

Au regard extérieur, la vie d'ambassadeur paraît plutôt plaisante: salaire confortable, voiture de luxe avec chauffeur, villa souvent magnifique, réceptions élégantes (jusqu'à 20 % du temps de travail). «Le congrès ne marche, il danse…» commenta l'Autrichien Charles Josef de Ligne en regardant évoluer les diplomates réunis à Vienne dès 1814 pour redessiner la carte de l'Europe. Au XXIᵉ siècle, on ne saurait reprocher tant de légèreté à nos représentants actuels. Ni à leur épouse, qui doit être disponible, impeccable, présente, excellente, irréprochable, aux aguets, tous les jours et souvent de l'aurore à l'aube, sans rémunération. Qu'on se le dise! *Tout ce qui brille n'est pas or.*

Rassurez-vous, la fonction de l'ambassadeur va au-delà de la figuration mondaine. D'ailleurs, avec la crise économique, les ambassades ont suivi la même diète budgétaire que le reste des institutions et le prestige des chefs de mission s'amenuise symétriquement.

Les grilles de la Résidence se referment sur la dernière limousine. Il est 20 h. La fin d'une journée de travail, pour un diplomate, est fort variable.

Quelques menus conseils d'étiquette de circonstance:

Tenue

À un dîner d'ambassade à Ottawa, il est inutile de vous affubler d'un frac. Au Canada, cela ne se fait plus, au regret de nombreux diplomates. Si le carton d'invitation porte la mention «cravate noire», il vaudra mieux comprendre «smoking-nœud papillon noir» et tâcher de ne pas se trouver dans la situation de l'un de nos anciens conseillers qui se serait présenté en complet de ville et cravate noire (de deuil)…

Le salut

On dit: «Bonjour, monsieur l'ambassadeur.» Madame l'ambassadrice est l'épouse de l'ambassadeur. Madame l'ambassadeur occupe les fonctions de chef de mission. On évite «enchanté» et «bonjour, messieurs dames», mais lorsqu'on est présenté à une femme, on dit: «Mes hommages, madame.» Les bévues sont néanmoins toujours possibles: ainsi, une épouse de diplomate occidental présentée à un ambassadeur de pays musulman lui a tendu la main. Une main qu'il ne pouvait accepter. Pour ne pas la froisser, il lui a élégamment demandé de poser sa main sur celle de son époux: celle-là, il pouvait la serrer.

Présentations

Au Canada, l'usage des titres est limité. Lors de présentations à des tiers, on peut les mentionner: «Permettez-moi de vous présenter la duchesse de…» Dans le cas d'un ambassadeur, prenez soin de ne pas vous tromper de pays. Un chef de mission suisse s'est entendu présenter en anglais (d'où peut-être la confusion) comme ambassadeur du Swaziland!

Lettres

Lorsqu'on écrit à un ambassadeur, on adresse la lettre à «Son Excellence X, Ambassadeur de Y». Puis, on commence par «Monsieur l'Ambassadeur».

Baisemain

Désuet pour le commun des mortels, il s'utilise dans le monde diplomatique, sauf dans les pays musulmans. Mais uniquement à l'égard de femmes mariées et jamais dans la rue. À ceux qui n'en ont pas la pratique, ne vous y aventurez pas. Toute innocence n'est pas bonne à trahir.

Préséance

À table, le protocole canadien (et presque tout le protocole occidental) place les ambassadeurs étrangers et leurs épouses selon leur ordre d'arrivée à Ottawa. Le seul à échapper à cette règle étant le nonce apostolique, qui est d'office doyen du corps diplomatique.

L'HOMO SAPIENS
À LA PLAGE

La concordance des temps

❧

« Le monde entier est une scène de théâtre, *dixit* Shakespeare, où nous jouons, chacun notre tour, plusieurs personnages.» Nos rôles sont classifiés en sept différentes étapes. Si le monde est vraiment une scène, la saison estivale sera représentée par une plage. Derrière nos lunettes de soleil, observons les sept âges d'*Homo erectus* et d'*Homo sapiens* devant le grand astre.

Prenons pour exemple vous et votre famille. Ce qui est intéressant au sujet des vacances, puisqu'elles n'arrivent qu'une fois l'an, c'est que la vision qu'on a de chacun est sans cesse renouvelée. On remarque d'année en année le changement brutalement opéré en chacun, qui les transfère immédiatement de catégories, tout simplement parce que rien, mais rien du tout, ne stéréotype et ne catégorise mieux que le cruel et féroce projecteur de la plage...

Le petit enfant

Shakespeare a parlé des braillements et des vomissements des jeunes enfants sur la plage, mais il a oublié de discourir sur leur façon impressionnante de manger du sable, de suçoter des galets, de déchirer des chapeaux de paille et de ramper jusqu'à la mer en un temps record. Les bébés-plage font tout cela avec une dextérité accomplie. Leurs accessoires consistent en un chapeau blanc protecteur qu'ils s'empressent de retirer pour le mâcher; un deuxième bonnet bien vissé sur la tête pour achever de les leurrer; une couche épaisse d'écran solaire; un demi-quintal de bagages contenant de la nourriture en petits pots, des breuvages et des couches, le seau et la pelle.

La pelle servira à taper sur papa, et le chérubin remplira son seau de cailloux, un par un, en scandant chacun de ses gestes par le babil *a-you*, *a-you*, *a-you* (comprenez: caillou), interminable comme un mantra. Ce manège sera répété inlassablement, et il n'est que 10 h 30 le matin.

Ni les voisins ni les parents ne semblent préoccupés ni par le bruit de cette mélopée ni par les dangers encourus.

L'enfant

À cet âge, on travaille en équipe. Il n'y a rien de tel qu'une populeuse plage de vacances pour rencontrer d'autres enfants. Il n'y a rien de meilleur pour ces enfants que de piétiner des châteaux de sable qu'ils ont mis des heures à construire, d'entamer des combats de seaux et de pelles, de se barbouiller de boue et d'élaborer des plans plus pacifiques de digues, de ponts et de barrages.

L'ambition première de chaque enfant est de canaliser une masse importante d'eau de mer jusque sous un père assoupi. Si ce projet ne réussit pas, un bon gag est d'enterrer le père jusqu'au cou sous une montagne de sable copieusement arrosée d'eau de mer transportée dans des seaux.

Un autre accessoire vital à cet âge est le ballon de plage. Six ballons de plage, vraiment, puisque les cinq premiers iront flotter au large après avoir dérangé nageurs et plagistes. La seule raison qui évitera au sixième le même sort, c'est que son propriétaire se sera lassé de regarder son père le gonfler. Il aura préféré creuser un trou pour y loger cet oreiller gonflable improvisé et l'offrir à son papa.

L'adolescent

Shakespeare l'a décrit comme étant cet amoureux soupirant après le sexe opposé. L'adolescent moderne de toutes nationalités est caractérisé par des soupirs désolés sur ses muscles aplatis, ses boutons, ses pellicules, le style de son maillot de bain et ses échecs avec les filles. L'adolescente s'inquiète de ses grosses cuisses, de ses boutons, de ses pellicules, du style de son maillot de bain et de ses échecs avec les garçons. Cet ordre du jour classique est fidèlement suivi sur les plages, même par des adolescents d'une étonnante beauté et qui sont souvent équipés de baluchons remplis de cosmétiques dont ils n'ont pas besoin.

Cependant, cette phase empiète sur celle plus active du «soldat» de Shakespeare, parce que, de temps en temps (probablement dû à la marée ou aux mouvements de la Lune), les languides créatures s'emballent soudainement et font de la planche à voile, du *body-surfing* dans les zones réservées aux plaisanciers et aux bateaux hors-bord; ce sont les mêmes qui, sans scrupule, jouent au football sans se soucier de ceux qui sont étendus sur le sable à idolâtrer le soleil et qui ne savent pas se défendre mieux qu'en lançant des jurons pas toujours folkloriques.

Les superbes

Quelle joie de n'être plus ni sans-le-sou ni adolescent boutonneux, mais d'être dans le meilleur de sa forme pour pratiquer le *body-surf*, la planche à voile, le ski nautique ou la plongée sous-marine sans avoir la charge d'un enfant. Les jeunes gens qui ne sont pas encore des parents vivent là une partie de leur existence extrêmement éphémère: ils ne sont pas encore envahis par les nombreux anoraks, les couches, les biberons et l'attirail qu'ils supposent. Ils n'ont, comme bagage, rien d'autre qu'un fragment de maillot de bain portant la griffe d'un grand couturier, un portefeuille, un chapeau de paille et un sourire indifférent. Cette catégorie de gens a le génie de savoir disparaître et de trouver une plage isolée loin, bien loin des marchands de crème glacée, pour se rapprocher d'un bar ou de leur lit d'hôtel.

Depuis quelques années pourtant, on s'efforce de moins en moins à abriter ses jeux amoureux et on tend de plus en plus à s'ébattre sur la plage sans se soucier de la pudeur des autres.

Les parents harcelés

Ces exécutants sont des virtuoses dans l'art de transporter des bagages et imbattables dans la façon de jongler avec les anoraks, le parasol, la demi-douzaine de chapeaux de plage, le bateau pneumatique, l'appareil photo, le caméscope, le pique-nique, le dernier best-seller et probablement l'ouvrage d'un pédagogue averti traitant de la manière de ne pas brimer les enfants en vacances. On reconnaît cette catégorie de gens par leurs yeux pivotant en permanence, façon caméléon, car ils sont toujours à l'affût d'un danger, physique ou moral, menaçant leur progéniture. S'il vous arrive de rencontrer de tels individus en charge de famille nombreuse, vous les verrez sans doute en train de construire un château de sable avec une seule main, faire signe de l'autre main à leur nubile jeune fille pour lui signifier de s'éloigner d'un gang de motards nickelés, et simultanément, donner un coup de pied à un cabot badaud qui manifeste son envie de lever la patte sur le panier à pique-nique.

Une autre façon de reconnaître ce spécimen naturel est son nez pelé. Ayant pris soin d'appliquer de généreuses couches d'écran solaire sur cinq autres nez, incluant celui de grand-mère, le parent harcelé en a oublié le sien.

Par pitié, ayez de la considération pour eux et leurs enfants. Offrez votre aide pour surveiller le bambin pendant qu'un parent tente de sauver l'intrépide qui s'est aventuré en mer, pour amuser la marmaille afin que les parents puissent eux aussi nager, pour transporter tous les effets à la voiture et pour empêcher la smala de se disperser dans tous les sens. Merci pour eux!

Mûrs et sereins

Ces personnes sont aussi connues sous le nom de vieux bourgeois nantis ou *woopi*. Les enfants étant maintenant casés et les hypothèques payées, la liberté s'étale devant eux. Certains peuvent s'évanouir sous une ombrelle pour un laps de temps avec un livre de la Pléiade sur le ventre et un thermos de café tout près. D'autres peuvent s'épanouir dans un élan de jeunesse aventureuse et, tête première, périscope en avant, s'aventurer près des récifs, nager puis dormir à la belle étoile.

Une dame ô combien alerte, dans la bonne soixantaine, s'est offert des croisières époustouflantes dans les îles grecques. Elle traversait à la nage le canal d'Ithaque pour se remettre d'un accident... fâcheux. Une autre option, après des années de vie bien rangée et dont les enfants n'ont pas eu à rougir, est de se vêtir d'un élégant smoking ou d'une robe très courte pour faire une entrée fracassante, malgré les cascades de rides et de rires, dans un casino manière James Bond. Histoire de réaliser ses rêves d'enfant et ses fantasmes de jeune fille.

Un peu de retenue et de bon goût, messieurs dames.

Les citoyens très senior

Dans le comté anglais de Suffolk (décidément, Shakespeare est toujours là) et partout au Danemark, les dames de 85 ans font de la bicyclette tout en promenant leur toutou tenu en laisse et nagent dans la mer souvent glaciale huit mois par an. L'avantage de vieillir est qu'il devient de plus en plus impossible d'être embarrassé par quoi que ce soit en dehors de l'arthrite et de quelques bricoles dues à la maturité… des os et des artères. Les personnes âgées peuvent porter un protège-nez de plastique qui les fait ressembler à des vautours, manger de la crème glacée après avoir retiré leurs prothèses dentaires, porter un antique chapeau de paille rongé par les rats, lancer des remarques hardies aux maîtres nageurs et aux garçons de plage, et retrousser leur jupe dans leur culotte pour mieux pédaler, sans être gênées le moins du monde.

L'inconvénient est que si elles sont assez téméraires pour s'étendre à plat ventre sur la plage, elles peuvent avoir des problèmes à se relever ensuite. La bonne vieille chaise pliante sera un accessoire élémentaire et primordial du citoyen *senior*. (Adolescents qui passez, faites un bon geste et dépliez-la pour lui.) À ne pas oublier: le thermos rempli de café ou de thé bien chaud et un ravitaillement de sanglants romans d'Agatha Christie.

La vision de ce dernier stade ne paraît-elle pas assez plaisante? Un peu comme redevenir bébé, tout en ne se gavant pas de sable.

MUSÉE — VERNISSAGE CULTURE

L'art et la manière

♣

S elon l'un des frères Goncourt, «ce qui entend le plus
de bêtises dans le monde est peut-être un tableau
dans un musée».

N'est-il pas irritant d'entendre haut et fort des ap-
préciations souvent dépourvues de sens provenant de personnes
qui, voulant à tout prix faire bénéficier la galerie de leur pseudo-
culture, étalent plutôt leur ignorance et leur manque de goût
tout court?

Le snob aussi est exécrable. Presque autant que le béotien.
Ils sont d'ailleurs apparentés. Les deux reprennent souvent
de travers des propos lus ou entendus pour afficher une pré-
tendue culture. L'effet en est ridicule, sinon désastreux, et les
visiteurs silencieux préféreraient s'en passer.

Un musée est un lieu pieux où l'on va pour se recueillir
devant la beauté, l'imagination, l'esprit (parfois les trois ensemble) et s'en inspirer.

Certains y vont pour raffiner leur culture et font appel à
un guide, ce qui est tout à fait recommandé. D'autres préférant leur indépendance, beaucoup de musées mettent à la

disposition du public, moyennant quelques billets, des baladeurs avec cassettes intégrées commentant les œuvres exposées, ce qui donne un caractère d'intimité à la tournée des salles ou des galeries.

Comme dans une chapelle, le musée commande la contemplation non seulement pour favoriser l'admiration, mais aussi la concentration et la pensée.

Même si on se pâme devant une œuvre, il faudra penser à s'en remettre et à ne pas bloquer la vue à d'autres esthètes qui attendent leur tour pour entrer en frénésie. Circulez, s'il vous plaît, il y a autre chose à voir, aurait pu dire Coluche.

Si on est myope, on apportera ses lentilles ou ses lunettes afin d'apprécier d'une certaine distance. Tous les musées du monde donnent la consigne à leurs gardiens de ne pas autoriser qu'on lorgne de trop près les toiles, et plusieurs d'entre eux ont des dispositifs de sécurité qui ne permettent pas un écart de moins de 30 centimètres. L'expérience que j'ai vécue à Prague m'en a laissé un souvenir et un enseignement indélébiles. Dans une des plus belles galeries de la ville, j'ai voulu admirer de près une magnifique huile de Picasso des années 30. Pour mon plus grand malheur de myope, une de mes lentilles était cassée, et mon envie gloutonne de tout saisir «à l'œil» m'a fait instinctivement beaucoup m'approcher. Mes cheveux se sont soudain hérissés et j'ai eu la surprise d'entendre une stridente sirène qui a fait surgir, comme des pépins dans une pastèque, une dizaine d'hommes, l'arme au poing. Pour fermer la parenthèse de l'anecdote, je dirai que le lendemain mes yeux étaient devant leurs carreaux *made in Czechoslovakia*, centre européen important de l'optique. Une autre information de taille fournie grâce à Picasso.

Les gardiens ne sont pas à leur poste pour donner de l'information culturelle. Les guides, les présentations audiovisuelles et les catalogues sont à la disposition du public pour les renseigner. En Europe, les guides de musées ont l'habitude de se voir remettre un pourboire.

Il est inconvenant de faire subir une visite de musée à des bébés ou à de très jeunes enfants qui supportent mal ces grands tours culturels. Certains parents permettent à leur jeune progéniture de s'amuser, de courir et d'explorer les lieux, c'est-à-dire de leur laisser à eux la liberté de goûter égoïstement à un céleste bonheur. Eh bien, non. Un musée n'est ni une garderie, ni un parc d'amusement. Les jeunes enfants doivent être éveillés et initiés à toutes les formes de la culture, mais dans la mesure de leur capacité à se comporter en fonction des autres. Comme à l'église.

À un vernissage, on se rend sur invitation et on respecte les heures inscrites sur le carton. On veillera à ne pas obliger les organisateurs à rester au-delà du temps annoncé. On se vêtira à un vernissage comme à un cocktail et on présentera ses compliments à l'artiste et ses salutations au directeur de la galerie. Cette atmosphère de fête est peu propice aux longues tirades sur l'esthétique ou les techniques de l'art.

Les fumeurs ne prendront pas un air absent en secouant leurs cendres sur les tapis ou dans les plantes en pots.

J'aime cette déclaration du président français Jacques Chirac, citant Françoise Sagan: «La culture, c'est comme la confiture; moins on en a, plus on l'étale!»

Au spectacle

Rideau!

Aller au théâtre, au ballet, à l'opéra ou au concert, c'est se faire plaisir en s'offrant la détente par le biais de la culture. Aller voir une pièce, c'est un peu partager la lumière avec les acteurs: pour eux, ce sont les feux de la rampe, pour nous les spectateurs, l'éclat d'une belle sortie. Aller au théâtre n'a pas le même sens que d'aller au cinéma. Le théâtre procure l'art, le grand spectacle, la beauté du lieu, le lourd rideau de scène, la musique, l'orchestre et le parterre, l'entracte, les rencontres, les trois coups, le trac, l'élégance, les parures. Le cinéma laisse dans l'ombre, garde anonyme, ne réclame pas la grande élégance, respecte les états d'âme et offre en retour des bouleversements, des chocs et des émotions fugaces.

Ni le théâtre, ni les concerts ne tolèrent les jeans troués, les casquettes à visière sur la nuque, les chaussures de tennis, le pop-corn, les canettes de soda, les bonbons enveloppés. Dans ces hauts lieux de culture, le profane ne peut advenir que sur la scène.

Ces établissements disposent presque toujours d'un vestiaire et, au Canada, on a la chance de se faire offrir un sac de plastique pour y déposer ses bottes d'hiver. Avis aux personnes qui préfèrent garder leur manteau en salle: celui-ci ne devra pas encombrer les voisins et sera posé sur les genoux.

Par égard pour la dramaturgie, le ballet et la musique, on sera respectueux des horaires. Si la soirée est prévue pour 20 h, on y sera un peu avant, afin de situer sa place et de s'y trouver à l'heure. Les retardataires ne devront pas pénaliser ceux et celles qui se sont efforcés d'arriver à temps en dérangeant une demi-rangée qui se lèvera pour masquer ensuite la scène à ceux qui sont derrière. Ceux-là devront attendre l'entracte pour trouver leurs sièges. Nombreux sont les théâtres qui ont eu l'ingénieuse idée d'installer des écrans dans les foyers pour diffuser le spectacle qui se déroule en salle. Ceci, afin de ne pas faire manquer aux retardataires le développement de la pièce.

Lorsqu'on a repéré la rangée dans laquelle on a son siège, on se présente en bordure, on se fraye un chemin en évitant de piétiner les orteils des occupants, son visage faisant face aux personnes devant lesquelles on passe et non pas en leur offrant à contempler son dos et surtout la partie inférieure de son anatomie. On évoluera ainsi jusqu'à sa place en proposant au passage un sourire et un mot d'excuse.

Pour l'avoir vécu plusieurs fois avec des grincements de dents, j'aimerais dédier un paragraphe aux couples dont le «ministre de la Culture» déploie beaucoup d'efforts pour organiser une soirée à deux. Il est frustrant d'avoir tâché de coordonner, des mois à l'avance, les activités professionnelles du conjoint avec une soirée à l'opéra ou autres divertissements culturels et de s'entendre dire, à la dernière minute, qu'un imprévu au bureau empêche de tenir sa promesse. Parce que lorsqu'on a rendez-vous avec Wagner ou Molière depuis longtemps, on ne se décommande pas! Même pour un motif de bureau.

La toux n'est sûrement pas un atout en cours d'expression de l'art. Les victimes de cet inévitable fait d'hiver opteront pour le foyer du théâtre afin d'y suivre la pièce et respecteront ceux qui, comme eux, vouent un culte à la beauté. Dégainer une pastille emprisonnée dans sa cellophane grinçante et sucer des bonbons tout un concert durant pour essayer de contrer une quinte entêtée a de quoi horripiler un large auditoire.

Quel que soit le spectacle, on vous saura gré de ne pas étaler votre culture en fredonnant ou en battant la mesure des grands airs, qui ne sont pas joués à votre unique intention, ou en chuchotant des répliques célèbres d'une longue tirade en même temps que l'artiste, qui a peut-être plus de talent que vous pour ce faire. Il serait bon d'ajouter que les libres commentaires dirigés vers les personnes qui vous accompagnent ou les réflexions en l'air – le rire et les murmures de circonstance mis à part – ne sont pas indispensables au plaisir du public alentour.

Aux incultes: merci de ne pas applaudir entre les mouvements d'une symphonie, car tout le monde vous sera reconnaissant de donner libre cours à votre enthousiasme débordant à la fin de l'œuvre. Dans le doute, il est bon de s'abstenir, surtout dans une salle de concert.

En croisant ou en décroisant les jambes, il serait bon de veiller à ne pas assener le siège devant vous de coups de genoux ou de pieds qui pourraient donner à son occupant des chocs ou des vibrations dont il aimerait se passer.

Le seul moyen d'expression d'un auditoire conquis est d'applaudir. Les artistes ne se lassent pas de cette forme de reconnaissance. Pourquoi les en priver? Que ce soit pour montrer votre admiration ou votre enthousiasme, battez des mains à tout rompre, c'est la seule récompense qu'un public puisse offrir au talent des comédiens, des danseurs, des chanteurs et des musiciens. N'en soyez pas avare, mais pas avant

la fin de la représentation. Les artistes doivent faire passer le message, l'émotion, la dernière vibration d'une note jusqu'au bout. Les cris d'appréciation et les bravos sont en général lancés par les jeunes qui savent difficilement contenir leurs débordements.

Au sacro-saint nom de l'art, ne videz pas la salle avant la fin des ovations. Comme ce doit être choquant pour le chef d'orchestre et les concertistes de saluer une salle qui se vide de gens pressés et inquiets de rater le prochain métro! Ce comportement relève tout simplement de la goujaterie et a rarement été remarqué en Europe. Si les artistes ont la grâce de vous saluer pour vous remercier d'être là, soyez-y jusqu'au bout.

Quant au cinéma, pourquoi est-il obligatoire de s'y présenter avec l'inévitable et grinçant pop-corn et le glouglou- tant soda dont on retrouve les tristes et bruyants emballages sur un sol qu'on piétine à l'aveuglette, ce qui constitue un ris- que d'accidents fâcheux? Pourquoi s'avachir sur les sièges en empruntant ceux de devant pour y étaler ses pieds nickelés?

Pourquoi le jeune public impose-t-il aux plus âgés des remarques vulgaires ou obscènes et un spectacle débraillé à en pleurer? Pourquoi n'y aurait-il pas, dans les salles sombres propices aux épanchements intimes, des inspecteurs qui empêcheraient des gestes qu'on ne souhaite ni surprendre ni subir et qui portent souvent atteinte à une pudeur élémentaire n'ayant rien à voir avec le puritanisme? Il y a de moins en moins de plaisir et de plus en plus de danger à fréquenter les salles de cinéma, aujourd'hui. Qu'on nous délivre de ce mal!

Le comportement en public est toujours un lever de rideau sur l'éducation.

L'HUMOUR
ET LA POLITESSE

Rira bien…

♣

Un des amuseurs les plus fins de ce siècle, Raymond Devos, ce seigneur de l'humour, clame que le rire, surtout dans la période tragique dans laquelle nous vivons, est utile, voire indispensable. À la condition, toutefois, qu'il soit un bon rire.

Pour ce faire, il faut traiter de thèmes qui préoccupent les gens et les aborder de façon à les alléger. Toujours selon lui, la force du rire est de faire face et d'aider à dominer les drames. Il affirme aussi qu'on ne peut pas rire de tout. Dans une époque qui perd ses valeurs, il ne faut pas tirer sur les ambulances. À rire de tout, on atteint très vite la vulgarité. On a le droit d'attaquer les puissants, jamais les faibles… Le jour où l'on pourra faire rire du racisme, on aura désamorcé la bombe.

Dans cet ordre d'idées, il apparaît difficile de comprendre comment des personnes supposées drôles deviennent des étoiles montantes au firmament du spectacle tout simplement parce qu'elles se moquent bassement de personnes handicapées. Il est invraisemblable que ces humoristes de bas étage, totalement dépourvus de discernement et de bon goût, soient portés aux nues par un public gourmand d'autant d'aberrations.

Quand on demande à ces grossiers railleurs s'ils ne se sentent pas freinés par une élémentaire décence à manifester aux personnes handicapées la compassion qu'ils seraient en mesure d'apprécier, ils répondent que leurs propos les font rire. En sont-ils sûrs? Et l'handicapé mental est-il apte à savoir toujours de quoi il rit?

Le plus troublant, c'est que ces «personnes d'esprit» ne semblent pas comprendre qu'elles visent indirectement les parents de ces êtres défavorisés, qui ressentent immanquablement une cruelle douleur aux insinuations perfides dirigées vers eux. Et que penser de ces mêmes auteurs qui ont recours à la scatologie pour provoquer le rire? Comment une société peut-elle être friande de tels spectacles? Comment peut-on avoir le cran de consacrer au rang de star de si pervers individus? Il faudrait accueillir cet humour non pas par des rires mais par des huées. Avis à notre société qui va donc si mal pour ne pas dénoncer un tel manque de civilité!

«L'homme est le seul animal qui pleure et qui rit», a dit Voltaire. Comme les larmes, le rire a ses raisons et ses expressions et est riche en significations sociales. D'où son intérêt et parfois ses dangers. Il y a des rires sympathiques, charmants et contagieux. Jean Cocteau disait que la faculté de rire aux éclats est la preuve d'une âme excellente. Il y a aussi des rires hostiles, grinçants, gaulois, moqueurs, dédaigneux, arrogants ou ironiques. Le pouffement, le gloussement ou le ricanement ne devront éclater que dans la plus stricte intimité, car en public ils provoquent plus de gêne que de plaisir. Si le rire est railleur, il est accablant. S'il est tourné vers soi, il peut être apprécié mais à faibles doses.

Au spectacle, tous les rires sont permis, à la condition de savoir les réprimer pour lui permettre de suivre son déroulement. Molière stipulait que c'était une étrange entreprise que

celle de faire rire les honnêtes gens. Face à l'imagination, au talent et au travail des comédiens, montrez votre reconnaissance par le rire.

Au travail, le rire exagéré, gaillard, répétitif et utilisé à toutes les sauces peut devenir lassant. Il ne devrait être appliqué que pour parer à des situations ambiguës ou servir de mode de communication. On tentera de ne pas s'en servir pour masquer sa timidité ou sa nervosité, ce qui les rend immédiatement repérables.

Le rire extravagant, qui sonne faux, tombe vite dans la vulgarité et la grossièreté.

L'humour est indispensable, à condition d'être traité avec beaucoup de précautions. L'humour charmant est un cadeau pour celui qui le tient comme pour celui qui le reçoit. Il attire. Il est toujours un élément important à considérer pour réussir une réception ou un dîner. L'important est d'éviter de vexer ou de faire de la peine. En humour, il faut mesurer les risques. Ils peuvent être considérables. Dans le rire, il faut laisser entrer la politesse du cœur.

Déclencher le rire est un acte d'une importance considérable, une question de survie, une soupape fabuleuse. Il faut le protéger, car la force du rire, c'est de faire face, d'aider à dominer les situations douloureuses. Il soulage de la douleur, ajoute du tonus à l'organisme, diminue le stress et donne le courage de faire face au tragique de la vie. Nous parlons ici de rire sain, de l'humour vrai dont Freud disait qu'il a non seulement quelque chose de libérateur, mais encore quelque chose de sublime et d'élevé. Quoi de meilleur, par journée morne, que d'aller se requinquer en voyant un film désopilant, une pièce amusante ou un spectacle comique? Oui, riez! Saisissez toutes occasions qui vous feront rire, car vous vous en porterez mieux. Si votre rire est contagieux, faites-en profiter votre entourage et, si vous êtes doué pour faire rire par des grimaces, des mimiques ou des imitations hilarantes, offrez-lui ce somptueux cadeau.

Ne sous-estimez pas l'importance de l'humour. En affaires comme ailleurs, il peut être d'un recours essentiel dans des situations épineuses et gênantes. Si vous pouvez rire de vous après avoir commis une erreur, votre entourage rira avec vous, pas de vous. Le rire, c'est le bouton déclencheur de la relaxation, de la communication. Le rire encourage l'intimité dans l'amour. C'est un formidable élément de rapprochement entre deux personnes et un indéniable facteur de séduction. Le sourire est un atout maître dans le jeu de l'attirance. L'amour et l'humour font une riche paire. Un ciment idéal pour faire durer le bonheur.

Devant la catastrophe, accrochez-vous à l'humour. Si les blinis au caviar raffiné que vous vouliez servir à vos invités sont ratés et impossibles à rattraper, une gentille blague vous aidera à les présenter et à sauver, sinon votre réputation de cuisinier chevronné, du moins la face. Surtout, n'essayez pas de cacher la vérité devant un rôti carbonisé ou en découvrant que vos portions manquent de générosité. Faites une sortie éclatante en déclarant que votre intention était de garder à zéro le cholestérol de vos invités.

Attention! Si le sexe est souvent un sujet qui peut générer le rire, la mesure en est capitale. Il doit être utilisé seulement avec un entourage intime. On l'évitera toujours en affaires, à un dîner officiel, et évidemment au goûter qui suit les funérailles.

Le rire est le meilleur catalyseur d'énergie et d'optimisme. Des injections d'humour au bon moment dans une conversation mourante peuvent vous apprendre à sortir de votre timidité, à gagner une soudaine popularité ou à faire preuve d'héroïsme. Ajustez-vous au climat ambiant avant de risquer un trait d'esprit. Plus vous vous plierez à cet entraînement, plus votre assurance se développera. Beaucoup de gens sont littéralement terrorisés en public. C'est en s'initiant à un goutte-à-goutte d'humour qu'ils finiront par se tailler une place de choix dans la société qui a besoin d'eux. Après un certain temps, l'esprit et le charme seront perçus par une plus large audience et il n'y a rien de tel que de savoir son style apprécié.

Le rire est l'antidépresseur le plus agréable du monde. Son effet est rapide et il ne cause pas d'effets secondaires négatifs. Les scientifiques s'accordent pour affirmer qu'il peut débarrasser d'un mal de tête ou de dos. À une réception, si vous sentez que l'ambiance est au point mort ou que l'atmosphère est devenue hostile après que quelqu'un s'est permis une remarque d'un goût douteux, faites un mot d'esprit pour revigorer tout le salon. Aux yeux de vos hôtes tendus, vous ferez figure de héros et aurez gagné la faveur de tous. C'est garanti! On vous recherchera, car vous avez agi en guérisseur.

Comme tout dans la vie, plus souvent vous raconterez une bonne blague et plus elle sera à point. Un bon humoriste raconte une bonne histoire souvent, mais jamais devant les mêmes personnes.

Il y a plusieurs formes d'humour, certaines plus gracieuses que d'autres. Elles vont du trait d'esprit subtil à l'ironie, du cynisme à la taquinerie, du sarcasme à la plaisanterie, en passant par la blague, l'espièglerie, la repartie et les histoires drôles. L'humour est la clé d'un bon discours, d'une présentation réussie ou d'une lettre savoureuse. Il est tout aussi important dans la conversation, qu'elle soit professionnelle, mondaine ou familiale.

La taquinerie doit toujours être dirigée vers une personne manifestement confiante en elle et que vous connaissez bien. Ne vous attaquez jamais, entendez-vous, jamais à ceux dont les imperfections sont visibles (bègues, strabiques, sourds, obèses, etc.). Ils sont des victimes fragiles.

Vous marchez sur un champ de mines si vous taquinez en public votre conjoint(e), vos enfants ou vos amis. Soyez doublement vigilant si la taquinerie vous chatouille le bout de la langue. Vous ne pouvez jamais savoir s'ils sont d'humeur à accepter vos remarques, même plaisantes. N'inspirez pas à votre famille un amusement indulgent.

On se souvient que le président Kennedy était maître en matière de taquinerie. Il avait le talent de savoir d'instinct qui pouvait en être la cible et qui était incapable de la subir. Il était virtuose dans l'art de désarmer ses correspondants ou les médias irascibles, grâce à son humour. Ses conférences de presse sont devenues célèbres par ses reparties spirituelles aux questions pointues de journalistes féroces. À la fin des entretiens, il n'hésitait pas à rire de lui-même. La plupart du temps, le correspondant dépité ne le mitraillait plus.

Lorsque quelqu'un se moque de lui-même, n'en profitez pas pour abonder dans ce sens. Soyez son public. «On rit mal des autres, quand on ne sait pas d'abord rire de soi-même», a dit Léautaud.

Si vous désirez tenir votre public en haleine, en racontant des histoires, apprenez ces sept commandements:

1. Assurez-vous que votre matériel ne date pas. On vous reprochera de raconter des blagues usées.
2. Avant de raconter, mémorisez les traits chronologiques de l'histoire afin d'éviter, à mi-chemin, de recommencer. Vous obtiendriez l'effet du pétard mouillé.
3. Soyez certain que votre histoire n'offensera personne. Évitez les farces d'ordre ethnique ou religieux.
4. Les histoires généreuses ou salées seront réservées exclusivement à des amis intimes.
5. Le moment propice est tout simplement capital. Prenez le pouls de votre entourage avant de vous lancer. Si quelqu'un est en conversation sérieuse, n'interrompez pas pour demander tout de go: «Quelle est la différence entre un poulet…?» En revanche, si l'ambiance s'épaissit ou s'évanouit, allez-y et n'hésitez pas à mettre tout le monde en état de lévitation.
6. Si vous appartenez à cette catégorie de gens qui sont incapables du moindre mot d'esprit, ne paniquez pas. Il n'y a rien de tel qu'un bon public comme vous qui savez écouter et applaudir l'humour. Vous êtes essentiel pour la société et le succès des autres. Choisissez de rire comme une baleine, dans votre barbe, sous cape ou aux anges. Jamais jaune.
7. Enfin, il y a aussi l'humour courageux comme le démontre cette phrase du président Reagan au personnel hospitalier chargé de le sauver après qu'on a attenté à sa vie: «J'espère que vous êtes tous des Républicains!» Cet humour-là appartient au glorieux.

Au cas où vous n'arrivez pas à faire rire, il y a mieux: faites sourire ou souriez vous-même. C'est une proposition de paix. En outre, cette expression de joie subtile ne fait pas de bruit, ne choque pas les oreilles sensibles, rassure la personne qui la reçoit et enveloppe parfois votre personne de mystère (Mona Lisa, salut!). Veillez à ce que ce sourire ne soit pas crispé, ni arrogant, ni trop pieux. Souriez et la vie, semble-t-il, vous sourira.

À l'invité d'honneur, qui a la responsabilité à table de remercier les hôtes par le biais d'un toast, je propose ce petit laïus, à l'approche du dessert: «Madame, au nom de tous les invités réunis autour de vous ce soir, je viens vous dire la reconnaissance qui m'anime d'avoir eu le privilège de partager l'élégance, l'amitié, la beauté et la finesse de cette soirée. Un mot tout simple me vient à l'esprit: c'était formidable!»

En prononçant ce mot, je ne résiste pas à l'appel de l'histoire de ce Français dont le nom était Pierre Formidable. Il était très gêné par l'inconfort que lui procurait son nom, surtout au moment des présentations, et souffrait à l'idée de traverser toute une vie ainsi nommé. Un jour, il s'est épanché de ce problème à sa femme et lui a dit: «Chérie, promets-moi que lorsque je mourrai tu n'inscriras pas mon nom sur ma pierre tombale.» Elle a juré. Quelques années plus tard, il a trépassé et on peut lire sur l'inscription de sa tombe: «Ci-gît un homme qui n'a jamais été infidèle à sa femme.» Tous les passants ont le même commentaire sur les lèvres: «C'est formidable!»

Ouais! C'est OK!

Côté vocabulaire, ça va?

❧

Il faut se rendre à la triste évidence que le mot le plus répandu sur notre planète est une aberration due à un manque de culture élémentaire: *OK*. Même les Chinois, qui tentent de résister à l'impérialisme américain, le prononcent avec le nez.

Durant la Première Guerre mondiale, un général américain communiquait par la voie du morse, le fax de l'époque, avec un colonel de l'armée de terre sur la situation du territoire qu'il commandait. À une question posée par le général, le colonel a répondu: OK. Le général n'ayant pas la moindre idée de l'essence du message en a demandé l'explication, qui a suivi ainsi: *Oll Korrect*. S'amusant de cette nouvelle épellation, le sigle OK est devenu un code secret pour les deux correspondants et, comme on le sait, l'expression la plus usée et abusée dans le monde entier.

Lorsque le public apprend l'existence de mes services, on appelle pour me demander de l'information. Plusieurs fois, hélas, il m'est arrivé d'entendre chacune de mes phrases ponctuée d'un *OK* en bout de fil et en épilogue, en guise de merci, on termine d'un *Ouais, OK là!* et de l'affectueux *be-bye*. Je reste toujours interdite, téléphone en main, à me demander quelle langue parlait mon correspondant puisque sa conversation se limitait à des codes qui n'étaient pas des mots.

Quelle paresse, quelle tristesse, quel manque de noblesse de langage! N'est-il pas plus représentatif pour une entreprise qui tient à offrir un profil de prestige d'exiger que son personnel parle une langue simple mais fluide et agréable? Cessons de massacrer la plus belle langue du monde dans la belle province!

Il y a quelques années, la visite du président Bush (père) en Australie a atteint le point culminant de son succès lorsqu'il a franchi la passerelle de son avion pour rentrer chez lui. Au moment où il allait embarquer, il s'est retourné vers la foule et, en balayant l'air avec le bras, il a donné aux Australiens de quoi discourir longtemps: dans un geste triomphal, il a levé le pouce en l'air, ce qui signifie aux États-Unis que tout est OK. Les Nord-Américains font comprendre, par ce geste, que tout s'est bien déroulé: Mission accomplie! Extra! Mais en Australie, il est interprété comme un geste obscène et de fort mauvais goût.

On connaît le banal et inoffensif signe *OK* qui est formé du pouce et l'index en un cercle pour donner tout feu vert. Si l'idée vous prend de faire ce geste dans un endroit public en Grèce, au Brésil ou dans l'ex-URSS, vous risquez de vous faire lyncher.

N'est-ce pas plus OK de dire *oui, bien sûr, naturellement, certainement, entendu, volontiers*? Et, s'il vous plaît, ne substituez pas à OK le mot *d'accord*, qui n'a pas sa raison d'être dans la plupart des cas. OK?

De quoi rendre K.-O.!

SAVOIR VIVRE
À L'ÉTRANGER

Et Dieu créa le monde. Parlez-vous swahili?

❖

Lorsqu'on quitte son pays, il faut s'y préparer, non seulement en réservant sa place sur un train ou un avion, ou en ayant pris soin de valider son passeport ou ses visas, mais en sachant vraiment où l'on va. S'aventurer vers l'inconnu, c'est apprendre à voyager. Pour réussir ses voyages, ses croisières, ses vacances à l'étranger, il est primordial de s'enquérir de la culture du peuple qu'on va rencontrer et des règles du pays qu'on veut découvrir.

Un condensé d'histoire et de géographie est tout à fait indiqué pour entamer ce processus. Soyez curieux de savoir ce qui fait plaisir et aussi ce qui cause du déplaisir aux personnes nouvelles chez qui vous vous rendez. Il est indispensable de savoir ce qu'il est convenu de faire et de dire à ceux qui vous offrent l'hospitalité.

À un Arménien, évitez d'aborder le thème de la Turquie. En Grèce, où l'on est fier de vous offrir le café local, ne le comparez pas à celui des Turcs; leur relation n'est pas tendre.

Comme le disait le fils d'un dirigeant soviétique, ne parlez pas de communisme en Espagne, car c'est le seul pays (selon lui) où les communistes ont été malheureux.

En Chine, il ne faudra jamais laisser de pourboire (au moins jusqu'à ce jour) et, à Taiwan, on remerciera pour un bon repas en tapotant des doigts sur la table.

Au Mexique, si vous offrez des fleurs, veillez à les choisir de couleur blanche, symbole international de la pureté et de la paix.

Aux Pays-Bas, ne refusez jamais un verre, classique préambule à toute négociation.

Au Japon, lorsque vous réglez l'addition au restaurant, assurez-vous d'enfermer votre pourboire en monnaie locale dans une enveloppe décorative que vous tendrez au maître d'hôtel, qui le distribuera au personnel qui vous aura servi.

En Inde, au moment de rencontrer votre hôte, prenez soin de joindre les paumes de vos mains devant votre poitrine et d'incliner la tête.

Dans les pays du Maghreb et dans les Émirats, évitez à tout prix de vous servir de votre main gauche, que ce soit pour accepter ce qu'on vous offre ou pour porter à votre bouche de la nourriture. Si vous êtes un invité d'honneur, il se peut que l'hôte vous offre l'œil de l'agneau cuit en méchoui. Ne devenez pas spastique et ne roulez pas de l'œil (le vôtre!). Ce geste est un signe de générosité et de grande considération. Portez-le à la bouche et suçotez-le avant de le retourner dans votre assiette. Montrer la semelle de ses chaussures est considéré comme un acte avilissant. Au Koweït, au moment du café, il faudra boire deux tasses de la main droite et refuser la troisième en la secouant légèrement avant de la rendre au serveur.

En Scandinavie, l'invité d'honneur s'assoit à la gauche de l'hôtesse, et il est mal vu de boire avant d'y avoir été invité par l'hôte par un *skål* qui entraîne tous les convives dans une joyeuse ambiance. Grâce à ce toast, la communication s'établit très rapidement, efficacement et avec bonheur. Au moment où le maître de céans propose un *skål*, chaque convive lève son verre, regarde droit dans les yeux les maîtres de maison, leur sourit en inclinant légèrement la tête, et tout le monde lance un *skål* à la volée et boit.

En Grande-Bretagne, on prend le *breakfast* dans la salle à manger de l'hôtel, coiffé et habillé, jamais en robe de chambre. Le porto est servi avec le délicieux fromage stilton. Contrairement aux habitudes continentales, les britanniques gardent leurs mains sous la table plutôt que dessus. Ne quittez jamais trop tard vos hôtes. Vingt-trois heures est le moment opportun de dire au revoir.

En France, les hôtes président au centre de la table et non pas aux deux bouts, comme dans le reste de l'Occident. Les couverts sont retournés, à l'inverse de chez nous, car c'est sur ce côté que sont gravés monogrammes, logos ou armoiries.

En Italie, où les coutumes sont semblables à celles des Français, on trouve un amour confirmé pour les titres. Vous ne serez pas en reste si vous donnez du *Professore Dottore* ou du *Maestro*. Dans les bonnes maisons italiennes, les pâtes ne se coupent pas et on les mange en les enroulant autour de la fourchette – sans l'aide de la cuiller – qu'on tient près de l'assiette et pas comme une foreuse dans un puits de pétrole.

Au Québec, on soupe vers 19 h et très souvent, les époux ne se séparent pas à table. On s'interpelle fréquemment par son prénom et on se tutoie rapidement. Les joyeuses parties de sucre d'érable au printemps et les dégustations de maïs (épluchettes de blé d'Inde) sont très pittoresques et appréciées des visiteurs. Si on vous propose «de la fesse en can», n'hésitez pas à dire oui, car il s'agit de délicieux jambon, tout simplement. Jean Seisser note, dans son *Petit manuel à l'usage des Français qui ne comprennent vraiment rien aux étrangers*, que le Québécois se retrouve avec amis et voisins après le souper pour passer «la veillée» tout en buvant bière et alcool blanc, en regardant la télé et en rigolant, en jouant de la cuiller ou de la musique à bouche. Il ajoute que les fins de soirées ont tendance à devenir vulgaires.

Il importe de souligner que le relâchement dans les bonnes manières constitue non pas un phénomène nord-américain mais bien mondial. La Grande-Bretagne, la France, l'Italie et l'Allemagne ne détiennent plus le trophée du savoir-vivre; peut-être revient-il aux Japonais, aujourd'hui. On aura remarqué qu'avec le je-m'en-foutisme actuel, on réclame à cor et à cri plus de civisme dans nos villes, nos bureaux et nos maisons. Sur le marché du travail, il est certain qu'on privilégiera, en plus des compétences professionnelles, une connaissance de la politesse allant au-delà de l'élémentaire.

Les immigrants, les réfugiés politiques et toute personne mandatée à l'étranger devraient se souvenir qu'ils sont dans un pays hospitalier, et qu'il est fort inconvenant de le critiquer ouvertement et violemment, tout comme de parler avec mépris de ses habitants. Même par temps de canicule, habillez-vous avec décence. Le port de la camisole pour l'homme et du maillot de bain pour la femme en ville est fort mal considéré dans tous les pays du monde. Au restaurant, adaptez-vous aux habitudes locales: ne réclamez pas de dîner à 19 h en Espagne, ni à 22 h en Suède. En voyage, la montre biologique doit s'adapter. Est-il absolument nécessaire de mentionner que dans les églises, surtout dans les pays méditerranéens et sud-américains, il faut se couvrir la poitrine, les bras et les cuisses? En visitant des sites historiques, modérez le ton de votre voix, ne laissez pas courir les enfants et ne touchez à strictement rien. Si vous avez recours à un guide, n'oubliez pas de le gratifier de quelques billets. Lorsque vous prenez des photos autorisées et souhaitez saisir le meilleur ensemble du sujet, avant de reculer, assurez-vous que vous n'écraserez pas les orteils de quelqu'un stationné derrière vous.

Un petit conseil pratique: appliquez la courtoisie linguistique en apprenant des phrases dans la langue du pays que vous visitez. Si vous êtes plus ambitieux, approfondissez en acquérant de vraies connaissances de cette langue. Soyez indulgent envers ceux qui ont fait l'effort d'apprendre votre langue, ne vous moquez pas de leur accent et ne commettez pas l'irréparable en corrigeant leurs fautes s'ils n'en ont pas exprimé le désir – surtout quand il s'agit du féminin et du masculin. Quant à vous, ne vous faites pas d'illusion sur vos capacités linguistiques et, en pays étranger, excusez-vous de la faiblesse de votre syntaxe et de la carence de votre vocabulaire. Plus votre renfort de modestie sera grand, plus on vous complimentera.

C'est un exercice téméraire que de tenter de comprendre et de vous faire comprendre dans une langue étrangère en faisant de l'humour. Attention aux jeux de mots qui sont difficilement traduisibles par les mots et par l'esprit. Il vaut mieux s'en abstenir que de risquer sinon votre tête, du moins votre réputation. Et puis, une blague qu'on doit expliquer n'est jamais drôle.

À retenir plus que tout: l'étiquette n'est pas un dogme, mais l'expression d'une longue culture qu'il faut respecter et ne jamais juger.

La politesse, c'est la tolérance universelle.

La méthode
du discours

Des mots pour le dire

❧

Il n'est pas primordial d'être harangueur comme Cicéron, ni grand orateur comme Démosthène afin de se sentir les cordes (vocales) en condition pour prononcer une allocution en public. La vie se charge de nous en donner l'occasion et il est essentiel d'y faire face. Ah! si on savait tout ce qu'elle nous réserve (la vie), combien de gens refuseraient moins les enseignements qui leur sont proposés en balayant l'air de la main d'un air blasé, disant: «Ce n'est pas pour moi.»

«Cueillez les roses de la vie» a le même sens que «Saisissez tout ce qui s'offre», à l'exception des bonbons que les enfants n'accepteront pas de mains inconnues.

Si l'on vous propose d'apprendre à poser votre voix, à connaître un peu l'ikebana, à tenir votre comptabilité, répondez: «Présent!» Et si l'occasion s'offrait à vous d'apprendre l'art d'adresser un discours, précipitez-vous. Devenez disciple de cet indispensable gourou.

Un discours est un agent fort utile dans les situations inopinées. Les occasions ne manquent pas et vous ne pourrez pas y échapper. Le jour où le patron vous offrira une promotion *(Inch Allah)*, les collègues vous feront la surprise de souligner l'événement en vous invitant à boire un verre et vous complimenteront. Il vous faudra remercier par une petite adresse. Votre entourage apprend que c'est votre 15ᵉ anniversaire de mariage; on se réunit pour vous féliciter. Quoi de plus normal que de répondre par quelques phrases bien tournées?

Les occasions de prononcer une allocution ne manquent pas: à un mariage, un anniversaire, un gala, une réunion à l'étranger, en représentation, à table comme invité d'honneur, même chez vous pour souhaiter la bienvenue à vos hôtes.

Le discours est révélateur de votre personnalité, de votre culture, de votre savoir-faire, de votre humour et de votre charme. N'en soyez pas trop ladre. Évitez la fâcheuse habitude de perdre contenance et d'hésiter dès que vous devez faire face à un public.

Pour réussir un discours déjà annoncé, il faut s'y préparer. Le but d'un tel projet est d'atteindre son public et d'emporter l'adhésion de son auditoire.

L'orateur veillera à se présenter dans des vêtements adéquats à la situation et à paraître impeccable. La coiffure sera soignée, le maquillage (s'il y a lieu) sera discret, les chaussures seront propres et bien cirées. Les mains seront posées sur le pupitre ou la table devant soi si l'on est assis, le long du corps ou à la taille si l'on est debout. Les messieurs auront leur veste boutonnée et auront soin de ne pas garder les mains dans leurs poches; elles peuvent être jointes derrière le dos. Les dames ne croiseront pas leurs bras sur ou sous la poitrine, surtout si celle-ci peut être comparée à une mappemonde. Le maintien est très éloquent dans le discours, façon de parler. Le corps ne devra pas être abandonné sur la chaise, ni être étiré au-delà d'un territoire acceptable. La gestuelle sera parcimonieuse et les phrases ne seront pas toutes ponctuées de mouvements répétés des mains. Les tics seront, dans la mesure du possible, contrôlés, même si ceci paraît paradoxal. Se gratter le bas du dos ou suçoter ses ongles incessamment peut rompre la concentration souhaitée des auditeurs.

Le plus important attribut d'un orateur est sa voix; elle doit être claire et limpide. La parole sera articulée. Ceux qui ont des problèmes d'élocution ou de prononciation auraient intérêt à avoir recours à un spécialiste. Le volume de la voix ne sera pas trop élevé. Les techniciens du son en font des essais avant le début de la conférence ou du séminaire. Le timbre ne sera ni trop aigu, ni trop bas. Le conférencier adoptera un ton agréable qui découragera l'ennui; bien au contraire, il veillera à moduler les inflexions de sa voix pour rendre le discours vivant et attrayant. Le débit sera tempéré; on ne parlera ni trop lentement ni trop vite. La diction sera irréprochable. Le style du discours sera pur et pas pompeux. Il ne sera jamais vulgaire, mais toujours original, précis et transparent. Le beau naturel est une valeur sûre et le charisme est un atout considérable dans l'art du discours. La grande rhétorique est de plus en plus désuète dans la parole contemporaine et relève d'un don et d'un savoir qui n'appartiennent pas à tout le monde. Citer le moins possible les grands auteurs et encore moins farcir la conférence de phrases latines. Bossuet est mort! Vive Bossuet! En fait, il faudrait tâcher de s'adresser à l'auditoire comme si l'on s'adressait à quelques amis réunis devant soi. Le discours contemporain doit donner l'impression d'être improvisé, ce qui exige une très bonne préparation. Le secret pour réussir ce tour de force avec maestria, c'est de dominer son sujet.

Pour réussir un discours, il est conseillé d'en établir un plan méticuleux et rationnel afin d'éviter de dire des propos décousus et dépourvus de sens. Le sujet est évidemment ce qu'il faut déterminer tout d'abord. La connaissance du thème choisi vient ensuite en effectuant une recherche approfondie.

Après avoir rédigé le texte, lire à haute voix avec un chronomètre. Cet exercice ingrat permettra de passer à son épuration. En général, on retire un tiers des notes superflues et on s'en tient au temps alloué. L'idée de souligner les mots-clés ou les idées importantes au fluo est d'un secours considérable.

L'ordre chronologique doit être entièrement respecté. Tout préambule sera stimulant, attirant comme un hors-d'œuvre ou une entrée qui doivent mettre l'eau à la bouche. Il met l'auditoire en haleine. Son but est d'énoncer ce qui suivra, c'est-à-dire le développement de l'exposé. S'assurer qu'il est fidèle au plan et que les objectifs en sont bien définis. Dans le corps du discours, on étalera ses idées, on fournira des solutions aux problèmes et on fera part de propositions. En guise d'épilogue, faire un résumé de ce qui a été dit, enchaîner avec la conclusion et remercier les personnes qui ont lancé l'invitation en prononçant leur nom et leur titre sans les écorcher. En terminant, ne pas oublier l'humour, la pirouette qui a toute sa raison d'être à ce point ou une charmante plaisanterie dont tous les auditoires sont friands. C'est la cerise sur le gâteau.

Pour ceux dont la voix est étranglée par l'émotion et qui sont victimes du phénomène de la voix blanche, faire quelques exercices de respiration avant de parler ou tout simplement s'offrir un petit verre de vin rouge qui rallume le courage en veilleuse. Moi qui suis myope, je retire mes lunettes pour m'offrir un spectacle impressionniste. L'assemblée devant moi devenant floue, je ne risque pas de rencontrer des moues incrédules ou mécontentes, et les bâillements répétés m'apparaissent comme des oh! d'admiration et d'approbation. C'est un peu l'effet du tigre dans le moteur. Pour les personnes qui doivent avoir recours aux lunettes pour lire, il faut les porter pour éviter, en cas de trou de mémoire, de plonger l'assistance dans la gêne d'une coupure de débit oratoire qui force l'orateur à la recherche d'une portion de texte.

Dans le cas où plusieurs personnes prennent la parole lors d'un débat, par exemple, tous les membre du panel doivent écouter attentivement celui qui précède afin de rebondir facilement sur le thème en cours sans reprendre textuellement ce qu'il vient de dire. Cependant, rien n'est plus flatteur pour un orateur que de se faire citer par un autre pour appuyer les propos qu'il s'engage à développer.

Pour se débarrasser du stress ravageur, il est recommandé de répéter quelques jours avant le jour J, devant la glace, en surveillant ses intonations. Certains s'enregistrent sur un magnétophone et apportent les corrections voulues après cet exercice assez exigeant. Avant d'entrer en scène, entretenez-vous avec quelqu'un qui sache vous détendre.

Une période de questions est à prévoir en fin d'assemblée. Comme les scouts, soyez prêt!

Maintenant, assez de discours. Des faits!

LA POLITESSE
ET LA PRESSE

Autant en emporte le scoop

♣

L e but unique de la presse est d'informer. Que ce soit sur l'actualité nationale et internationale de la politique, de l'économie, de la science ou de la culture, les médias ont le devoir de tenir leurs usagers au courant, en restant le plus objectifs possible.

Or, qu'est-ce que l'objectivité? C'est tout simplement la nudité des faits. Ce qui ne veut pas dire que les assoiffés de l'information la veulent passée au scanner. Ceux qu'on appelle populairement les paparazzis sont abusivement colporteurs, inconvenants, inquisiteurs, indiscrets et même indécents. La population est-elle à ce point affamée de photos ravageuses, voire scandaleuses des célébrités? Être traquées comme la princesse Diana et en son temps Brigitte Bardot relève de la pathologie de la part d'un public qui n'en a jamais assez et de photographes jamais assouvis. C'est indigne.

Les mots *privacy* et *fair-play*, bien qu'étant des inventions et une façon de penser tout à fait britanniques, sont paradoxalement de plus en plus démentis par leurs propres inventeurs et leur presse de caniveau. Chacun est libre de penser ce qu'il veut. Moi aussi.

Entrer dans l'intimité des gens sans y être invité est une atteinte aux droits de la personne. Les forcenés de la pellicule, qui reçoivent des sommes mirobolantes pour leurs clichés rendus possibles grâce à des acrobaties à défier des cascadeurs de cinéma, ne devraient pas être à ce point encouragés dans leur mission. Si l'on choisit de comprendre un public rarement rassasié qui se laisse avoir par l'appât d'une photo de vedette, ne pourrait-on épargner un autre public qui est saturé jusqu'à la nausée de retrouver toujours les mêmes sujets mitraillés sous tous les angles?

Le pouvoir de la presse devrait avoir des freins et les appliquer dès que le besoin s'impose. Que penser de cette vaste opération marketing qu'était devenu le procès de O. J. Simpson qui a pris des proportions plus vastes que le génocide au Rwanda? Le public salive à la simple évocation du joueur de baseball inculpé d'un double crime. On en parlait tant que des *box-offices* ont été ouverts pour les parieurs invétérés! Triste usage de l'image. Cet entêtement à nous nourrir de ce vedettariat relève du harcèlement qui n'est pas nécessairement sexuel et qui rend notre admiration fatiguée et notre respect contrit.

Quant au médium de presse à l'impact fugace mais puissant, la télévision, il serait temps qu'elle se reconnaisse des limites et qu'elle joue son rôle informatif, éducatif et divertissant qui est sa raison d'être. C'est une insulte à l'intelligence que des émissions de haute qualité à caractère culturel nous soient présentées à 23 h alors qu'aux heures de grande écoute, notamment à celle du repas du soir, on nous assène de publicité qui ne constitue pas toujours des morceaux choisis. Il est vrai qu'elle est nécessaire à la vie économique des chaînes, soit. Mais aujourd'hui, on est sous l'impression tenace que la véritable mission de la télévision n'est pas de former des citoyens mais des acheteurs. Les couches de bébé, le papier

hygiénique, le déodorant pour contrer les odeurs de sueur et les détergents pour taches dégoûtantes ne sont pas là pour nous ouvrir l'appétit. Les émissions à l'humour salace et de bas niveau et aux propos destructeurs offertes à une heure appréciée devraient inquiéter une population qui s'engouffre, sans le savoir, dans une débilité suffocante. Et si on persistait à nous alimenter de reportages sur le sexe, par pitié, qu'ils ne soient pas absolument obscènes, mais qu'ils nous apparaissent comme d'aimables distractions. Même si la clientèle gourmande de ce genre d'images est de plus en plus grandissante, que ce divertissement soit offert à l'heure où les enfants sont couchés. Tout de même, quand on tombe dessus, on est surpris.

En somme, les organisateurs d'émissions se sont trompés; à part les nouvelles, leur programmation est bâtie sur des horaires totalement inadéquats et détraqués. On a envie

de crier: «Non! tout de même! la télévision ce n'est pas ça!»
Eh bien, hélas! oui. Ça aussi.

Un ange gardien vient de laisser sur mon bureau un feuillet sur la politesse publié par la Banque Royale du Canada, intitulé *Un devoir civil*. Voici ce qu'on dit au sujet du petit et du grand écran:

«Les réalisateurs n'hésitent plus à truffer leurs films de spectaculaires explosions de rage, histoire d'en maximiser l'impact émotif. Pire, le héros qui renverse une table chargée de vaisselle pour se venger d'un service pourri ne suscite chez les spectateurs que des rires indulgents, comme s'il était admissible, voire bien vu, de se défouler en cassant tout et en semant la pagaille.

«La grossièreté est également en hausse à la bourse des valeurs sociales. Dans les médias, la goujaterie est même devenue un art à part entière. Sarcasmes et insultes gratuits sont les deux armes favorites des héros de cinéma postmodernes pour abattre ceux qui se mettent en travers de leur chemin. Les mauvaises manières font recette. Sinon, comment expliquer la vulgarité ahurissante des comédies télévisées, la popularité des humoristes qui insultent leur public, les fortunes qu'on paie à ces animateurs de radio et de télévision qui engueulent leurs auditeurs et menacent leurs invités?»

Quels sont les taux d'intérêt à la Banque Royale? Peu importe! Une banque qui parle mon langage doit être la mienne.

La publicité est de moins en moins pudique. L'imaginé émeut plus que le vrai, et l'on attribue à la rêverie des qualités que le réel n'a pas. Nos grands-pères se congestionnaient à la vue du mollet d'une dame qui montait l'escalier. Aujourd'hui, les hommes sont moins émotifs, et il leur en faut bien davantage pour les faire tourner au violet. Encore faut-il que ce qu'on leur expose ne le soit pas au milieu de cent spectacles du même genre, puisque c'est leur rareté qui donne leur prix aux choses. Une enquête américaine prouve que les filles très déshabillées qui présentent les produits annoncés attirent parfaitement le regard des lecteurs. Oui, mais elles l'attirent tellement qu'ils en oublient complètement le produit offert.

Il semble que l'utilisation de la sexualité dans la publicité est le meilleur moyen connu pour bloquer la pensée. À la vue des rondeurs exposées, la distraction du sujet est telle qu'il devient impossible de lire le message que le vendeur veut lui faire avaler. Si 46 % des hommes et 33 % des femmes sont attirés par la nudité en images, 66 % de chacun des deux sexes oublient totalement ce qui est écrit à côté du sujet déshabillé, même en grosses lettres, et 30 % ne se souviennent même pas si quelque chose était écrit ou non.

En somme, quand les yeux vous sortent de la tête, vous ne voyez plus ce qu'on vous montre. Et quand on vous en montre trop, vous ne regardez plus. C'est toujours la même chose: le juste milieu, là est le difficile.

Il m'est impossible de passer sous silence l'intervieweur qui veut extirper le jus du fruit jusqu'à plus soif. Pour le néophyte, cet exercice est à haut risque, car s'il décide d'enrayer la machine à extraire le jus, il faut qu'il soit vraiment fort et savamment entraîné pour éviter les pièges qu'on lui tend.

Peut-on vraiment admirer une vedette américaine de la télévision qui n'est satisfaite de ses entrevues que si elle réussit à faire verser des larmes à ses interlocuteurs? Je trouve plutôt navrant de voir, à cause d'elle, la lippe tremblante d'un général de l'armée américaine qui a gagné des galons à la guerre du Golfe, au vu et au su du monde entier.

De plus en plus, des milliers de personnes suivent un entraînement en communications pour se préparer à être la proie de millions de téléspectateurs ou d'auditeurs radiophoniques à qui ils vont se livrer pendant une interview. Car il vous faudra savoir:

- maîtriser votre trac et vous montrer naturel;
- être décontracté en étant concentré sur le thème proposé;
- apparaître léger tout en prononçant des paroles sensées;
- avoir l'air rassuré alors que vous vous méfiez des questions à venir;
- afficher une attitude fière et calme en disposant de deux minutes;
- sourire de toutes vos dents alors que l'anxiété vous tord le plexus;
- prendre un air désinvolte quand vous savez que vos parents, votre mari, vos amis, votre banquier, votre éditeur, vos voisins, vos créanciers, vos avocats, votre superintendant, tous les critiques ne manqueront pas l'occasion qui leur sera offerte de vous signaler l'accent, la mimique, la toux, le mouvement de la main dans les cheveux, la couleur du chemisier qui n'allait pas; on ne vous fera grâce de rien tout en étant incapable de vous dire de quoi vous avez parlé.

Autre harcèlement qui touche à la presse, c'est celui tellement persistant des préposés du téléphone qui vous appellent généralement aux pires heures de la journée (entre 18 h et 20 h) pour vous dire tout l'intérêt que vous aurez à vous abonner à leur journal. Si une telle sollicitation doit être faite, que ce soit après le repas du soir et que ce soit bref.

Une impolitesse qui prend de plus en plus d'ampleur concernant la presse, une banalité devenue quotidienne, consiste à prendre le lecteur pour un client peu exigeant et à truffer les textes de fautes de syntaxe, de grammaire, d'orthographe et de coquilles si grosses qu'elles ont plus l'allure de cèpes que de truffes.

À défaut de cerise sur le gâteau, ne passons pas sous silence la critique au vitriol qui démolit en un coup de plume carnassier la réputation de quelqu'un qui a investi tant d'efforts pour se frayer un chemin honorable dans la vie. Donner lieu à ses commentaires passe, faire des observations va encore, analyser un sujet convient toujours, mais s'acharner systématiquement à détruire l'œuvre ou le nom de quelqu'un est mesquin et condamnable.

Et puis, au kiosque, s'il vous plaît, ne poussez pas. Y a pas d'presse!

En milieu hospitalier

Sous le signe du diagnostic

❦

Devant la maladie, toute personne, quelle qu'elle soit, est en état d'humilité, voire d'infériorité. Le médecin, l'infirmière et le personnel auxiliaire médical sont tenus de comprendre cette réaction particulièrement humaine. De ce fait, la maladie doit inspirer le respect, l'abnégation, la patience, le tact, la compassion, le silence, la générosité, la propreté et l'ordre; en somme, toutes les vertus sont bienvenues en milieu hospitalier. Oui, toutes.

Il y a 30 ans, lorsqu'on entrait dans un hôpital, on était accueilli par une odeur caractéristique de désinfectant et d'éther. On était saisi par l'aspect solennel des lieux et, surtout, par le silence presque religieux de ce temple réservé aux malades et aux soins médicaux.

Aujourd'hui, pour des raisons souvent évoquées dans la presse, les hôpitaux existent mais pas en nombre suffisant (ô paradoxe! on parle aussi d'en fermer). Ils sont encombrés de lits jusque dans les couloirs, et la construction d'établissements semblables n'est pas à l'ordre du jour. L'État manque de moyens financiers et pourtant la santé est au second rang quant à son budget, après la défense nationale. Après s'être armé, prêt à partir au combat, on se prépare à tomber sous les balles puis à se faire soigner. Logique, non? Logique gouvernementale, en tout cas. Et bien que notre pays ait déjà, en des temps plus glorieux, donné l'exemple aux autres par son système de santé (vérifié auprès de l'Organisation mondiale de la Santé), nous ne sommes pas exempts de reproche. La maladie, c'est comme la faim, il faut l'apaiser.

Aux plaintes déjà exprimées, s'ajoutent celles concernant le comportement du personnel, l'étiquette en milieu hospitalier (synonyme du mot *accueillant*).

Que penser du port de chaussures de tennis quand on est médecin de garde, à l'hôpital? Peut-on s'adresser à son patient par son prénom? Si l'on est un homme médecin, quand doit-on ouvrir la porte à ses collègues féminines? Même si on croit ne pas avoir le temps de penser à cela, la courtoisie et les bonnes manières sont très importantes aux yeux des patients, des collègues et des supérieurs. L'interne avisé sait cela et prend soin de se vêtir et d'agir selon les règles.

La pire des erreurs commise par le médecin est celle d'appeler ses patients par leur prénom ou, par souci de gentillesse, de s'adresser à une dame âgée dans des termes chagrins, du genre: «Qu'est-ce qui va pas, ma p'tite dame?» Un médecin devrait s'adresser à une dame en l'appelant Madame, à moins qu'elle ne l'invite à faire autrement.

En outre, les médecins devant leurs patients devraient s'appeler entre confrères par leur titre et leur nom de famille, car ils se trouvent en situation professionnelle. En dehors de leur environnement de travail, sur le terrain de golf par exemple, ils auront tout loisir de s'appeler par leurs prénoms.

Une autre erreur commise par les médecins est de négliger de citer le titre de courtoisie de leurs patients quand ils leur adressent du courrier. Il est de rigueur que tout ce qui est adressé en dehors des limites du bureau de consultation

ou de l'hôpital comporte le titre et le nom de famille dûment orthographiés. Il est essentiel de donner à chacun son dû. Pas tant parce que les médecins souhaitent établir une distance avec eux. Ils désirent que cette part de dignité leur soit conférée. Ils apprécient la chaleur et le contact humains dans un contexte professionnel.

Comment doit se vêtir le jeune médecin ou l'interne? Il est regrettable de dire que parfois le seul attribut reconnaissable à la panoplie du médecin est le stéthoscope enroulé autour du cou qui semble être là pour remplacer temporairement le baladeur. Confort et élégance peuvent aller de pair. Il faut éviter cependant le t-shirt et la casquette de baseball. La cravate, la chemise et la ceinture sont des accessoires vestimentaires toujours de mise. Les femmes médecins devraient porter la jupe. Néanmoins, il y a des circonstances où le port du pantalon est indispensable.

Les médecins ne devraient jamais porter d'espadrilles ou de *sneakers* au travail. Plusieurs manufacturiers de chaussures en produisent qui sont à la fois très confortables et élégantes. Elles seront bien cirées et entretenues. L'important est d'avoir l'air soigné: les cheveux seront régulièrement coupés et toujours propres, les ongles manucurés et les petites forêts dans les oreilles épilées. Les médecins doivent être une source d'inspiration, et l'image qu'ils offrent à leurs patients doit être rassurante à l'égard de la propreté et de l'hygiène. Merci à tout docteur de se séparer avant la consultation de sa chique de gomme à mâcher et à l'ophtalmologue pratiquant l'examen du fond d'œil de réduire sa consommation d'ail.

L'étude du *Journal of the American Medical Association* rapporte que 65 % des 200 patients ayant répondu à leur questionnaire préfèrent que le médecin se présente en blouse blanche; 52 % croient qu'il n'est pas convenable qu'un médecin porte un jeans en consultation; 37 % des patients interrogés sont en faveur du port de la cravate pour les hommes médecins; 34 % aimeraient que les femmes médecins portent la robe ou la jupe, surtout les patients plus âgés (55 ans et plus).

Quelles sont les bonnes manières élémentaires à observer au téléphone? À moins d'une urgence, le médecin ne devra jamais être interrompu lorsqu'il parle avec un patient. En l'occurrence, le médecin devra prier son patient de bien vouloir l'excuser, et il dira au correspondant du téléphone qu'il est en consultation et proposera de fixer une heure pour le rappeler. Si l'urgence est grave, il conseillera le nom d'un confrère.

Si le médecin fait un appel et se voit obligé de laisser un message, il s'assurera de donner toute l'information requise: nom, numéro de téléphone et heure de l'appel. Il est impératif pour tout le monde de répondre à tous ses messages avec promptitude.

Comment refuser poliment les sollicitations faites par des amis pour obtenir une consultation spontanée ou fortuite, pendant les heures de loisir? Un médecin peut et doit établir ses limites en disant: «J'ai vraiment besoin de mes jours de congé. Mon cerveau est en vacances dès que je sors de l'hôpital. Si vraiment vous avez besoin de soins, appelez votre médecin de famille.» Ceci étant dit sur un ton léger, mais néanmoins ferme.

Quelle est la manière idéale de neutraliser les élans d'un patient qui cherche à séduire son médecin? Il est primordial pour le médecin ou l'interne de ne pas se trouver dans une situation compromettante. Un médecin en consultation ne devrait jamais se trouver seul, sans l'infirmière de service, en présence de son patient ou de sa patiente. La situation peut être délicate à contourner. L'attitude à adopter est celle de celui qui ne comprend pas. Si cette stratégie ne réussit pas, il faudra prendre toutes les dispositions pour empêcher de tomber dans ce piège. Autrement, affirmer sans émotion apparente: «Ma fonction est de vous prescrire le traitement qui vous convient, et ma relation avec vous est uniquement et entièrement professionnelle.» Ceci dit sur le ton le plus neutre.

Les visiteurs aux malades doivent aussi se soumettre aux règles de la courtoisie, la première étant celle de respecter les heures de visite. Il est recommandé de s'enquérir de l'état du malade avant d'entrer dans sa chambre et de toujours savoir quand partir. Si on est soi-même grippé ou enrhumé, on s'abstiendra d'entrer dans la chambre du malade, qui est déjà suffisamment vulnérable. Souvent, les personnes hospitalisées ne souhaitent pas recevoir de visites et leur préfèrent des fruits ou des fleurs pas trop odorantes.

On se montrera discret et on n'osera pas poser de questions qui pourraient alarmer ou embarrasser le malade. On ne se présentera pas parfumé ni imprégné d'odeur de tabac et on ne critiquera pas les soins et le personnel de l'hôpital.

Les visiteurs déjà au chevet du malade depuis quelque temps devront s'éclipser à l'arrivée d'un nouvel arrivant et ils éviteront de s'asseoir sur le lit. Que les sadiques qui veulent offrir enfin à leurs rétines le spectacle malsain de leur belle amie sans fard et amaigrie arborant des racines de cheveux démunies d'attentions apprennent à contrôler leurs désirs d'humiliation.

Si, aux heures de visite, le personnel infirmier doit administrer des soins, il est impératif que les visiteurs quittent la chambre. Dans le cas où le patient partage une chambre commune, il appréciera qu'un rideau soit tiré pour permettre que son intimité ne soit pas meurtrie lors de l'administration des soins.

Le silence ou la conversation à voix basse doivent toujours être observés; ils sont une marque de profond respect.

Les malades, devant leurs visiteurs, s'efforceront d'être affables. Le sourire est en soi une petite trousse médicale. C'est une manière de se montrer courageux, de dédramatiser ce qui peut être triste et une belle façon de garder l'envie de vivre. Je crois qu'on est souvent malade dans sa tête avant d'être malade dans son corps. Il y a beaucoup de gens en bonne santé qui se prétendent malades, et beaucoup de gens malades qui voudraient être en bonne santé. C'est un paradoxe. Il vaudrait mieux chercher à sourire de vivre qu'à mourir de rire. Devant leurs médecins, les patients tâcheront de participer à leur guérison en ne la leur déléguant pas entièrement. Leur participation morale et physique au traitement peut avoir plus d'effet que le traitement lui-même. Les gens ont besoin qu'on les écoute, et, souvent, le médecin ne prend pas le temps de le faire. Pourtant, une simple conversation peut avoir plus d'effet qu'un médicament.

Rire de la médecine ne se fait pas; surtout en cette ère de grands périls comme le sida. Si je puis dire, comportez-vous de façon que votre médecin traitant ne vous prenne pas en... grippe.

La gentillesse, la courtoisie et le bon goût à l'hôpital sont certainement les vertus de cœur les plus prisées dans un milieu où l'erreur n'est pas permise.

Chez le psy

C'est tendance aujourd'hui de compter un psy dans son entourage familial, amical et professionnel. Toute la gamme est concernée, de l'agoraphobe au dyslexique et du somnambule à l'anorexique, du chômeur angoissé à l'adolescent boulimique et de l'alcoolique possédé au divorcé suicidaire. Il n'est pas rare d'échanger les adresses de ces thérapeutes de l'âme, même en public. Il est normal d'en discourir et de ne pas s'en cacher.

Cependant, il est recommandé d'observer quelques règles de tact lorsque d'aventure on se lance dans ce genre de conversation:

- avant d'affirmer quoi que ce soit, s'assurer que ce qu'on avance est juste et que les mots employés ne vexeront personne;
- être circonspect et ne pas oser l'humour avec un sujet sous observation psychiatrique;
- ne pas étaler de manière dogmatique ses propres expériences psychiatriques, les traitements étant appliqués à chaque cas bien précis;
- ne pas condamner des théories, des pratiques ou même des thérapeutes parce qu'on ne leur accorde pas son adhésion;
- à cet égard, le savoir-vivre et le tact proposent de ne pas revendiquer ses propres convictions et de ne pas qualifier ceux qui sont différents de soi d'anormaux.

Chez le dentiste

Les dentistes n'aiment pas beaucoup travailler sur des patientes maquillées. La douleur de se présenter le visage nu est souvent plus aiguë que celle que le praticien pourrait infliger avec sa roulette. Mesdames, ayez l'œil charbonneux mais la lèvre et la joue anémiques le jour de votre visite.

J'ai la chance d'avoir un dentiste qui travaille avec un masque. S'il est fumeur ou consommateur d'ail, je n'en suis pas informée. De son côté, il est protégé de la même façon.

Quant à mes dents, elles seront fraîchement brossées avant de me présenter… à l'heure.

Cheese.

LA LOI ET SES CODES

Le cabinet d'avocats

S i le médecin inspire l'angoisse et si la maladie suggère la souffrance, l'avocat, lui, provoque l'inquiétude et son cabinet engendre l'insécurité. Pourquoi alors les patients ont-ils dans leur poche ou dans leur sac le mouchoir nécessaire pour parer aux débordements, tandis que les clients trouvent d'emblée chez leur avocat la boîte de kleenex consolatrice? Craint-on plus de perdre son honneur que sa santé? Ou le contraire?

À la maison, à l'école, à l'église et dans la société, on entend rarement parler de droit. Si bien que lorsqu'il faut y faire face, on est confronté à un jargon aux consonances savantes, nébuleuses et pas du tout rassurantes. La justice se prévaut encore, anachroniquement, du caractère sacré qui lui fut octroyé dès les origines: caractère sacré et mystificateur qui se traduit par ces extravagances de coutumes, de costumes et de langue de bois qui font de nos juges des personnages de théâtre. Le client s'adressera à son avocat en l'appelant «Maître» («Maîtresse», même avec une majuscule, tendrait à faire sourire), «Madame» ou «Monsieur».

Qui ne sait pas que l'inconnu est pervers et redoutable? Il y a 30 ans, l'avocat faisait partie des notables de sa ville et imposait, par sa docte présence, le respect. Est-il possible qu'il soit devenu avocat tout court (j'allais dire tout Cour) et de la défense, magistrat, plaideur, homme de robe, juge titulaire ou d'instruction, notaire, procureur, bâtonnier, et se fasse un vilain plaisir à vouloir confondre son client? Je souhaite que non, mais qui ne l'a pas cru?

Pourquoi n'initie-t-on pas en milieu scolaire les enfants aux droits de la personne, à l'art de se défendre, à la définition de toutes ces appellations qu'on ne sait comprendre, à la connaissance succincte des codes civil et pénal et, enfin, au rôle que joue la femme ou l'homme de loi? Ne dit-on pas que nul n'est censé ignorer la loi?

Gide a dit que l'ignorance des dangers fait leur force. Écartons ce danger-là. Il est grave. Même en ce qui concerne l'étiquette.

Dans son bureau, l'avocat fera tout pour que son client comprenne les termes qu'il emploiera par voie orale ou écrite. Les expressions anciennes utilisées sur les déclarations légales ne sont pas toujours à la portée de tous.

Devant l'inexpérience de son client, l'avocat-plaideur devra freiner sa grandiloquence et être économe des gestes qui l'accompagnent. À son bureau, il évitera la fâcheuse habitude, hélas! très à la mode, de poser ses pieds croisés sur son bureau, offrant ainsi à son client un paysage morne et une attitude méprisante. Un langage souvent impertinent pour parler d'un tiers a remplacé les expressions péjoratives d'autrefois: *le sieur, alias, sis,* etc. Dommage! Le beau discours, même ironique, se laissait facilement habiller de la toge. Aujourd'hui, les conjugaisons et la concordance des temps apparaissent laborieuses au plaideur; il leur préfère le banal et parfois la trivialité, qui n'ont rien en commun avec la simplicité et la clarté du discours. Suis-je en train de plaider une cause perdue?

Façon de parler, même si, en jurant, l'accusé offre sa tête à couper, il veut la tenir haute… le plus longtemps possible, surtout dans le cabinet de son avocat. Celui-ci doit lui rendre la situation la plus juste et la plus conciliante possible et tâchera de l'initier aux subtilités de son cas. C'est la loi d'une certaine politesse.

À son bureau, l'avocat ne se présentera à son client ni en bras de chemise ni en toge, qui est réservée à la Cour. Le complet-veston et le tailleur-jupe ou pantalon sont les vêtements appropriés pour l'exercice quotidien de la profession. Les hommes éviteront de porter la chemise polo et les vêtements chamarrés. Ils veilleront à ne pas arborer trop de bijoux et limiteront ceux-ci à la montre, l'anneau de mariage, la bague de collège, les boutons de manchette et l'épingle à cravate. Il est regrettable que certaines femmes se présentent à leur bureau parées comme pour le cocktail: maquillées outrageusement, vêtues de robes trop décoratives et parées de bijoux de strass qui n'ont absolument pas leur place dans ce cadre-là. Les chaussures seront de très bonne qualité, propres et en harmonie avec le vêtement. Une prière toute spéciale aux messieurs: portez des chaussettes longues montant jusqu'aux genoux, préférablement en soie, en fil ou en laine fine, et qui ne découvriront pas, en vous asseyant, des longueurs de peau blanchâtre couverte de poils hirsutes guère affriolants. Ayez une préférence pour les couleurs foncées et évitez les teintes de limette phosphorescente ou de rose électrique que s'attribuent les artistes. Une des premières vertus de l'avocat est d'avoir du jugement, autrement dit, de la jugeote, et il est recommandé d'en faire grand usage. En général, les avocats ont les cheveux soignés et il est rare de rencontrer des punks parmi eux. Certaines femmes de cette profession affichent des coiffures sophistiquées qu'il vaudrait mieux rendre plus sobres. Pour les jeunes qui commencent leur carrière, il est à conseiller de se faire guider par des consultants en mode, qui sont rétribués à l'heure et qui peuvent suggérer de très heureux investissements. Le profil soigné et élégant est extrêmement important dans la réussite d'une carrière. Il fait croire souvent à des qualités de professionnalisme et de savoir-faire. Comme en toute chose, la modération est une vertu cardinale.

Toute personne ayant reçu une citation à comparaître *(subpœna)* devra se présenter au lieu dit vêtue sobrement, proprement et convenablement. Il semblerait que certaines personnes s'imaginent être invitées à une réception mondaine ou à une remise de décoration. Franchement, il n'en est point.

Même si la situation économique en met plus d'un dans l'embarras financier, même si le nombre de criminels va en augmentant, ce n'est pas une raison pour ne pas user de tact quand il s'agit de parler d'honoraires. Le sujet est délicat et, grâce au ciel, il en reste encore pour le traiter avec pudeur. N'est-il pas désagréable de s'entendre demander tout de go, dès la première visite en cabinet légal, de mettre le paquet sur la table pour démarrer l'affaire? Quel que soit le client, quel que soit le cas traité, il faut éviter la vulgarité et la brutalité. Il est fort recommandé d'utiliser un langage nuancé pour parler d'émoluments, et de renoncer aux manières corsaires. La secrétaire est la personne tout indiquée pour fournir cette information, au moment du premier rendez-vous, même si la question ne lui a pas été posée. Elle le fera en épilogue d'entretien téléphonique, avec grâce et gentillesse.

Étant donné leurs honoraires relativement élevés, les avocats assureront, par le biais d'un préposé, la permanence téléphonique. Il est inacceptable d'interrompre une consultation juridique pour prendre un appel en la présence d'un client qui est facturé à l'heure. Si le cas est urgent et que la situation est incontournable, l'avocat s'excusera auprès de la personne présente, prendra l'appel qu'il fera durer le moins possible et tiendra compte de ce temps grevé sur celui du client en face de lui. En ce qui concerne la facturation, l'information à donner sur les tarifs de consultation et le mode de paiement, il vaudrait mieux que cette fonction soit confiée à la secrétaire.

Les confrères devront s'interpeller par leurs titres lorsqu'ils sont en étude, en pratique ou à la Cour, même si le panache hollywoodien auquel on s'attend a forte tendance à disparaître.

DU COMPORTEMENT EN SALLE D'AUDIENCE

On ne badine pas avec la Cour

♣

Si on n'est pas un habitué de préaux, de salles d'audience, de Cour suprême ou supérieure, le choc est grand si l'on s'attend à entrer dans une cathédrale et d'y trouver l'atmosphère pieuse à laquelle on aurait droit. Le dépouillement le plus strict est de rigueur à la Cour et l'ambiance n'y est pas festivalière.

Quel que soit le titre auquel on est invité à comparaître, on se présente avant l'heure indiquée et on est habillé de sobre façon. Il va sans dire que le port de shorts, de camisoles et de profonds décolletés est interdit, et on s'abstient de mâcher de la gomme, de manger et de boire, sauf de l'eau si on en a reçu la permission.

On s'assoit à la place assignée. Une porte s'ouvre derrière le tribunal et entre le cortège composé du juge et du greffier, précédés de l'huissier de la Cour qui annonce tout haut: «Silence! Veuillez vous lever. La Cour supérieure (par exemple) présidée par l'Honorable X est ouverte.» Il faut attendre que le juge s'assoie au banc pour que l'audience fasse de même

et observe le bon maintien. Il faut attendre également le signal du juge pour se lever lorsque la Cour ajourne.

À part les observateurs qui sont dans la salle, tout le monde est plutôt tendu à la Cour. La seule personne qui réussit à s'y endormir est l'huissier, qui sombre facilement dans le sommeil du juste, si j'ose dire.

À la Cour, on utilise toujours les titres des personnes qui la constituent. À un juge, au Québec, on dira «Monsieur le président», «Monsieur le juge», «Votre Honneur» ou encore «Votre Seigneurie». L'avocat est tenu de l'indiquer à son client.

Les personnes invitées à la barre ne s'adressent au juge que si celui-ci les y autorise; autrement, on passe par le greffier qui sert en quelque sorte de trait d'union entre le juge et l'intervenant. En général, dans cette situation, on se tient debout et il est conseillé de ne pas porter de verres fumés. Quelles que soient les circonstances du débat, il est recommandé de ne pas hausser le ton, insulter, injurier ou sacrer. Le vouvoiement est de rigueur.

Si l'avocat de la partie adverse tente de vous intimider par le ton et la proximité, ou de vous décontenancer par des soupirs ou des expressions corporelles éloquentes, vous avez le droit d'en faire part au juge.

Il est de votre intérêt de vous exprimer dans une langue claire et articulée et, si vous avez besoin de réflexion pour fournir une réponse, d'en faire la requête au juge. Pour venir en aide aux néophytes, je conseille de se pourvoir du judicieux petit lexique intitulé *Termes juridiques* créé conjointement par l'Office de la langue française et le ministère de la Justice du Québec.

Le témoin qui est dans le box doit toujours s'adresser au juge et à lui seulement, même si les questions proviennent des avocats qui occupent les places latérales.

Évitez toute forme d'arrogance ou d'humour; le charme, à dose homéopathique, peut être toléré. Il est recommandé de ne pas tenter d'opposer le juge et les avocats par un quelconque antagonisme, et le juge devrait contrôler ses critiques. Toutefois et malheureusement, il n'est pas superflu de rappeler les avocats à l'ordre, qui ne devraient pas provoquer de litiges avec les bonnes manières et obliger ainsi les juges à leur faire la leçon en public.

Toute personne désirant apporter des corrections à une déclaration faite au préalable ne devra pas intervenir de son propre chef, mais par l'intermédiaire de son avocat et, le cas échéant, la communication doit être faite par écrit et non par chuchotement, qui dérange la concentration du tribunal. On prend la parole uniquement lorsqu'on est interrogé.

Si vous êtes en cause, ne vous laissez pas abuser et souvenez-vous de vous méfier. Même de l'évidence, car elle passe son temps à changer. Ne mettez pas trop haut ni les gens ni les choses. Ne les mettez pas trop bas non plus. Devant un tribunal, l'innocence est insolite, car le simple fait de vous y trouver vous rend déjà coupable. Vous avez affaire là à une catégorie du monde pour qui votre culpabilité est la raison nécessaire de son existence. L'erreur est humaine, soit! Mais l'erreur judiciaire est inhumaine.

«Souvent même la loi est un piège tendu à la simplicité mais auquel la candeur toujours confiante se prend facilement», a dit Charles Sainte-Foi. À cet effet, il semblerait qu'au Québec on ait cessé de poursuivre les témoins qui, intentionnellement, mentent impunément, même sous serment.

«La justice, c'est comme la Sainte Vierge, si on ne la voit pas de temps en temps, le doute s'installe.» – Michel Audiard

LE RESPECT
DES LIEUX SAINTS

«Et le saint s'appelait le beau.» — Friedrich von Schiller

❧

Qu'ils s'appellent église, basilique, cathédrale, temple, synagogue, mosquée, les lieux saints ont un caractère sacré et de ce fait requièrent le respect. Les cimetières aussi entrent dans cette catégorie et, à ce titre, méritent de la dignité dans les manières de ceux qui les visitent, car, selon André Frossard, «ils sont les vestiaires de la résurrection».

Les cérémonies religieuses font partie intégrante de notre culture, et divers rituels et représentations symboliques sont fidèlement suivis par un bon nombre de croyants. On reçoit encore le baptême, le mariage connaît un regain d'adeptes et, en mourant, on est toujours soumis aux rites des obsèques, ce qui n'a rien d'obséquieux...

Les édifices religieux de différentes confessions ont chacun leurs règles: on se déchausse dans une mosquée, les couples sont séparés dans les synagogues, et on garde le silence dans une église et un temple afin de ne pas troubler le recueillement de ceux qui s'y trouvent. Les hommes enlèvent leur chapeau et tout le monde y est vêtu avec décence.

Bien que je ne sois pas une grenouille de bénitier ni une punaise de sacristie, je n'admets pas le laisser-aller dans les lieux saints et encore moins durant les cérémonies solennelles et dans les grandes circonstances. C'est une politesse du cœur que de veiller à se présenter à l'heure et d'être vêtu avec élégance. Des jeans effilochés, des baskets et de la gomme à mâcher à des funérailles me paraissent démesurément inconvenants. Faire sonner son cellulaire dans une église est simplement malséant. Si vous appartenez au club des mécréants, n'affichez pas des airs faussement angéliques et conformez-vous aux gestes des personnes dans la nef. Personne n'est tenu de comprendre le latin ou l'hébreu ni de chanter des psaumes grégoriens, mais on ne reste pas assis quand toute l'assistance se lève et on ne s'abîme pas dans la lecture d'un polar quand les autres se recueillent dans la prière. Si l'on prend la décision d'entrer dans un lieu de culte, ce qui n'est pas obligatoire, on doit se conformer aux règles et respecter ceux qui les appliquent. Une cérémonie à caractère religieux n'a rien de commun avec le cocktail, et il faut attendre d'être sorti pour manifester ses mondanités et distribuer ses marques d'affection.

Au cimetière, on s'abstient de marcher sur les tombes et de jeter des papiers de friandises qu'on a soudainement la frénésie de sucer. On n'y cueille pas non plus les fleurs qui ne nous sont pas encore destinées... et on respecte les heures de visite.

«Il n'y a que par le respect de soi-même qu'on force le respect des autres.» — Dostoïevski

LE PERSONNEL
DE MAISON

À votre service!

❧

La soubrette, la servante, la bonne, la femme de chambre, la domestique, l'aide-ménagère, la technicienne de surface et, le dernier entendu, la préposée au confort existent de moins en moins, sauf dans les maisons de maîtres, les hôtels et les pièces de théâtre.

En choisissant son personnel, on réclame des références et un certificat de travail. Dans ce cas, il n'est pas superflu de téléphoner aux anciens employeurs pour obtenir le plus de renseignements possibles afin de s'éviter de mauvaises surprises. Il est indispensable d'informer la candidate éventuelle des services attendus: horaires et conditions de travail, énumération des tâches, jours de congé, durée des vacances et, enfin, salaire. C'est ainsi qu'on élude toute négociation oiseuse. Au moment de l'entrevue, observer l'attitude, le maintien, les réponses, l'aspect, la présentation et l'image de la postulante. C'est à l'employeur de fournir les uniformes et les tabliers.

Les employeurs appellent chaque membre du personnel par son prénom et le personnel s'adresse aux maîtres en disant: «Madame» et «Monsieur».

Tout le personnel de maison est conforme à une hygiène impeccable, se présente les cheveux courts ou noués sur la nuque et les ongles pas trop longs et bien manucurés. Le port des bas pour les femmes et des chaussettes pour les hommes est obligatoire, et celui du parfum est interdit. Le maquillage léger est approuvé. Les membres du personnel n'entament pas la conversation avec les invités et, si ceux-ci prenaient cette initiative, ils les écoutent et répondent brièvement. Les cas sont rares pour les domestiques de dire «non» lorsqu'il signifie un refus; si on devait répondre par la négative à une question telle que: «Êtes-vous souffrante?» on dira: «Non, madame.»

Le personnel ne doit jamais être entendu dans la maison; on ne crie pas, on ne court pas et on ne monte pas un escalier en sautant les marches deux par deux. Si un domestique rencontre dans l'escalier son maître, il se déplace de côté en lui laissant la rampe et attend que son maître soit à la fin de l'escalier pour continuer. Il est essentiel de toujours frapper à une porte avant d'entrer où que ce soit.

La gomme à mâcher est absolument bannie pendant le service; on n'arbore pas non plus ses tatouages ni ses *piercings*. On ne substitue pas au «oui» un «ouais», «OK» ou «super». On n'indique jamais une personne en la montrant du doigt et on ne parle pas d'une personne présente en la désignant comme «elle», mais bien par son nom ou son prénom. Si on éclate de rire, on prend soin de couvrir sa bouche de sa main, et on se mouche dans l'intimité de la salle de bains.

On offre un verre d'eau, de jus ou de vin sur un plateau ou une assiette. C'est à la personne à qui il est destiné de le saisir elle-même et non pas à l'employé de le prendre, surtout par le haut, pour le lui offrir.

Les rapports qu'on entretient avec son personnel devraient être dépourvus de toute familiarité. Pour que chaque personne se sente bien dans son rôle, il est primordial d'établir une relation de respect. La familiarité, les attouchements, les confi-

dences et l'usage du «tu» doivent être proscrits dans un sens comme dans l'autre. L'employé doit respecter l'intimité de ses maîtres, faire preuve d'une immense discrétion et s'abstenir de recevoir et de donner d'incessants coups de téléphone personnels. La conversation avec ses maîtres sera courtoise et aimable mais distante.

Les enfants de la maison apprennent à obéir au personnel de maison et, s'il devait y avoir un conflit entre les deux, partez du principe que vos chers petits ont tort.

À supposer que vous ayez trouvé la perle rare, c'est encore du domaine du possible, n'attendez pas d'elle qu'elle fasse en deux heures ce que vous pouvez faire en une journée. Et surtout, sachez exactement ce que vous exigez d'elle. Si elle devait casser un verre de cristal, oui, c'est douloureux pour vous et pour le verre, mais ayez en mémoire la carafe qui vous a glissé des mains, il y a un mois. Comme vous étiez indulgente! Et puis, surtout, remarquez que le travail ménager a ceci d'ingrat qu'il se remarque davantage par ses lacunes que par ses réalisations. De ce fait, faites en sorte que vos compliments et vos louanges soient plus nombreux et fréquents que vos critiques et vos commentaires désagréables. Si un reproche devait être adressé à l'employé, ne pas faire usage de paroles blessantes, surtout en public; attendre d'être seul et calme.

Il revient à l'employeur de gérer intelligemment les problèmes de crise. Il est tout à fait normal que le personnel se trouve dans une situation de tristesse, de fatigue ou de déprime et, le cas échéant, il doit être traité avec humanité. On donne un cadeau à Noël à ses employés et, si on en a la générosité, on ne laisse pas les anniversaires passer inaperçus.

Quand on se sépare de son employé, un certificat de travail lui est remis sans qu'aucun motif de séparation y soit fait mention.

Victor Hugo avait-il raison de déclarer: «Il y a des hommes qui sont nés pour servir leur pays et d'autres qui sont nés pour servir à table»? Selon moi, on n'est jamais si bien servi que par soi-même.

LA COEXISTENCE PACIFIQUE ENTRE VOISINS

«Nous faisons nos amis, nous faisons nos ennemis, mais Dieu fait notre voisin.» – G. K. Chesterton

☙

Faut-il absolument être en état de survie quand on partage un palier, une maison ou un immeuble? Ils sont nombreux ces étrangers que la vie rapproche les uns des autres, au hasard d'une installation provisoire ou durable, et le voisinage est un véritable laboratoire pour l'expérience du savoir-vivre, du modus vivendi et de l'équilibre satisfaisant entre la politesse de bon aloi et le rapprochement social. Le principe de base à toute promiscuité est immuable: la liberté de l'un s'arrête là où commence celle de l'autre. Malheureusement, ces frontières et ces *no man's land* ne sont pas toujours simples à déterminer.

Il m'apparaît non seulement poli mais utile et normal pour les personnes qui emménagent dans un appartement de location ou de copropriété de se présenter à leurs voisins. Au Canada, on attend une rencontre fortuite dans les escaliers ou une assemblée annuelle de l'immeuble pour se plier à ce rituel. La courtoisie applicable quotidiennement se traduit entre voisins d'immeuble par des salutations amicales lors d'une rencontre dans l'ascenseur, dans les escaliers ou les aires communes. On se tient la porte réciproquement, on ne mobilise pas l'ascenseur sur son étage, on ne parle pas fort dans les couloirs et on n'engage pas de conversation à haute voix de balcon à balcon. Aux personnes encombrées de paquets, on offre de les aider, tout simplement. La gentillesse et la convivialité sont des éléments plus agréables que la banale indifférence.

La discrétion est une garantie de bonne intelligence. Si en passant sur le palier une porte est ouverte, on ne plongera pas la tête à l'intérieur pour examiner ce qui s'offre à la vue. On ne fera pas de comptabilité des entrées et sorties des voisins. On ne passera pas de commentaires désobligeants sur les habitudes et l'habillement aux uns au sujet des autres.

Autant que possible, on respectera l'ambiance en ne laissant pas traîner des ordures dans les couloirs et en ne fumant pas dans les aires intérieures; ceci devant être naturellement appliqué aux ascenseurs.

L'entraide devrait s'imposer surtout dans les cas d'urgence. Elle devient exceptionnelle, surtout au quotidien, lorsqu'on s'entend à se rendre mutuellement service, par exemple, en organisant des *pools* pour conduire les enfants à l'école ou pour se rendre au travail. Chaque cas est géré à tour de rôle par les personnes intéressées. Dans le cas d'une sympathie réciproque, il faut tâcher autant que possible de ne pas tomber dans la familiarité et encore moins dans l'intimité, et préférer se montrer digne d'estime et ne pas s'autoriser systématiquement à emprunter des appareils, des outils ou des ustensiles à répétition; effectuer l'achat en commun de ces objets (vrille, tondeuse ou gadget électrique) se termine souvent par une querelle, car l'un accusera souvent l'autre de les avoir abîmés. Si on demande un service, on doit être en mesure de le rendre.

Les événements sensibles devraient être traités avec beaucoup d'humanité lors d'une naissance, d'un accident ou d'un décès.

Les disputes d'enfants sont la source déterminante d'une rupture irrémédiable entre les familles. Devant pareille situation, il faut vraiment que chacun mette de l'eau dans son vin; les parents doivent accepter les torts de leurs enfants et les inciter à s'excuser, le cas échéant.

Dans certains immeubles, on permet d'avoir des animaux de compagnie à la condition qu'ils ne soient pas bruyants et qu'ils sachent se comporter dans les aires de circulation sans aboyer ni se jeter sur les gens ni les mordre. On ne les «oubliera» pas en les tenant enfermés longtemps et on ne partira pas au travail en laissant son pauvre chien japper comme un perdu. C'est intolérable pour le misérable chien et pour les malheureux voisins.

La copropriété est un état, je dirais, un statut très particulier qui oblige ceux qui en ont la jouissance à partager et à appliquer les mêmes règlements, les mêmes charges et les mêmes responsabilités régissant la vie de l'immeuble. Même l'assemblée annuelle ne suffit pas toujours à régler les différents conflits qui surviennent. Pour obtenir satisfaction, les copropriétaires devraient faire usage autant que possible de tact et de civisme. Les administrateurs élus de l'immeuble sont tenus d'appliquer les règles les plus strictes d'éthique professionnelle en évitant la mauvaise foi, l'hypocrisie, le favoritisme, la formation de clans et surtout l'exhortation de se monter les uns contre les autres; ils doivent également se soumettre aux règlements qu'ils imposent aux autres. À l'égard de cette assemblée, si un règlement devait être modifié, il doit être accepté par l'unanimité des copropriétaires. Dans le cas où ce résultat ne serait pas atteint, il faut à tout prix éviter les empoignades impitoyables et tenter de s'entendre; en cas d'insuccès, il serait prudent de faire appel à un ombudsman. Pour comprendre la bonne gestion d'un immeuble en copropriété, il faut la comparer à celle d'un village qui est gouverné par les règles de la démocratie.

La plainte la plus assidue reste celle des bruits, et ils sont nombreux: de réparation ou de construction, pour lesquels tout occupant de l'immeuble devrait être prévenu par avis écrit. Les sons les plus contrôlables sont les plus fréquents: radio, télévision, chaîne stéréo. Ils devraient être modérément autorisés, sans décibels extravagants, entre 9 h le matin et 22 h, et surtout pas le dimanche de toute la matinée. Même Mozart devra être entendu par celui ou celle à qui il est destiné; par baladeur interposé, s'il le faut. Les bricoleurs effrénés sont soumis aux mêmes règles et ne doivent pas imposer leur cacophonie mécanique aux tympans qui réclament le silence auquel ils ont droit. Il faudrait éduquer les enfants en leur apprenant à fermer et à verrouiller doucement et silencieusement une porte, à marcher sans traîner la savate, à parler sans hurler, à ne pas jouer dans les corridors et à ne pas lancer des objets. Les adultes ne doivent pas se sentir obligés de faire pétarader leur motocyclette ni de faire démarrer leur voiture en trombe. Les tondeuses ne devraient pas démarrer avant 9 h le matin ni aux heures de repas, et être en exercice à jours fixes.

Dans le cas où on prévoirait recevoir des invités ou organiser une petite fête chez soi, on aura la courtoisie élémentaire d'en prévenir ses voisins.

Si le balcon ou la terrasse sont convertis en jardin, on veillera à ne pas inonder le voisin du dessous par des débordements d'eau. Dans le cas où les voisins s'installent sur leur balcon, ils doivent contrôler leur envie de s'épier les uns les autres.

Le journal livré aux abonnés n'appartient qu'à eux.

En cas de litige, il vaut mieux essayer de s'entendre par le dialogue. Si, involontairement, on est l'auteur d'un accident, il faut le reconnaître et s'en excuser; si cet accident a entraîné des dommages, la personne responsable est tenue de les réparer.

Le voisinage de maisons est régi par des lois municipales auxquelles il faut naturellement se soumettre et qui englobent la délimitation du terrain, la plantation des arbres. S'il devait y avoir un mur mitoyen aux deux résidences, leurs propriétaires se partageront les frais de son entretien et de sa réparation. Lorsqu'on emploie des outils ou des machines électriques dehors sur la pelouse, par exemple, on utilisera sa propre prise électrique et non pas celle du voisin. Si les occupants de la maison à côté sont partis en vacances, on n'aura pas l'audace de s'installer délibérément dans leur jardin et de faire usage de leur piscine. On ne prendra pas non plus la liberté de cueillir leurs rhododendrons.

Quel que soit le type de voisinage, faisons en sorte qu'il soit viable et non seulement supportable. Évitons les confrontations exacerbées qui ressemblent souvent à de la barbarie et essayons de toucher des endroits plus sensibles que les consciences. Répondons à la politesse par la politesse. Il existe de ces mufles qui feignent de ne pas comprendre des prévenances gratuites; la courtoisie leur paraît louche; ils craignent le piège et se méfient invariablement des gens aimables. Ce qui me pousse à raconter l'anecdote suivante. C'était l'époque où je vivais dans un appartement de location. Je rencontrais souvent dans l'escalier un couple voisin du dessous qui s'entêtait à ne pas me saluer. Un jour, lors de vacances en République dominicaine, je les retrouve à la terrasse de mon hôtel, au repas du soir. Quelle n'a pas été ma surprise de les voir me sourire largement et m'inviter à leur table! Le conjoint a poussé la galanterie jusqu'à m'offrir un cha-cha-cha endiablé après le repas, ce que j'ai accepté avec grâce. Une fois rentrés dans notre immeuble commun, le couple avait laissé sur le tarmac de l'aéroport ses courtoisies inhabituelles pour m'offrir à nouveau sa citadine mine renfrognée à laquelle il m'avait antérieurement habituée. Quinze ans plus tard, j'en reste encore éberluée.

Le pas très joyeux philosophe Emil Cioran avançait: «On peut aimer n'importe qui, sauf son voisin.» Je lui préfère l'adage populaire: «Qui a bon voisin, a bon matin!»

FAIR-PLAY AU SPORT

To win or not to win

♣

« L e sport est l'art par lequel l'homme se libère de soi-même», affirmait Giraudoux. En observant le joggeur, ce Tarzan du week-end, il me semble qu'il se libère encore plus de ses toxines. Le sport est une activité aujourd'hui reconnue nécessaire au développement du corps et à l'équilibre de l'esprit. Sous l'Empire romain aussi: *Mens sana in corpore sano*. La différence d'ères est marquée par le vice de l'argent (et je ne parle pas encore de médaille) qui s'en est mêlé et qui a entaché sa souveraine grandeur par un péché qui n'avait rien d'originel.

Il faudrait remercier les Anglais d'avoir compris l'importance du sport et de l'avoir inclus dans les programmes scolaires. Ils ont soutenu les traditions olympiques qui servaient l'esprit du jeu par la compétition et la contrainte de l'effort par l'entraînement. Il est malheureux que le sport ait subi une détérioration morale à cause des dimensions mercantiles envahissantes auxquelles il est étroitement ligoté.

Les sportifs professionnels conservent encore l'ambition d'atteindre les sommets de leur art grâce au développement de leur corps, à la considération qu'ils vouent tant à leur équipe qu'à l'adverse et à une morale musclée que stimulent les clubs, les associations, les grands concours ou les compétitions internationales et les prix. Le sport a cette dimension universelle unique d'être à la portée de toutes les nations et de servir de trait d'union entre toutes les classes, privilégiées et défavorisées, de nos sociétés.

L'envers de la médaille (elle me poursuit) est représenté par le danger de succomber à la perversité qu'exercent le désir démesuré de vaincre, le chauvinisme, le fanatisme et l'hostilité envers le camp rival.

Le sport a ceci de revigorant pour l'esprit qu'il offre la possibilité non seulement au meilleur de gagner, mais à ce vainqueur d'être vaincu à son tour. En ce domaine, les lauriers ont une vie extrêmement fugace, et mieux vaut ne pas songer à se reposer sur eux trop longtemps, car tout est à recommencer. Que le meilleur gagne!

Pour conserver le bon équilibre de l'esprit d'équipe, il est vital de cultiver le *fair-play*, qui prend son sens dans la loyauté au jeu. Ses règles sont empruntées à l'éthique, qui commande non seulement de les appliquer consciencieusement mais également d'en comprendre toute la signification.

Être *fair-play*, c'est être aussi bien préparé à la victoire qu'à la défaite et savoir accepter les deux avec la même courtoisie et le même esprit de compétition. Le participant est tenu d'adopter une attitude franche et de s'incliner devant les décisions de l'arbitre sans les contester ni les critiquer. Le franc-jeu dicte au vainqueur la courtoisie envers le vaincu et offre à celui-ci la chance d'une revanche lors d'une nouvelle rencontre; au vaincu de saluer la victoire de son adversaire en le félicitant, en lui serrant la main et en acceptant de boire la chopine après le match. Le franc-jeu impose l'esprit de solidarité entre les joueurs qui servent la même passion pour le sport. Dans une équipe, on n'accusera personne d'une défaite et on ne se prévaudra pas d'avoir fait gagner son équipe non plus. Un grand champion se reconnaît à la sobriété de son allégresse, à la modestie de son appréciation à l'égard de sa victoire et à la reconnaissance du talent de son rival. Quel spectacle grandiose de voir Björn Borg remporter la coupe de Wimbledon cinq années consécutives et celle de Roland-Garros six fois! Son enthousiasme et son bonheur étaient éclatants mais superbement mesurés. Est-ce à force de répétitions qu'il a aussi appris à gagner avec le style d'un dieu? Le monde entier a été reconnaissant d'avoir pu admirer et son talent et sa dignité, tout comme ceux de sa collègue Chris Evert. Des moments magiques de l'histoire du grand tennis. Quelle différence avec ce doué de la raquette, McEnroe, alias Génie de la colère!

La personne qui s'adonne aux sports verra à donner à son corps des soins d'hygiène stricts, et à son équipement et ses uniformes de compétition une ordonnance rigoureuse.

On initiera un nouveau partenaire sur son degré de compétence et on ne mentionnera que les réalités positives de l'équipe. Il serait contraire aux règles du franc-jeu de calomnier les autres joueurs ou de ridiculiser la faiblesse d'un partenaire. On ne se moque pas et ne s'impatiente pas devant un joueur moins doué que soi.

Les terrains de sport sont unisexes et ne doivent pas servir à draguer ni à afficher ses préférences. Les femmes n'acceptent pas que les hommes portent leurs skis, ramassent leurs balles de tennis ou s'occupent de leur attirail.

On poussera le *fair-play* jusqu'à ne pas siffler l'équipe perdante, et les violences ne seront jamais manifestées ni par le geste ni par le verbe.

Le golf

À mon très grand étonnement, j'apprends à l'instant où j'écris ces lignes d'où vient le mot *golf*. Il semblerait qu'il soit un sigle des mots suivants: *Gentlemen Only – Ladies Forbidden.* Qui l'eût cru? Est-ce pour des raisons de traditions que certains clubs s'entêtent à tenir l'accès au *membership* totalement hermétique aux femmes? *Shocking!* Ou est-ce parce que les hommes ne veulent plus capituler devant l'appétit vorace des femmes à vouloir se mesurer à eux?

Depuis une quinzaine d'années, le golf n'est plus un sport réservé à une classe privilégiée, mais les règles du *fairplay* y sont scrupuleusement observées:

- il faut être silencieux et s'éloigner d'un joueur qui se prépare à jouer;
- si un joueur avait abîmé le green, il se doit de le réparer;
- le green est immédiatement laissé aux autres joueurs après avoir joué son coup;
- on ramasse ses balles après que le groupe a terminé de jouer;
- il faut accepter qu'une balle soit introuvable et ne pas faire perdre du temps à tout le groupe pour la retrouver;
- au golf, on s'habille de bermuda (deux pouces maximum au-dessus du genou), pantalon de golf, jupe trois-quarts, jupe-culotte, chaussures de golf et visière ou casquette. On conteste énergiquement le port sur le terrain de jeans, même blancs.
- l'usage du téléphone cellulaire est absolument interdit.

Le tennis

À la fin d'un match, les joueurs se serrent la main. Les décisions de l'arbitre seront toujours respectées.

Les spectateurs n'expriment pas leur colère et ne lancent pas d'insulte si leur fan n'a pas réussi des échanges spectaculaires ou gagnants, mais ils applaudissent les coups d'éclat.

Les joueurs sont vêtus de short et de chemisette de coton ou de t-shirt. Leurs cheveux peuvent être enserrés par un bandeau ou une casquette et les chaussures sont réglementaires.

Le ski

Ce sport peut être pratiqué en solitaire ou en compétition.

La règle élémentaire à dicter est la sécurité tant sur les pentes que sur les remonte-pentes. On ne se tient pas trop près l'un de l'autre et, si on double un skieur, ce sera à une bonne distance afin de ne pas le surprendre ou l'effaroucher.

S'il n'y avait pas de remonte-pente, on remontera en bordure de piste.

Les signaux et les balises doivent être respectés. Les débutants et les amateurs choisissent une pente à la mesure de leur capacité et n'encombrent pas celle des skieurs chevronnés.

Les vêtements de ski sont si bien adaptés! Ils sont légers, chauds, confortables, et les coloris sont ravissants. Attention à ne pas porter de blanc sur la neige. Pour des raisons de sécurité, tous les skieurs doivent être repérables.

Nautisme à la voile — course en solitaire

De toutes les compétitions, c'est celle contre soi-même qui exige le plus de discipline. Une traversée en solitaire sur un voilier, est-ce imaginable? L'ego, d'ordinaire manifeste, devient là le grand invisible. Il surgit *in extremis* sur la crête d'un danger. La personne qui se mesure à elle-même n'a pas trouvé plus redoutable rival. En plus de la voile sur la barque, équipez-vous de passion flottante, d'imagination de premiers secours et surtout oubliez l'idée saugrenue d'avoir les pieds sur terre. Abandonnez votre innocence sur le quai, laissez votre chaumière en ordre et vos amis réglementairement émus. Surtout, ne permettez aucune fissure à votre voilier ni au fondement de votre vie, car en mer, l'âme devient perméable et peut prendre l'eau, comme les bateaux.

Transports, zone de turbulence

É«ticket» aller-retour

♣

Par un vent à découronner mes molaires, j'ai été témoin d'une scène qui, si j'ose dire, m'a renversée. À un carrefour de Montréal, un petit couple âgé, tout droit sorti d'un conte d'Alphonse Daudet, l'un s'agrippant à l'autre, tentait de traverser la rue, dans un effort soutenu de ne pas tomber, de ne pas perdre son chapeau ni son partenaire. Lorsque les deux frêles personnes ont enfin atteint le trottoir opposé, le monsieur, victorieux comme Nelson à Trafalgar, a soulevé son chapeau en signe de reconnaissance à tous les automobilistes qui avaient attendu ce passage de la Berezina. Qu'elle n'a pas été ma stupeur de voir mon vis-à-vis retourner le compliment en levant furieusement le majeur de sa main droite. Ces deux minutes supplémentaires volées à son horaire l'avaient sans doute courroucé. Mais où en sommes-nous?

Il n'avait pourtant été blessé ni à la cuisse, ni à l'improviste, ni dans son amour-propre.

Voiture

Il existe pourtant un code de la route qui devrait préoccuper les automobilistes autant que les piétons. Mais il est aussi un sens civique, cousin de la courtoisie, qui semble avoir complètement disparu. Chauffeurs déchaînés, un volant n'est pas une mitrailleuse! Au nom de la logique, de la prudence, de la sécurité, apprenez non seulement à conduire, mais à vivre et à laisser vivre.

Dans la circulation dense, il est risqué de faire du slalom entre les voitures, de se faufiler en queue de poisson, de klaxonner pour manifester ses humeurs ou pour réprimander celui qui est jugé trop lent ou de permettre aux frustrés de se défouler. En outre, jouer de l'avertisseur derrière un camion-citerne ou une voiture de ramassage de poubelles ne fera pas accélérer le processus.

Si, enhardi par la courtoisie, vous laissez passer les piétons avec un aimable sourire, croyez-moi, ils en seront si étonnés qu'ils presseront le pas pour ne pas vous retarder.

S'enfuir après avoir été l'auteur d'un accident est condamnable et peut coûter fort cher. Si on est l'auteur d'un accident, on ne se préoccupera pas uniquement d'être en règle avec sa compagnie d'assurance. Dans le cas où on aurait fait des victimes, on leur rend visite à l'hôpital jusqu'à ce qu'elles soient complètement rétablies.

On veillera à ce que la voiture soit en parfait état mécanique et de propreté, et on ne conduira jamais en état d'ébriété.

En général, les occupants d'une voiture s'entendent sur le choix d'un itinéraire, et les fumeurs sacrifient à leurs habitudes par respect pour les autres, dans un habitacle trop restreint pour ne pas gêner. On se concertera également pour baisser la vitre, à l'avant comme à l'arrière. On se mettra d'accord sur le volume de la radio et des cassettes ou disques compacts. Le conducteur est celui qui aura le dernier mot; il

est responsable de la sécurité et du confort de ses passagers. Il se gardera de ne pas conduire au-delà des limites de vitesse autorisées ou de donner des sensations fortes en freinant brusquement et en opérant des départs à la Challenger. Un chauffeur qui veut impressionner, en ce début de siècle un peu désorganisé, se conforme au code et exige de ses passagers qu'ils bouclent leur ceinture de sécurité.

Si navigateur il y a, il s'abstiendra de donner les indications routières sous forme d'ordres et de commenter incessamment la façon de conduire du chauffeur. On tâchera de ne pas succomber à la tentation de reprocher au chauffeur de s'être trompé, même le cas échéant. «Mais je t'avais bien dit qu'il fallait prendre le virage à droite après l'église» est un exemple de phrase à ne pas exprimer. La concentration au volant doit être soutenue, et les réactions du chauffeur, sous contrôle permanent.

Par considération pour les passagers, mais surtout par mesure de sécurité, les voitures rouleront la nuit autant que possible avec les phares code afin de ne pas éblouir celles venant en sens inverse. Les phares ne s'utilisent que dans la rase campagne et reviennent en mode code lorsqu'on aperçoit la lumière d'une autre voiture au loin, et pas à la dernière minute.

Sur l'autoroute, si on conduit lentement (et il n'y a pas de mal à cela), choisir le côté droit et y rester.

En garant sa voiture, on pensera aux autres qui veulent en faire autant, en ne s'appropriant pas trop de place pour que celle qui se trouve devant et l'autre derrière puissent aisément manœuvrer si elles partent avant vous. En préparant ses créneaux, il serait plus prudent qu'ils soient faits à l'œil plutôt qu'à l'oreille. Et l'élémentaire civisme recommande de ne pas prendre par-derrière une place qu'un autre automobiliste attendait par-devant.

Taxi, limousine, voiture officielle

Dans une voiture, la place d'honneur est à l'arrière à droite. C'est là que s'assoient notamment un monarque, un chef d'État ou un ambassadeur.

Quand un couple monte dans un taxi garé le long du trottoir, l'homme y entre le premier par égard pour madame à qui il veut éviter de s'engager jusqu'au fond, gênée par une jupe trop étroite, un manteau ample, un chapeau, un sac à main, un bouquet de fleurs ou autres accessoires. Aujourd'hui, le prix à payer pour qui reçoit tant de courtoisie est de refermer soi-même la portière, car rares sont les chauffeurs de taxi qui s'acquitteront de cette tâche. Ces gens ne se dérangent plus même pour aider une femme qui transporte une valise en pleine tempête de neige. Ils craignent le froid et le vent et s'en protègent. Leurs muscles ne servent plus qu'à tenir un volant.

Une dame qui prend place dans une voiture s'assoira de côté, fera pivoter son corps en gardant les genoux ensemble et hissera ses jambes pour les installer devant elle.

Si un homme raccompagne une femme à son domicile, il sortira de sa voiture, ouvrira la portière, la laissera descendre et s'assurera qu'elle est bien rentrée dans son immeuble avant de démarrer.

Par temps de pluie ou de neige fondante, on évitera de conduire vite et trop près des trottoirs afin de ne pas éclabousser les piétons. Ceux-ci seront tenus de ne pas traverser la rue si le feu est rouge (tout le monde le sait, mais qui le fait?). Parfois, l'arrogance d'une telle action peut causer de regrettables et trop nombreux incidents.

Les insultes d'un chauffeur à un autre ou d'un piéton à un chauffeur sont, hélas, lancées très fréquemment, mais n'en sont pas moins aussi nuisibles qu'inutiles. Imaginez si toutes ces règles étaient respectées, comme notre société rivaliserait de gentillesse et de mieux-être.

Autobus

Dans *Le monde sans âme*, Daniel-Rops a écrit: «Il suffit de regarder aux heures d'affluence un wagon de transports en commun pour comprendre sans peine que ce n'est point vers la donnée de l'universel que se dirige notre civilisation, mais plutôt vers le concept barbare de la horde.»

Empruntons l'autobus. Est-ce trop demander que de dire bonjour au conducteur en montant dans l'autobus et de le remercier en le quittant? Je n'en ai pas encore vu qui ait mal pris la chose. Bien au contraire.

Si, au moment de monter dans l'autobus, on aperçoit une personne qui accourt pour ne pas le manquer, il faut le mentionner au chauffeur pour qu'il attende.

Qui qu'on soit, homme ou femme, il est élémentaire de céder sa place à des vieillards, des handicapés, des femmes enceintes ou accompagnées de très jeunes enfants. Jusqu'en 1960, ces règles n'étaient pas apprises dans un manuel de bienséance. Elles allaient de soi.

En autobus, le silence est de rigueur. On ne dérange pas la concentration du chauffeur en lui parlant, en faisant jouer son transistor à plein volume, et les conversations entre passagers doivent être discrètes.

Métro

Dans le métro, on ne prendra pas ses aises en étirant ses jambes devant soi ou en posant ses pieds sur le siège avant. Si c'est dans l'espoir d'être remarquée, la personne qui agit ainsi atteint son but, mais mal.

Si on arrive près d'un wagon dont les portillons sont en train de se fermer, on n'entravera pas leur fermeture avec les mains ou les pieds. Non seulement cette façon de faire est dangereuse pour l'intrépide, mais elle risque de détraquer le fonctionnement du système automatique.

Selon Tristan Bernard, la seule chose que l'on perde à être poli est sa place dans le métro.

Train

Quand je regarde le film *Meurtre sur l'Orient-Express*, je me demande dans quel siècle reculé se situe l'action. Il est malheureux que peu d'entre nous aient expérimenté le luxe, la propreté, l'hygiène, le *glamour* des trains d'une époque si peu lointaine. Quel contraste affligeant avec nos transports en commun contemporains!

À moins de jouer la scène d'Anna Karénine quittant le comte Vronski sur le quai de la gare, les séparations douloureuses et les effusions sentimentales en public sont gênantes.

Les hommes retirent leur chapeau en entrant dans la voiture d'un train et sont encouragés à aider les dames seules à monter leur bagage dans l'espace qui leur est réservé.

Si on apporte avec soi un goûter, on le mangera avec discrétion et on évitera le pique-nique encombrant composé de fromages puissants et de bouteilles de vin ou de bière.

Les parents prévoiront des jeux tranquilles, des cahiers à colorier, des livres ou des revues pour que les enfants ne s'impatientent pas et ne dérangent pas les autres passagers.

Si un voyageur souffre de la chaleur, est indisposé et désire ouvrir la fenêtre, il le fera après avoir obtenu l'assentiment de tous. Les fumeurs se tiendront dans le compartiment qui leur est réservé. On n'allongera pas les jambes sur la banquette devant soi et on évitera de retirer ses chaussures. Toutefois, on peut remplacer ses bottes de montagne ou ses chaussures de sport par des chaussures ou chaussons plus légers et confortables. Les décibels des baladeurs ne résonneront que dans les tympans auxquels ils sont destinés.

Dans un wagon-lit, on offrira à la personne plus âgée ou à une dame le choix de la couchette et on veillera à ne pas étaler ses affaires sur le sol. Au moment d'éteindre, on se souhaitera bonne nuit et, au réveil, on se dira bonjour.

Au wagon-restaurant, on attendra son tour pour être servi. Si le partage de la table se fait avec un passager inconnu, il est de mise de se présenter et, si l'on offre un verre de vin à l'autre, il sera accepté avec gentillesse. La réciprocité du geste est encouragée.

Il m'est difficile d'imaginer plus civilisés que les trains danois. À l'été de 2002, j'ai eu la surprise incomparable de pouvoir choisir mon wagon. Il y en avait pour tous les goûts: les silencieux sont destinés aux passagers qui souhaitent lire en paix ou admirer le paysage sans risquer d'être interrompus dans leur contemplation par un bavard ou un accroché du cellulaire; le wagon business est réservé aux gens d'affaires qui désirent utiliser leur ordinateur et leur téléphone cellulaire; le wagon social qui permet à ses usagers de se rencontrer, bavarder, chanter et s'amuser; et enfin, le wagon-restaurant est pour les autres qui ont des fringales. Un rêve devenu réalité. Qu'attendons-nous pour les prendre en exemple?

Avion

Même si prendre l'avion présente de plus en plus d'incommodité, la tenue vestimentaire sera soignée et confortable. Les mises débraillées et imprégnées d'odeurs gênantes et tenaces rendent les passagers hostiles et la durée du voyage interminable et franchement insupportable. Savoir représenter son pays commence à l'embarquement et au guichet des douanes. Il faut savoir tenir le drapeau haut. Combien de peuples entiers sont représentés dans un seul groupe de personnes qui arrivent comme partout en pays conquis?

Au lieu de traîner ses bagages dans des cartons ficelés ou de grands sacs de plastique, il est de bon ton et infiniment plus pratique de renfermer ses effets personnels dans une valise ou un sac de voyage de bonne qualité.

Prendre avec soi en cabine le moins de bagage possible pour ne pas encombrer l'espace déjà restreint et obstruer l'espace vital des voisins. Bien sûr, les mamans accompagnées de leur progéniture ont le privilège d'un excédent bien justifié et veilleront à ce que celle-ci ne coure pas dans l'allée et ne dérange pas le service des hôtesses, des stewards et tout simplement le confort des passagers. Les parents penseront à fournir à leurs enfants de quoi les occuper tout au long du voyage. Les couches du bébé ne seront pas changées sur le siège du voisin, mais bien à la place de l'enfant ou dans les toilettes. Au décollage et à l'atterrissage, le changement d'altitude peut provoquer de vives otalgies chez les jeunes enfants, qui ne peuvent s'empêcher de pousser des cris stridents. Prévoir des tétines, des biberons ou des bonbons qui, lorsque les petits les sucent, apaisent considérablement leurs douleurs passagères.

À ceux qui ont la vessie impérative, il est recommandé de s'asseoir près de l'allée. Si on ne désire pas entreprendre une conversation, on le fera facilement savoir en entamant la lecture d'un livre ou d'un journal. Certaines personnes inquiètes ou angoissées par le vol deviennent d'intarissables bavardes. Dans certains cas, il se pourrait qu'une attention aimable et quelques paroles réconfortantes leur apportent calme et assurance. Si rien ne devait y faire, avoir recours à de l'assistance en tirant sur le bouton de service.

On tâchera de s'entendre avec le voisin derrière avant de faire basculer son siège. Quoi de plus irritant que de voir son plateau-repas soudainement ailleurs et peut-être renversé à cause de ce manque de considération.

Chacun contribuera à ce que les toilettes soient dans un état de parfaite propreté. Sur les long-courriers, cet état de fait requiert une attention soutenue de la part de tous.

En cas de turbulence ou de trous d'air, tâcher de rester calme, car ce serait augmenter la panique générale que de commencer à raconter des histoires de foudre qui traverse les ailes, de moteurs en flammes ou encore d'atterrissage forcé.

À l'atterrissage, attendre que le pilote invite à se lever et ne pas s'exécuter tous en même temps en se ruant sur les coffres à bagage au risque d'en faire tomber sur les plus sages qui sont restés assis ou encore de risquer que sa main en prenne une crampe en tirant sur le sac du dessous.

En quittant l'appareil, s'assurer de laisser sa place dans les meilleures conditions possibles. Rendre couverture et accessoires, ranger journaux, revues et emballages de nourriture ensemble dans la pochette du siège avant. Sourire et remercier l'équipage qui se tient sur le seuil de l'avion en prenant congé. Féliciter le capitaine pour son excellente performance de vol, s'il est visible et si c'est le cas.

Comme elle est loin l'époque où voyager en avion était un luxe !

Bateau

La croisière reste le seul moyen de satisfaire le voyageur en mal de romantisme ou d'évasion. C'est à peu près la seule façon de voyager vaguement, si j'ose dire, presque sans but.

On prend souvent le bateau pour échapper à une société qui ne sait plus vivre, pour se refaire une vision bleue d'une existence entre ciel et mer. Courtoises gens, restez-le et partagez avec bonheur et gentillesse table, cabine, bonne humeur, divertissements et air du temps.

En cabine, être discret, décent et délicat. Trois règles d'or pour réussir sa croisière. Ne pas s'immiscer dans la vie, le passé ou les pensées de quelqu'un du simple fait qu'il partage votre habitacle. Ne pas semer sa nudité à tout vent. Doser sa présence et son absence.

La vie sur un paquebot est synonyme de vacances luxueuses dans une société hétérogène visant le même objectif: s'amuser et se cultiver. Les taciturnes, les arrogants, les dédaigneux et les ténébreux n'ont pas leur place à bord et sont priés de ne pas gâter par leur présence le raffinement, l'élégance, le rêve dont on veut s'envelopper.

Les premier et dernier soirs de croisière ne permettent pas les tenues de soirée.

Et franchement, de bouche à oreille, un conseil: vaut mieux s'y trouver seul que mal accompagné.

P.S. Excusez-moi! Vous ne donnez rien pour le service?

Les poids lourds pour la fin

Que l'anecdote me vienne en aide pour en parler et clore ce chapitre avec couleurs.

On rapporte que, dans une capitale sud-américaine, un chauffeur d'autobus et un camionneur s'étant mutuellement traités de crétins ont décidé de se battre à bord de leurs mastodontes transformés pour la circonstance en palefrois de tournoi.

Ils se chargeaient comme des taureaux. Et pan! dans le pare-chocs... Et boum! dans l'aile... Et badaboum! dans la portière...

Tandis que les conducteurs, grimaçants de fureur, sautaient dans leurs véhicules comme crêpes en poêles, les étincelles et le tonnerre jaillissaient de leurs ferrailles bouillantes.

À ce train (toujours dans le transport) d'enfer, les machines se sont bientôt désagrégées. De bosse en déchirure, d'aile pendouillante en glace pulvérisée, de pneu éclaté en réservoir crevé, elles ont rendu l'âme dans des éructations navrantes, au milieu d'une nuée de spectateurs enthousiasmés et de policiers. Ces derniers étaient d'autant plus nerveux de la trique que chacun d'eux avait failli se faire écraser dix fois en tentant d'arrêter le massacre.

Proprement anesthésiés au gourdin, les deux duellistes reposaient bientôt à l'hôpital. La prison devait suivre, mais, comme l'ont dit les deux champions, l'honneur était sauf, ce qui leur paraissait le principal.

Cette histoire n'est pas élucubration farfelue cogitée à la suite d'une insolation et sortie toute fumante de mon crâne; elle est aventurette véritable qui montre combien les coups sont recherchés par l'être humain ou lui tombent dessus de façon inattendue.

Et moi qui me tue à vous dire que l'étiquette fait beaucoup moins mal et laisse l'honneur toujours sauf...

CIVISME ET ÉCOLOGIE

«Poète, tu peux ne pas l'être, mais citoyen,
il faut que tu le sois.» — N. Nekrassov

❧

L'étymologie des mots civisme, urbanité, politesse conduit aux mêmes racines gréco-latines qui évoquent la ville. Être un bon citoyen, c'est avoir le sens civique. Être un citoyen poli, c'est savoir se comporter en communauté pour qu'elle soit viable. Être un citoyen urbain, c'est être aimable et respectueux envers autrui. Qu'advient-il du citoyen qui s'éloigne de la ville et qui conserve ses vertus civiques à la campagne, à la montagne, à la mer? C'est celui qui a de la considération pour l'environnement et pour la nature, populairement appelé un écolo.

Tous les habitants de la Terre devraient être préoccupés d'avoir l'esprit de conservation pour cette planète qu'on dit si menacée. Il faut partir en campagne contre ceux qui n'ont pas encore saisi l'importance urgente de savoir s'y comporter. Savoir vivre envers la nature est une priorité dans nos vies. Tous devraient être informés de l'existence et de l'usage qu'il faut faire des produits toxiques et de leurs contenants et être conscients qu'ils sont nombreux sur le marché. Il est impérieux d'apprendre quels sont les produits écologiques qui devraient concurrencer leurs rivaux polluants. Les produits dérivés du pétrole, les détergents puissants, les produits d'entretien, les insecticides et pesticides, les solvants, colles, peintures et décapants, les aérosols sont menaçants et doivent être utilisés avec beaucoup de précaution.

Chaque année, les médias nous informent à grand renfort de reportages désespérants du nombre grandissant d'incendies de forêts dans le monde, et qui sont souvent d'origine criminelle. C'est à donner des frissons dans le dos même pendant le sommeil. Les forêts sont les poumons de notre planète et ont une fonction vitale pour notre survie et celle des générations futures.

Pour que la qualité de notre vie terrestre soit meilleure, veiller à:

- ramasser toutes ses ordures après un pique-nique dans la nature pour s'en débarrasser dans les contenants publics réservés à cet effet ou pour les remporter à la maison et les jeter à la poubelle;
- éviter, au cours d'une randonnée, de cueillir des plantes qui sont en voie de disparition;
- attendre d'être de retour chez soi pour se défaire d'un ticket de métro ou d'un emballage de bonbon;
- apprendre à sélectionner les déchets recyclables par catégories de plastique, verre, papier que la municipalité se charge de récupérer;
- couper le contact du moteur de la voiture pendant qu'on attend plus ou moins longtemps;
- contrôler ses envies de fumer en forêt ou, pire encore, d'y faire usage de barbecue;
- lire les étiquettes de produits et choisir ceux qui sont biodégradables.

À ceux qui croient que le savoir-vivre est d'un snobisme ridicule et superflu, je ne pense pas qu'ils en aient saisi tout

le sens et je crois qu'ils sont résolument moins modernes que moi, car la politesse «verte», qui est récente, est probablement la dernière bouée de sauvetage qui nous est lancée.

Le civisme est aussi un S.O.S. auquel il faut vite donner de l'attention et des égards, et il commence à la maison en éduquant ses enfants; sinon, nous nous engageons tous dans une espèce d'anarchie irréversible qui est la plus grande menace de danger pour la démocratie. Est-ce bien ce que nous souhaitons? Jetons un œil sur les pays soumis, dans un hier récent, à un régime totalitaire qui ne se souciait aucunement de la vie civique de leurs habitants et qui apprennent, aujourd'hui qu'ils en sont libérés, à faire de petits pas timides dans des sociétés où régnait la loi de la jungle.

Nos enfants ont besoin de parents qui leur indiquent le mode d'emploi en leur donnant l'exemple. Certains parents trouvent normal qu'en roulant sur l'autoroute leurs enfants jettent par la fenêtre de la voiture des détritus de tous genres. Aucun enfant ne peut savoir d'instinct comment se comporter avec un aveugle qui s'apprête à traverser la rue, avec la porte qu'on n'ouvre pas aux étrangers, avec les allumettes qui ne sont pas des jouets rutilants, avec la salle de bains qu'il faut garder impeccable.

Je vous laisse à bien réfléchir sur cette citation de Montesquieu: «La liberté est le droit de faire tout ce que les lois permettent; et, si un citoyen pouvait faire ce qu'elles défendent, il n'y aurait plus de liberté, parce que les autres auraient tout de même ce pouvoir...»

«Mourir, c'est un manque de savoir-vivre»
– Sacha Guitry

Le choc du futur

❧

En Amérique du Nord, quand un proche trépasse, on s'en remet à des maisons spécialisées qui prennent en charge tous les détails entourant le décès. Il apparaît nécessaire d'exhorter certaines d'entre elles à se manifester de manière plus discrète au moment du règlement des honoraires qui, on le sait, sont très élevés. Une supplique pour freiner l'envie de ces gens d'affaires de rappliquer en offrant leurs services pour nécessités ultérieures. Ce comportement est insupportable de la part d'organisations qui veulent manifestement s'assurer l'application des derniers rites sur tout l'arbre généalogique.

Si la personne décédée a laissé un testament, on s'en tiendra à ses dernières volontés. A-t-elle exprimé le souhait que son corps ou ses cendres soient jetés à la mer? S'il s'agit du corps, il sera mis à bord d'un bateau dans un linceul et, en pleine mer, au large des côtes, même au-delà des zones territoriales, on accomplira ce rite. Si le corps a été incinéré, les cendres seront disséminées même depuis la côte. Il faudrait également penser à éclaircir les vœux du défunt concernant le don qu'il a voulu faire de ses organes et de son corps à la science. Avant de tirer sa révérence, la courtoisie la plus appréciée est précisément celle de ne rien laisser au hasard en prévoyant tous les arrangements et les legs qu'on souhaite laisser à ses héritiers.

En cas de décès à l'étranger, la famille s'adressera au consulat de son pays pour rapatrier le corps. C'est une épreuve supplémentaire que de remplir toutes les formalités requises par le pays d'origine et celui où le décès est survenu. Le temps investi est extrêmement long.

À la maison, on confiera les petits enfants à une personne responsable. Certains parents préfèrent éviter à leurs jeunes enfants ou adolescents la difficile expérience d'assister aux funérailles. La mort étant un événement de la vie, il est normal que les enfants en soient informés et apprennent à partager le chagrin de toute la famille. Aux funérailles, ils seront assis près d'adultes à qui ils pourront apporter un soutien moral parfois étonnant.

Il est important de mandater une personne qui a la maturité et le tact nécessaires pour répondre aux innombrables sonneries de téléphone qui vont survenir et pour recevoir les télégrammes et les lettres de condoléances.

Aujourd'hui, on annonce la nouvelle aux proches, aux amis et collègues par téléphone. Jamais par télécopieur. Les détails concernant les funérailles seront alors diffusés. La rubrique nécrologique d'un journal fera part de la nouvelle.

On s'entendra avec le directeur de la maison funéraire sur les rituels exprimés par le défunt. Si le cercueil devait être ouvert et placé en chapelle ardente dans une résidence funéraire, on procurera aux personnes responsables des vêtements sobres et propres. On prendra soin de coordonner funérailles et enterrement. Il faudra penser à offrir, après le service au cimetière, un goûter et en faire part aux membres de la famille, au prêtre ou ministre en charge du service à l'église, aux amis et aux collègues proches du défunt et à tous ceux habitant loin et qui ont exprimé le désir d'entourer la famille. On prévoira des faire-part, les fleurs et les enveloppes à laisser au célébrant et à la chorale.

Si le défunt est une célébrité, on désignera une personne pour rédiger une oraison funèbre. À la fin de celle-ci, il est permis de faire part des souhaits du disparu de ne pas envoyer de fleurs, par exemple, ou de ne pas faire mention de son âge. La famille peut également exprimer le vœu de tenir des funérailles intimes, ce qui sous-entend que personne ne peut y assister à moins d'y avoir été invité.

Les personnes qui veulent exprimer leur sympathie enverront quelques mots ou diront leur chagrin d'avoir appris la triste nouvelle ou exprimeront toute leur amitié. Au Québec, on entend parfois l'expression: *souhaiter ses sympathies*, qui est heureusement caduque; on offre sa sympathie. Dans un message écrit, on ne mentionnera pas le mot *condoléances*. Voici quelques exemples de formules: «Permettez-moi de m'associer à votre douleur», «Je suis de tout cœur avec vous en ces cruelles circonstances», «C'est avec une grande peine que j'apprends la disparition de...». Ces mots écrits à l'encre noire sur un carton blanc contenu dans une enveloppe peuvent accompagner des fleurs qui seront livrées à la maison funéraire ou à l'église. Les paroles semblent si superflues lorsqu'elles entourent la mort; n'hésitez pas à vous approcher de ceux qui souffrent, à leur tenir la main, à les embrasser et les entourer physiquement.

On n'enverra jamais de fleurs à des funérailles juives. Chez les catholiques, on orne le cercueil d'une gerbe et l'autel de fleurs blanches, tandis que chez les protestants, les fleurs abondent jusque dans l'allée centrale de la nef. La famille éprouvée devra remercier chaque personne qui a manifesté sa sympathie de quelque façon, par des paroles écrites à l'encre noire sur un carton blanc liseré de noir (ce détail n'étant pas obligatoire).

Une veuve se vêtira sobrement. Elle n'est plus tenue de se couvrir de voile noir et de s'habiller de grand deuil. Il n'y a guère qu'en Europe très méridionale où cette coutume persiste et souvent la veuve ne quittera plus le noir du reste de sa vie. Les enfants iront au service religieux vêtus de leurs plus beaux habits; les adolescents et les jeunes gens porteront des tenues discrètes et propres. Les adultes freineront leur envie de se présenter à l'église (ou au temple) dans des tenues trop folkloriques ou indécentes, même si le défunt appartenait au milieu du show-business ou avait un style de vie excentrique.

Si panégyrique il y a, il sera prononcé par le célébrant ou par une personne choisie par la famille, lors du service funèbre. Il serait indélicat de refuser à quiconque de s'exprimer au sujet du défunt. Toutefois, il y a des règles à observer:

- S'avancer devant le chœur, derrière le pupitre dressé à cet effet, et prononcer un éloge bref et positif qui ne devrait pas s'étendre au-delà de cinq à sept minutes. Il n'est plus question de prononcer des oraisons funèbres à la Bossuet, mais bien d'évoquer la place qu'occupait le défunt dans son milieu familial, amical et professionnel plutôt que de gémir sur sa mort. L'important est de choisir les mots qui sauront toucher le cœur et de faire preuve de compassion au grand vide laissé par l'absent.
- Si les larmes devaient étouffer la voix de l'orateur, il est recommandé de s'excuser et de retrouver sa place, à son banc. Tout le monde comprendra.
- Surtout, tenir des propos empreints de respect et de bonté et non de flatterie qui serait de mauvais goût. Des faits charmants peuvent être mis en relief qui au-

ront pour conséquence d'exorciser pour un temps la douleur et le chagrin laissés par le défunt. Toutefois, terminer par un fait saillant qui suscite l'admiration et éveille les meilleurs souvenirs.

Je ne peux pas passer outre l'envie de décrire un événement qui m'a laissé un souvenir de douceur à l'égard de la mort. C'était au cours d'un superbe après-midi de jeune été, dans un pays du nord de l'Europe. Je me trouvais dans mon jardin en train de lire quand j'ai entendu au-delà de la haie mitoyenne une rumeur dont je ne distinguais pas la nature. J'ai risqué un œil à travers les branches des troènes pour apercevoir une pelouse animée d'une bonne cinquantaine de personnes qui tenaient toutes un verre à la main et qui buvaient «à la bonne destinée» du patriarche de la maison qu'on venait d'enterrer. Tous y allaient à tour de rôle, qui de son évocation taquine, qui de son récit malicieux, qui de son évocation comique. Et tout ce parterre, je dirais joyeux, de remémorer les meilleurs passages de la vie de leur cher disparu. À regret, ils se sont quittés trois heures plus tard plutôt guillerets, laissant à mon esprit témoin une impression de ravissement. Cette candeur m'avait appris que la mort était certes un grand et mystérieux événement, mais que la célébrer avec tant de civisme apaise les sentiments inquiets qu'elle peut inspirer.

Depuis ce jour, j'ai envers la mort une espèce de conscience lumineuse qui me fait mieux comprendre la pensée de Louis Aragon: «Il est plus facile de mourir que d'aimer, c'est pourquoi je me donne le mal de vivre.»

L'ARGENT POLI

Tout ce qui brille n'est pas d'argent

♣

À moins d'habiter une île déserte, l'argent est devenu indispensable à tous, au point que si vous n'en avez pas, l'État vous en veut, et si vous en avez, l'État le veut. Aussi, les gens s'essoufflent-ils à s'en procurer par tous les moyens, et le seul reconnu honorable est le travail. Or, il se fait rare et ce monde endetté dans lequel nous vivons nous pose des problèmes qui vont de l'acéré à l'aigu.

Il existe un analphabétisme de l'argent dont je fais partie et je m'en plains. Enfant, mon père me faisait comprendre à force d'impatience que je lui coûtais cher et cette situation ne semblait pas l'amuser particulièrement. Jeune fille, étudiante à Paris dans les années 60, à l'énoncé de ma nationalité canadienne, ou bien on me demandait si mes parents possédaient une grande ferme (quelle dot!) ou bien on réagissait en disant: «Vous venez d'un pays où on ne parle que d'argent, n'est-ce pas?» À l'époque, je ne savais pas dire: «Plaît-il?»... Devenue ensuite femme, au lendemain de mon mariage, mon époux tout neuf m'a fait comprendre, avec une grimace de mépris, que «ce mot-là» (entendez l'argent) était vulgaire et qu'en parler était intolérable. Voilà le malaise dans lequel on a fait grandir certaines fillettes de ma génération.

Primo, il me paraît insensé d'avoir coûté plus cher à mon père que le reste de la smala. *Secundo*, en 1960, l'argent n'était pas abondant en Europe encore affaiblie par la guerre et on en parlait beaucoup plus que chez nous. *Tertio*, le mari a prescrit une règle qui le déclarait seul grand contrôleur du pécule matrimonial et surtout, pour l'avoir confirmé plus tard, qui interdisait à sa jeune épousée l'accès à une certaine liberté. Voilà, c'est dit.

Sur ce plan-là aussi, beaucoup d'entre nous ont été roulées et peu roulent sur l'or aujourd'hui. Un tabou qui a son pesant d'argent. Apprendre à gérer sa fortune, si petite fût-elle, n'était pas à l'ordre du jour, dans ces années-là.

Il est vrai que quelqu'un ayant trop souvent ce mot à la bouche ou à l'esprit peut être d'une détestable compagnie. Mais il faut des sous pour vivre, il faut savoir en gagner et l'expliquer à ses enfants. Ironie du sort, ce sont mes enfants qui m'éduquent sur le sujet aujourd'hui.

L'argent est une force, un moyen puissant d'accéder à la liberté, à la célébrité et au luxe. Il faut pourtant le traiter avec pudeur en ne l'étalant ni par le geste ni par le verbe. Si prodigalité il y a, elle sera manifestée avec bon goût et discrétion, en respectant l'état moins favorisé de ceux qu'on veut gratifier. Comme dit l'adage: «L'esprit est le contraire de l'argent: moins on en a, plus on en est satisfait.»

Au restaurant, les collègues ou les camarades se partageront équitablement la facture sans faire état des quelques cents qui font la différence de leur écot. Si l'un d'eux devait souhaiter une facture séparée, il en fera mention au moment de la commande. À table, on n'exhibera pas sa monnaie et, si on invite, les convives ne seront d'aucune façon informés du montant à régler.

Toujours au restaurant, en fin de repas entre amis, il m'est déjà arrivé d'être témoin de l'un d'eux suggérant de ne payer que le tiers de la bouteille de vin prétextant que sa femme s'était abstenue d'en boire. Quel manque d'élégance! Imaginez que pendant tout le dîner, ce calculateur invétéré, au lieu de jouir de la présence des autres convives et des bons mets, scrutait les verres pour en évaluer le contenu.

Il ne faudrait pas confondre la prudence, le sens de l'économie et l'avarice. Cette dernière attitude est simplement insupportable. Non seulement il est lourd d'entretenir l'amitié avec des personnes affublées de ce vice, mais il est pénible de se savoir piégé par les radins qui n'ont même pas la décence de cacher l'énergie qu'ils investissent à ne pas payer. Je préfère de beaucoup la désinvolture de ceux qui s'acquittent avec grâce de la facture. Mais attention! Même si les pingres et les pique-assiettes s'en tirent à peu de frais, ils finissent par lasser et risquent de se retrouver seulement en compagnie de leur tirelire. «Les avares amassent comme s'ils devaient vivre toujours», a judicieusement conclu Aristote.

L'amitié étant plus importante que l'argent lui-même, on se montrera très prudent quant à son emprunt. Il est indispensable de rembourser une dette envers qui que ce soit. Surtout envers un ami. Si l'argent a été prêté liquide, il sera rendu liquide et le plus rapidement possible. On ne tentera cette difficile transaction qu'en dernier recours. Cependant, il est des amis pour comprendre qu'ils peuvent prêter main-forte pour aider celui ou celle qui subit un revirement de fortune et qui est dans une impasse difficile. Si le délai de remboursement dépassait la période permise, l'emprunteur devra rassurer la personne de qui il a bénéficié d'un prêt en lui écrivant un mot pour s'excuser et pour réclamer une petite dose de patience supplémentaire.

Eugène Labiche avançait que l'amitié finit où la dette commence. Sacha Guitry, pour sa part, pensait: «Un homme qui ne demande jamais de service à personne finit par se faire la réputation d'un homme qui n'en rend pas.»

La curiosité populaire, qui est gourmande de connaître le prix des choses, devra s'exercer à la retenue. Connaître la fortune d'autrui amplifie-t-il la culture? Si oui, en quoi? En dehors des institutions bancaires et du ministère du Revenu, cet angle de la vie devrait rester privé. À moins qu'il ne serve à mesurer ou à creuser le fossé entre les classes de notre société.

Dès avant leur mariage, les époux définiront sérieusement la gestion de leurs finances. Croyez-moi, la question mérite d'être parfaitement élucidée. Si l'un des conjoints devait décréter qu'un mariage n'est pas une société par actions, il devra apprendre qu'en effet il l'est en partie. Dans un couple, est-il superflu de dire que si tout doit être transparent, le salaire et le compte des époux doivent l'être également. Oui, les bons comptes font les bons amis et les bons mariages, car sur cette question, le silence n'est pas d'or et cette attitude tacite a démantelé la sérénité dans bien des familles.

Les enfants, de plus en plus, ont à leur disposition de l'argent de poche. Il serait recommandé de leur apprendre à le gérer. Un excellent apprentissage pour demain. Oui, l'argent est un moyen d'accéder à une certaine liberté à laquelle les enfants ont aussi droit.

Si l'argent n'a pas d'odeur, il a de l'influence. En public, il faudra éviter de le manipuler et d'en faire étalage, surtout sous les yeux de ceux qui en ont peu. La décence, le tact et la retenue sont les amortisseurs de ce pouvoir.

Les nouveaux riches, malheureusement, font l'erreur de vouloir afficher leurs gains rapidement et avec ostentation. «La fortune ne change pas les hommes, elle les démasque», disait Mme Riccoboni.

Quant aux nouveaux pauvres, de plus en plus nombreux, ils devraient ne pas accabler leur environnement avec leurs nouveaux problèmes en évoquant les fastes de leur passé disparu. En attendant des jours meilleurs, ils devraient avoir recours à leur dignité, si elle n'est pas perdue.

On ne divulguera pas non plus la somme qu'on a dépensée pour faire un cadeau. Il en est qui simulent la distraction en «oubliant» une étiquette sur une bouteille prestigieuse ou sur un objet de luxe pour simplement rappeler l'effort financier fourni et en faisant des mines étonnées lorsqu'on la découvre. Comme disaient les bonnes sœurs: «Un peu de tenue, s'il vous plaît!»

Lors d'une entrevue d'embauche, le postulant pourra prendre l'initiative de discuter du salaire qui devra lui revenir si la personne déléguée à cette tâche ne touche pas à la question. Attention, toutefois, à ne poser cette question qu'en fin d'entretien et veiller à montrer plus d'intérêt pour l'emploi proposé que pour le salaire et les bénéfices qui y sont rattachés. Il est tout à fait dans les normes de s'enquérir si le salaire est négociable. Certains diront qu'en nos temps de famine, c'est un jeu dangereux.

De nos jours, lorsqu'un jeune homme courtise une jeune fille et l'invite au restaurant, il est de bon ton qu'ils se partagent l'addition. Un homme ayant sa situation bien établie n'osera pas agir ainsi avec une femme; celle-ci offrira la réciprocité à une autre occasion et d'une autre manière. Il est rare qu'un homme de bon goût et de belle fortune accepte que la dame qu'il courtise s'intéresse à ces tracas si peu... métaphysiques. Autrement, il est tout à fait correct et courant qu'une femme d'affaires invite un homme au restaurant et qu'elle acquitte la note. Il est des hommes appartenant à une génération précédente qui n'accepteront jamais qu'une femme paie la facture au restaurant et considèrent ce geste honteux. Comme en toute chose, il faut faire preuve de jugement. Si, à charge de revanche, une femme souhaite remercier un homme, elle l'invitera à un concert ou au théâtre; cette façon de faire est très élégante, discrète et souvent appréciée.

Une femme qui tient à régler une note de restaurant où elle a convié des hommes choisira un restaurant où elle a ses habitudes et demandera que la facture lui soit adressée chez elle ou à son bureau. Il est évident qu'une telle confiance doit être méritée par une réputation bien établie et sans faille.

Quand la facture est présentée à l'invitant, celui-ci devra s'en acquitter avec bonne grâce. Si la somme lui paraissait trop élevée, il ne le montrera pas et freinera ses envies de faire preuve de son indignation.

Au restaurant, il en est qui veulent à tout prix montrer leurs connaissances en tous genres en critiquant ouvertement les tarifs imposés et en n'épargnant pas la curiosité des voisins de table. À ceux-là je dirai qu'ils étalent leur ignorance. En cas d'insatisfaction, on règle ses différends en dehors de la table, en ayant soin de s'excuser en la quittant.

Il est recommandé d'épargner les tympans de votre entourage qui ne tient pas à entendre le prix de votre maison ou de vos hypothèques, la déclaration de vos revenus, les honoraires du chirurgien pour votre dernière chirurgie faciale, etc. Tout cela est du domaine privé et ne devrait intéresser personne.

Les cadeaux en argent liquide sont attribués à des personnes qu'on connaît très intimement. Il est préférable d'offrir un certificat-cadeau plutôt que de l'argent dans une enveloppe. Encore une fois, avec le pouvoir il faut agir avec précaution, délicatesse et réserve.

L'argent comme le savoir sont une source de liberté à laquelle il est sage d'initier sa progéniture afin qu'au soir de sa vie elle ne s'écrie pas, comme Oscar Wilde au moment de rendre le dernier soupir: «Je meurs comme j'ai toujours vécu: au-dessus de mes moyens.»

N.B.: Voir le chapitre sur les pourboires.

LA VOIX
DE SON MAÎTRE

Reliefs sonores

&

Pour qui se mouche du revers de la manche, éternue à se faire jaillir la cervelle, a le hoquet rythmique, le rot surprenant et la toux menaçante, il y a d'abord le mouchoir. Toutes ces manifestations caractéristiques du corps et leurs expressions sont inévitables. Elles entraînent souvent le soulagement de soi-même, rarement celui des autres.

Il est tout à fait naturel que le corps s'exprime par des fonctions bien déterminées, et chacune d'entre elles est reconnaissable à son bruitage bien personnel. Le son produit par un éternuement n'est pas apparenté à celui de la toux ou du hoquet. Chacun a son identité. S'il dérange, c'est moins par l'étonnement que par la surprise. Subtile différence.

Se moucher est un geste quotidien qui est même encouragé, à la condition qu'il soit effectué dans un mouchoir et non pas dans une serviette de table, même en papier. (Pas de hauts cris! Je l'ai vu faire par une des plus vénérables dames de notre société.) Après s'être mouché, il conviendra de retourner le mouchoir dans sa poche ou dans son sac sans chercher à analyser ce qui s'y trouve. On ne cherchera pas non plus à le refermer dans ses plis.

À table, on ne se mouchera pas au-dessus des assiettes. On se tournera légèrement de côté tout en regardant le plancher. Si on pressent l'éternuement, on se saisira de sa serviette de table, qu'on utilisera comme écran à son visage tourné en retrait. On prendra le mouchoir de son sac ou de sa poche et on s'appliquera au grand nettoyage derrière l'écran. Aucun convive à table ne fera preuve de bienveillance si cette décence n'est pas appliquée. On s'excuse ensuite.

Cependant, un plus grand effort est requis pour contrôler la toux et l'expectoration, qui ont toute la sympathie des témoins qui seraient reconnaissants d'en être épargnés. Un mouchoir, un kleenex ou au moins la main devrait couvrir la bouche afin de protéger les personnes autour d'être exposées au risque d'infection ou d'attraper des symptômes fâcheux. La tentative d'expectorer à grands renforts de raclage de gorge recommande une retraite provisoire dans l'intimité de la salle de bains. Pour soulager une quinte de toux, un verre d'eau peut être salvateur. À quelqu'un en lutte sérieuse avec une quinte, on portera assistance, naturellement. On ne pensera pas à faire subir le désagrément de sa toux à une large audience de concert, d'opéra ou de théâtre.

On ne crache pas par terre, même dehors sur le trottoir en public. On se servira du mouchoir, un attribut de moins en moins courant.

On bâille la main sur la bouche et ce mouvement d'ennui ne mérite pas d'être accompagné d'un bêlement improductif.

Les gargouillements d'estomac ne peuvent aucunement être dominés. On offrira une bouchée à cette personne aux prises avec son abstinence.

Le hoquet bien involontaire est trop distrayant pour être manifesté à table, qu'il faudra quitter en s'excusant, entre deux poussées.

Le rot est proscrit en Occident et son bruit est très disgracieux. Si on est surpris par un rot, la courtoisie exige de s'excuser.

Oserai-je parler du dernier, celui dont on se demande s'il faut le taire ou l'exprimer? Pourquoi pas? Le pet, puisqu'il faut l'appeler par son nom, qu'il soit sournois ou furibond, reste toujours infâme. Si on pressent son éruption, il vaudra mieux se mettre à l'écart d'un groupe; si le temps manquait, la civilité commande de s'excuser très brièvement. Grâce à la *Civilité* de Jean Sulpice (1555) proposée par M.F. Lecherbonnier, veuillez trouver ci-après le meilleur mode d'emploi concernant les flatuosités:

> «*Si de roter te venoit appétit*
> *Ferme ta bouche et te tourne un petit*
> *Faisant couler ce vent ord et nuisible*
> *À peu de bruit, ou nul, s'il est possible.* [...]

Mais de péter garde qu'il ne t'échappe.
Retiens ce vent et en dedans l'attrape.
Ferme le trou. Joins les fesses ensemble,
Et serre fort, encores qu'il te semble
Que la douleur te deust tant tormenter
Comme une femme approchant d'enfanter:
Car pour un pet ord, puant et infâme
Fait à table, il n'est homme ne femme
Qui ne te dist que tu es à outrance
L'un des plus grands archevilains de France.»

Érasme devait être plus indulgent. Il encourageait de s'écarter de la compagnie et de couvrir la trame sonore d'une toux soudaine.

Au choix!

À TABLE

Madame est servie!

✤

La table est un sujet vaste, exigeant, mais également charmant et utile.

Les jeunes gens en début de carrière et hélas! certains de leurs aînés ne se trouvent pas forcément très à l'aise lorsque vient le moment d'aller au restaurant avec des collègues ou des clients.

Pour vous, les bonnes manières sont ringardes, poussiéreuses, et réservées à l'élite? Eh bien, détrompez-vous! De bonnes manières, notamment à table, peuvent valoir à ceux qui les appliquent promotion, clientèle élargie, respect et considération d'un employeur. Encore faut-il savoir quelles règles appliquer.

À l'étranger, les uns et les autres se montrent souvent hésitants à l'approche de la table. Ainsi, beaucoup se demandent si, de nos jours, un homme doit encore tenir la porte à une dame. On le sait, le traitement accordé aux hommes et aux femmes est de plus en plus égalitaire dans le monde actuel; toutefois, quelle que soit la personne qui vous fait face, elle doit toujours être en mesure d'obtenir la considération qu'elle mérite.

Il convient de se rappeler que la table est le lieu d'hospitalité par excellence, synonyme de générosité, de convivialité et de plaisir. Il est impératif que tous s'y sentent bien, hôte tout autant que convives. Que l'on soit en tête-à-tête, entre amis, avec des collègues ou avec des clients, une bonne tenue à table est beaucoup plus agréable pour tout le monde et assure le bon déroulement de la rencontre.

Le repas d'affaires

Le repas d'affaires est bien différent du repas social ou mondain. Il sert de tremplin aux négociations sérieuses, favorise l'élargissement de la clientèle ou encourage le maintien d'une relation avec un très bon client.

Être l'hôtesse ou l'hôte d'un repas d'affaires, c'est savoir orchestrer l'événement dans ses moindres détails: de l'invitation à l'addition, en passant par l'accueil et le maintien à table.

Qui peut balayer, d'un revers de la main, la liberté et l'aisance que procure l'assurance d'un comportement impeccable permettant de se concentrer sur une conversation professionnelle plutôt que de sentir monter l'angoisse devant l'inéluctable question: comment tenir sa fourchette?

Sur le plan international, les us et coutumes sont encore plus difficiles à comprendre, et les règles locales ont la préséance.

Nos visiteurs, en Amérique du Nord, doivent souvent redoubler d'efforts pour s'adapter, mais n'oublions jamais que nous devons nous aussi prendre en considération leur culture.

Comment choisir un restaurant

Préférez un restaurant qui a une bonne réputation ou celui où le personnel connaît vos habitudes. Il vaut mieux aussi choisir un endroit qui ne soit pas trop éloigné du lieu de travail de l'invité.

En réservant, mentionnez le jour, l'heure, le nombre de convives et le motif, s'il y en a un: un anniversaire, une promotion. La plupart des restaurants ont des attentions particulières pour ce genre d'événement. Il est prudent de confirmer sa réservation la veille.

Pour les repas plus raffinés, de type gastronomique, il vaut mieux privilégier les cuisines belge, française et italienne du Nord. N'imposez pas une cuisine trop régionale ou folklorique à quelqu'un dont vous ignorez les goûts.

Évitez les endroits à la mode qui pourraient se montrer trop bruyants ou dans lesquels le personnel serait débordé, impatient, intolérant et, à la limite, vulgaire.

Pour le confort de vos invités, préférez une table éloignée de la cuisine, des toilettes ou des endroits passants, par exemple sur le chemin du vestiaire.

Si vous devez réserver dans un restaurant que vous ne connaissez pas, vous y rendre la veille pour vous familiariser avec l'environnement et le personnel est une excellente initiative. Cela vous évitera sûrement de mauvaises surprises. Ne laissez pas non plus à vos invités le soin de sélectionner un restaurant, pour la même raison.

Autant que faire se peut, ne choisissez pas un restaurant au hasard dans les pages jaunes.

Rôle de l'hôtesse ou de l'hôte

Arrivez 15 minutes avant l'heure fixée aux invités. Il est impératif de prévenir le restaurant dans le cas où vous prévoyez une modification du nombre des convives ou de l'heure de l'arrivée.

Voilà 30 minutes que vous êtes arrivé et votre invité n'est toujours pas là. Il n'a pas non plus cherché à vous joindre ou à appeler au restaurant; dans ce cas, deux solutions s'offrent à vous: commander pour vous seul ou simplement quitter les lieux.

Si votre ou vos invités arrivent en retard, agissez avec tact et élégance. Évitez de regarder votre montre en les accueillant ou de souligner leur retard d'un regard ou d'un soupir.

Cette fois, c'est vous qui allez être en retard. D'abord, téléphonez au restaurant et priez gentiment le personnel de faire patienter votre invité et de lui offrir un apéritif.

L'hôte attentionné se présente avec une quinzaine de minutes d'avance au restaurant afin de veiller à ce que la table soit prête telle que commandée: situation, ustensiles, assignation des places. Ne laissez jamais vos invités arriver avant vous, cela dénote un total manque de considération.

En arrivant à l'avance, vous pourrez aussi vous entretenir avec le chef des serveurs pour que le menu soit proposé et expliqué de vive voix, de manière à ce que les convives ne connaissent pas son prix. Certains restaurants disposent de cartes où les prix ne sont pas indiqués. Cela vous permettra de respecter votre budget. Vous pouvez choisir les vins et faire en sorte que le sommelier n'offre pas plus de consommations que votre budget ne peut en supporter. C'est également le moment de prévoir la façon de régler l'addition.

En revanche, vous pouvez laisser à un invité d'honneur le soin de choisir un vin à la carte, mais c'est un grand risque pour votre budget.

Vos invités souffrent-ils d'allergies, ont-il des interdictions alimentaires notamment pour des motifs religieux? Voyez-y!

Chacun à sa place, une place pour chacun

Vos invités arrivent. Que vous soyez une femme ou un homme, levez-vous pour les accueillir, qu'ils soient en groupe ou seuls, et assignez une place à chacun. Ensuite asseyez-vous le premier et priez d'un geste vos convives de vous imiter.

Au restaurant, laissez vos invités commander les premiers. Lorsqu'une femme et un homme dînent ensemble, la femme commandera la première, par courtoisie. Si votre invité demande un plat coûteux, vous devez en faire autant. Veillez toujours à ce que vos invités ne manquent de rien.

Si vous priez vos convives à dîner (par carton d'invitation) et que l'un d'eux demande s'il peut être accompagné d'un client ou d'un partenaire alors qu'il n'y a plus de place, le mieux est de déplorer l'impossibilité d'accepter, la table ne pouvant recevoir plus d'invités. Expliquez alors que vous ne voulez pas infliger aux autres convives l'inconfort du coude à coude. Vous ne devez pas vous emporter ni sermonner votre invité.

La responsabilité de l'invité

Être à l'heure, lorsqu'on est invité, est élémentaire, un délai 15 minutes après l'heure fixée constituant le maximum acceptable. Si vous prévoyez un retard, prévenez en appelant le restaurant où vous êtes convié ou votre hôte directement si cela est possible. En arrivant, excusez-vous et saluez tous les autres convives de la tête, sans faire une tournée de poignées de mains et sans justifier votre retard à la ronde, par des excuses qui pourraient être fausses. Les repas d'affaires se tiennent généralement au déjeuner (lunch).

En tant qu'invité, vous vous dites que vous risquerez moins d'être grossier en arrivant un peu avant l'heure fixée. Détrompez-vous, cela est un manque flagrant de bonnes manières. Faites trois fois le tour du quartier si vous avez trop d'avance plutôt que d'arriver avant votre hôte.

En prenant place à table, veillez à ne pas y déposer des objets personnels: clés, lunettes, cigarettes, cellulaire, ordinateur portable ou autres. Les bougies sur la table sont réservées au repas du soir.

Vous souffrez d'une allergie alimentaire ou vous n'aimez pas certains mets? Ne prenez pas l'initiative d'en avertir votre hôte. C'est à lui de s'enquérir de vos goûts, tabous et restrictions.

Plan de table et assignation

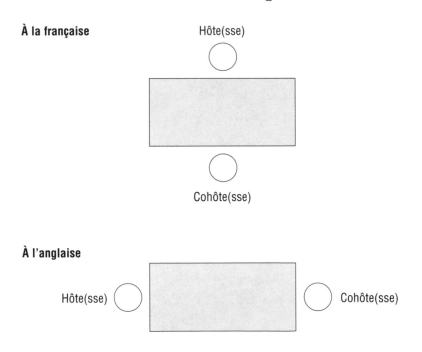

Déjeuner (lunch) d'affaires présidé par le (la) P.-D.G. et dont les invités sont les cadres de son entreprise

Hôte(sse)

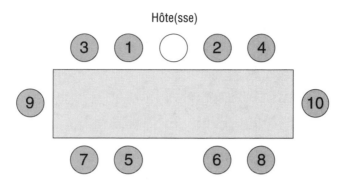

Déjeuner (lunch) d'affaires présidé par le (la) P.-D.G. et son invité(e) d'honneur

Hôte(sse)

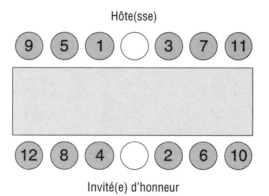

Invité(e) d'honneur

Table d'honneur à un banquet

Invité(e) d'honneur   Hôte(sse)

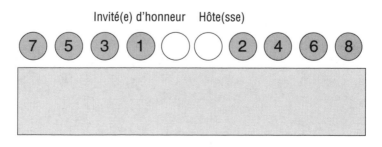

Déjeuner (lunch) d'affaires à une table ronde

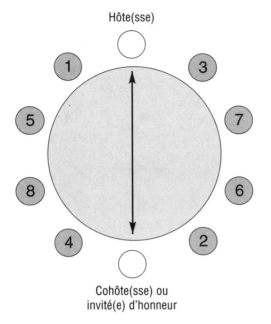

Hôte(sse)

1 3

5 7

8 6

4 2

Cohôte(sse) ou
invité(e) d'honneur

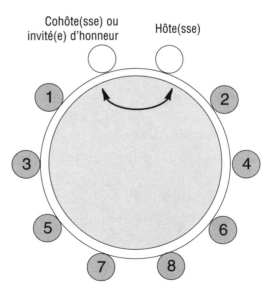

Cohôte(sse) ou
invité(e) d'honneur   Hôte(sse)

1 2

3 4

5 6

7 8

À table, l'assignation des places est capitale et très scrupuleusement observée. La préséance due à son rang et non le sexe d'une personne détermine sa place. Au restaurant, dans un contexte d'affaires, la banquette contre le mur est réservée d'abord aux personnes dont la hiérarchie les place au plus haut rang et, dans un contexte social, aux femmes.

Dans un contexte professionnel uniquement, la table est présidée par un(e) hôte(esse) et un(e) cohôte(esse) se faisant face, à la française. Pour un repas d'affaires, la place d'honneur est celle directement située en face de l'hôte, viennent ensuite la droite de chacune de ces personnes et leur gauche.

À une table ronde, qui favorise la conversation et la convivialité, un nombre pair de convives est la norme afin que l'hôte et le cohôte restent bien en face l'un de l'autre. Dans le cas d'un nombre impair de convives, le cohôte s'assoit à la droite de l'hôte.

À la maison, une hôtesse et un hôte recevant deux couples d'amis donneront préséance à celui qui est le plus anciennement entré en amitié. Pour que la communication soit fluide, éviter d'asseoir un mari en face ou à côté de son épouse.

À un repas élégant, où les convives excèdent le nombre de huit, des cartons de table indiquent la place de chacun. Chaque nom est manuscrit à l'encre noire ou marine et est parfaitement orthographié. Les cartons sont disposés sur la serviette de table, sur la nappe ou sur un porte-carton au nord de l'assiette de présentation. Les noms sont précédés du titre abrégé: M., Mme, D^{r}, P^{r}, Mgr, etc.

Lors d'un grand dîner ou d'un banquet, un menu est placé entre deux convives. Les hommes aident les femmes à s'asseoir et celles-ci acceptent avec grâce.

Pourquoi vaut-il mieux éviter d'inviter 14 personnes? Imaginez le cas où l'une d'entre elles se désiste, vous vous retrouveriez 13 à table, ce qu'il faut à tout prix éviter. De la même manière, il ne faut pas inviter trop de hauts dignitaires à la fois, car le plan de table devient un véritable cauchemar. Les règles de l'étiquette et de la préséance en deviennent compliquées, voire insolubles.

Si vous êtes invité à un grand dîner, surtout ne vous asseyez pas à votre guise. Ne tentez pas non plus de changer de place avec un autre convive. Même en tant que farouche défenseur de la démocratie, vous ne devez pas sacrifier la hiérarchie. Surtout, ne cherchez pas à tout prix à vous asseoir près des hautes personnalités. L'erreur souvent commise est de placer ensemble les personnes d'un même groupe social.

Si un différend vient à opposer deux voisins de table, l'hôte et les autres convives veilleront à retenir leurs expressions d'hostilité ou d'antagonisme.

La diplomatie et la logique commandent de ne pas asseoir un visiteur étranger près de personnes qui ne parlent pas sa langue. Le pauvre serait complètement abandonné pour la durée du repas.

Le maintien

S i l'exactitude est une vertu, le maintien en est une autre. Se montrer sous son meilleur jour est, bien entendu, très important. Veillez à vous asseoir bien droit sur la chaise, le buste fier, les jambes ensemble, les chevilles croisées ou non.

Et que faire de ses dix doigts? Les mains sont posées de chaque côté de l'assiette tout au long du repas, elles sont parfaitement visibles et ne vont pas se cacher sur les genoux ou reposer sur les ventres rebondis. Elles peuvent être jointes sous le menton, les coudes posés délicatement sur le bord de la table, entre les services, lorsqu'il n'y a pas de nourriture devant les convives.

S'appuyer sur le dossier de sa chaise ou être affalé sur son siège ne fait pas bonne impression. Les jambes écartées, le ventre «installé» sur le rebord de la table n'avantagent personne.

Sur le plan vestimentaire, si la femme peut garder son chapeau pour le repas du midi, l'homme évitera de suspendre sa veste au dossier de sa chaise.

Et à propos de chaise, à moins de vouloir à tout prix s'offrir en spectacle en faisant une retentissante chute, il ne faut pas se balancer sur ses pattes arrière. Celles-ci doivent rester bien fermement ancrées au plancher.

En pleine conversation, tourner le dos au voisin de gauche pour parler à celui de droite ou vice versa est désastreux et rompt la convivialité du repas.

Sac à main, porte-documents, clés, chapeaux, gants ou n'importe quel élément n'appartenant pas à l'usage ni au décor de la table ne doivent pas s'y trouver.

À part dans les films américains où l'on voit madame y retoucher son maquillage, à table on ne se recoiffe et on ne se refait pas une beauté devant son poudrier.

Une autre erreur de posture maintes fois décelée consiste à pencher la tête vers l'assiette pour aller chercher sa nourriture avec la fourchette. C'est à proscrire. C'est le geste inverse qui est de rigueur: l'ustensile porte les aliments à la bouche.

Si l'envie d'éternuer vous prend, ne le faites pas dans la serviette de table, même si elle est en papier. Faites-le la main devant la bouche, tourné de côté, en direction du plancher. Vous pouvez vous moucher discrètement dans un mouchoir, en gardant la même position.

Comment éviter de laisser des traces de rouge à lèvres sur le rebord d'un verre? Rien de plus simple, les femmes s'épongent soigneusement les lèvres sur un kleenex avant d'y porter leur verre.

Toujours à propos de l'usage de la serviette: elle ne se noue pas autour du cou, ne se cale pas entre les boutons de la chemise et encore moins dans la braguette. On se tamponne la commissure des lèvres, mais on ne s'en sert ni comme d'un buvard, ni comme d'un torchon. On ne la secoue pas à tous vents! La serviette doit être déposée sur sa chaise lors-qu'on quitte quelques minutes la table au cours du repas — qu'on ne quitte d'ailleurs qu'en cas de force majeure: un mé-decin de garde qui doit répondre à une urgence, une femme enceinte ou toute autre personne qui s'aperçoit que la nour-riture absorbée ne prend pas le droit chemin.

Il convient de prendre ses dispositions avant de passer à table, car la quitter au beau milieu d'un repas cause toujours un certain malaise parmi les convives. Cette façon de faire dénote un manque de civisme.

À table, on n'affiche pas de mine déconfite ou de face de Carême, afin de ne pas casser l'ambiance.

Comment s'adresser au personnel de restaurant

Le maître d'hôtel, le sommelier, le serveur en chef et les serveurs affichent souvent leur prénom sur leur uniforme, et l'on s'en sert pour les appeler. Le chef cuisinier est la seule personne à qui l'on dit Monsieur… Ducasse!

Le serveur en chef est la personne qui prend la commande, qui prépare un poisson et, éventuellement, reçoit les plaintes. Si on est satisfait, on peut remercier le chef cuisinier en le conviant à sa table, en fin de repas.

Le tutoiement est une plaie à éviter. On vouvoie tout le personnel de restaurant, sans omettre les «s'il vous plaît» lorsqu'on passe sa commande et le «merci» lorsque son as-siette est apportée. Le personnel du restaurant est temporai-rement à votre service, il n'est pas votre esclave.

Si le serveur s'appelle François, on ne l'appelle pas Frank et encore moins «Psitt!», «Machin!», «Chose!» ou un «Hé!» méprisant.

Le maître d'hôtel, dont la fonction principale est d'ac-cueillir les clients, est la première personne à qui on s'adresse en arrivant. Sa tâche est de connaître les exigences des clients et de veiller au bon fonctionnement de la salle à manger. C'est lui qui vous guide à votre table.

Disposition des couverts

L e lunch ne comporte que trois services, l'assiette de présentation servant d'axe principal à un couvert. Les couteaux se trouvent à droite, la lame vers l'assiette, et la cuiller à soupe, s'il y a lieu, est placée à l'extrême droite. Le porte-couteau n'a pas sa place à la table des invités. Les fourchettes sont à gauche et au même nombre que les couteaux.

Dans les pays nordiques et à l'inverse des pays d'Europe méridionale, les dents des fourchettes sont tournées vers le haut. La fourchette et la cuiller à dessert forment un couple inséparable, tête-bêche, près du bord supérieur de l'assiette.

L'assiette à pain, accompagnée de préférence d'un couteau à beurre, est placée à gauche, près des fourchettes ou au-dessus de celles-ci. À propos: l'assiette à pain ne se retrouve pas sur la table à un repas comptant plus de cinq services. Dans ce cas, le pain est déposé directement sur la nappe. On ne réclame pas de beurre.

Les verres, par ordre chronologique du menu, se trouvent au-dessus et à droite de l'assiette de présentation.

La serviette de tissu repose à gauche de l'assiette, sur l'assiette de présentation ou à l'américaine, c'est-à-dire en éventail dans un verre.

Les bouteilles de vin sont posées sur une desserte ou dans un seau; les carafes sont sur la table.

Disposer plus de trois couverts à gauche et à droite de l'assiette est incorrect.

Si vous êtes gaucher, ce n'est pas une raison pour changer les verres de place.

On ne dispose jamais la tasse à café et sa soucoupe sur la table, en début de repas. La cuiller à café n'est pas plongée

Déjeuner (lunch) d'affaires avec napperon

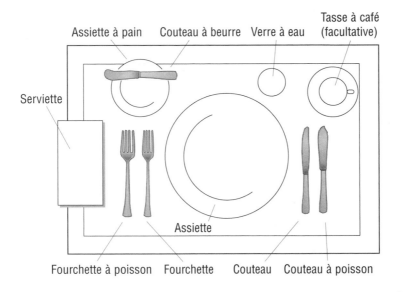

Assiette à pain   Couteau à beurre   Verre à eau   Tasse à café (facultative)

Serviette

Assiette

Fourchette à poisson   Fourchette   Couteau   Couteau à poisson

Déjeuner (lunch) d'affaires avec nappe (officiel)

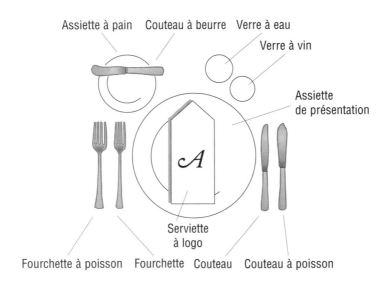

Assiette à pain   Couteau à beurre   Verre à eau

Verre à vin

Assiette de présentation

Serviette à logo

Fourchette à poisson   Fourchette   Couteau   Couteau à poisson

Déjeuner (lunch) d'affaires (simple)

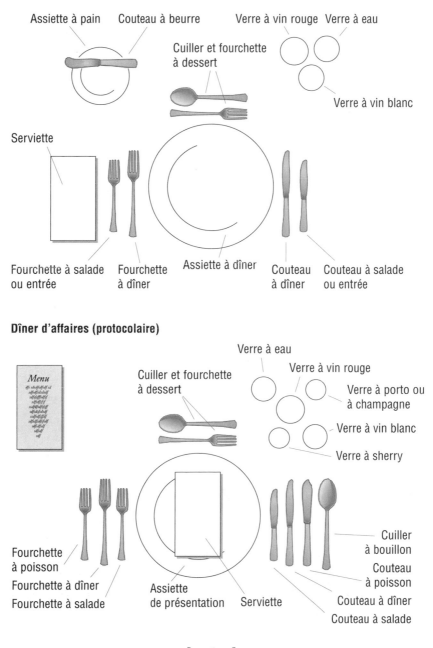

Assiette à pain Couteau à beurre Verre à vin rouge Verre à eau

Cuiller et fourchette à dessert

Verre à vin blanc

Serviette

Fourchette à salade ou entrée Fourchette à dîner Assiette à dîner Couteau à dîner Couteau à salade ou entrée

Dîner d'affaires (protocolaire)

Verre à eau

Menu

Cuiller et fourchette à dessert

Verre à vin rouge

Verre à porto ou à champagne

Verre à vin blanc

Verre à sherry

Fourchette à poisson
Fourchette à dîner
Fourchette à salade

Assiette de présentation Serviette

Cuiller à bouillon
Couteau à poisson
Couteau à dîner
Couteau à salade

dans la tasse. Il est de mauvais aloi d'offrir une tasse vide à un invité et de la remplir ensuite.

Utilisation des couverts

Savoir tenir ses ustensiles est capital. Le manche de la fourchette est fermement campé dans la paume de la main gauche, retenu par l'index, le reste de la main embrassant le manche (comme une main qui indique la direction). Le couteau se tient de la main droite de la même façon que la fourchette.

Lorsque l'usage du couteau n'est pas nécessaire, pour les pâtes par exemple, tenir la fourchette de la main droite (ou de la gauche pour les gauchers). Les dents tournées vers le bas, la fourchette se tient entre l'index et le majeur, retenue par le pouce, comme un crayon. Il n'est pas élégant ni pratique de changer ses couverts de la main droite à la main gauche, entre chaque bouchée, en zigzag, à l'américaine. C'est compliqué, bruyant et disgracieux.

La cuiller à soupe se tient elle aussi comme un crayon et prend le potage vers l'extérieur. Elle se porte à la bouche en position parallèle à celle-ci. Le potage ne se mange pas en le coulant de la pointe de la cuiller.

Entre les bouchées, les ustensiles sont déposés sur l'assiette, les dents de la fourchette vers la porcelaine sur un côté de l'assiette et le couteau, la lame à l'intérieur, de l'autre côté. Lorsqu'on a terminé, les ustensiles sont déposés l'un près de l'autre à l'oblique, le couteau près du bord de l'assiette.

Tous les verres se tiennent par la tige et non par le globe. La raison en est fort simple. On ne veut pas laisser d'empreintes sur le galbe du verre ni changer la température du vin avec la chaleur dégagée par la main. Les gauchers ne tiennent pas leur verre de la main gauche.

À midi, des napperons sont déposés sur la table. La nappe s'installe pour le repas du soir. Des fleurs agrémentent un centre de table, du moment qu'elles ne sont pas trop odorantes.

Lorsqu'on sert des crustacés, il faut prévoir un rince-doigts. Il s'agit d'un petit bol d'eau tiède où trempe un quartier de citron. Il est déposé près des fourchettes. On y rince les doigts, et pas la main entière. On essuie ensuite ses doigts avec sa serviette de table, pas sur le pan de la nappe ni avec son mouchoir. On prévoit aussi un rince-doigts pour le service des fruits. Dans ce cas, il s'agit d'eau froide où baignent des pétales de roses, pour leurs propriétés astringentes qui dissolvent le sucre.

Attention, on ne porte jamais son couteau à la bouche.

Dans le feu de la conversation, il faut pouvoir contrôler ses gestes et ne pas désigner son interlocuteur de la fourchette ou de son couteau. On ne gesticule jamais avec ses couverts à la main.

Entre les bouchées, on ne doit pas reposer ses ustensiles sur le bord de l'assiette, les manches sur la nappe, comme des rames de bateau.

On ne dépose pas sur la nappe des couverts utilisés. Si l'assiette de l'entrée est retirée mais qu'on doit laisser les

mêmes couverts, il faut alors les appuyer sur une autre assiette, même celle du pain.

Pour prendre la parole, il est mal venu de faire résonner
un ustensile sur son verre. On ne lit pas à table, sauf le
menu. Et on ne chante pas non plus.

Le vin est tiré

Le sommelier présente la bouteille choisie par le client,
qui s'assure que le vin correspond à son choix en jetant
un coup d'œil à l'étiquette. D'un signe affirmatif de la tête,
le client approuve la bouteille.

Le sommelier débouche et offre le bouchon à l'hôte qui
doit le humer. Il verse un peu de vin dans le verre du client,
qui le fait alors «danser» pour en dégager le bouquet, le humer et en boire une gorgée. Le client approuve ensuite le vin
d'un autre signe au sommelier, ou le désapprouve avec discrétion en faisant une petite moue de déception qui signi-
fiera au sommelier d'apporter une nouvelle bouteille. Il n'est
pas indispensable de clamer sa désapprobation ou d'ameuter
tout le restaurant si le vin ne vous convient pas.

Le sommelier verse du vin dans le verre de chaque personne. Dans le cas du rouge, on verse un tiers de verre, et
pour le blanc, un demi.

On ne réclame jamais de vin, que ce soit dans une maison privée, une salle à manger d'entreprise ou au restaurant.
On ne fait pas non plus remplir son verre à ras bord.

Se servir et déguster

Il existe deux types de service. D'abord celui à la russe, qui
consiste pour le serveur à offrir les plats à la gauche de
chaque convive. L'invité se sert d'un peu de tout à l'aide de
la cuiller et de la fourchette de service.

Pour le service à la française, c'est le serveur qui dépose dans chaque assiette une quantité égale pour tous de chacun des mets.

Autrefois, le pain était un moyen de communion entre les invités. On fait circuler le pain, non pas de main en main mais bien dans la corbeille. On regarde la personne à qui on l'offre droit dans les yeux, en souriant. Le pain est un aliment de convivialité, il convient de le partager. Il est inconvenant de s'en servir sans en proposer à ses voisins.

Pour manger, on veille à ne prendre que de petites bouchées et surtout à ne pas parler la bouche pleine. Il est possible de boire avec de la nourriture en bouche, si elle est trop épicée, mais généralement on s'abstient.

Si un consommé vous est présenté dans une tasse, ne cherchez pas à le manger à la cuiller. Portez la tasse à la bouche en la tenant par les anses.

Vous venez de croquer dans un petit os de lapin? Le meilleur moyen de vous en débarrasser est de le faire glisser délicatement sur votre fourchette et de le déposer dans votre assiette. Il n'y a que les noyaux de fruits et les arêtes de poisson qui peuvent être retirés avec les doigts, et en toute discrétion.

Si vous constatez qu'un aliment s'est coincé entre vos dents, ne cherchez pas à le retirer avec la pointe du couteau ou une dent de fourchette. Abritez-vous derrière votre serviette et tentez de le déloger avec la langue; si c'est impossible, vous devrez vous excuser et vous réfugier dans l'intimité de la salle d'eau pour l'extraire.

On ne vide jamais son verre d'un trait, et les soupirs profonds de satisfaction sont à bannir. Se gargariser, glouglouter ou se rincer la bouche avec le vin est très vulgaire.

Si on ne boit pas de vin, on se laisse tout de même servir. On ne couvre pas son verre de la main et on ne le retourne pas sur la table.

Lors d'un buffet, on ne remplit pas son assiette à ras bord. Et on ne s'exclame jamais: «C'est quoi, ça?» On ne désigne pas la nourriture comme de la «bouffe».

Renifler sa nourriture ou faire du bruit en mangeant est très grossier. Mastiquer la bouche ouverte est aussi désagréable pour l'œil que pour l'oreille.

Souffler sur les aliments trop chauds, réduire en miettes les craquelins dans la soupe, en prendre plusieurs d'un coup, tout cela ne se fait pas. On ne sale pas un plat avant d'y avoir goûté. Et si on doit se servir de la salière, on la demande! On n'allonge pas le bras devant ses voisins pour attraper la salière ou le beurrier soi-même.

Si on n'aime pas ce qui est dans son assiette, il est inacceptable de le clamer. Tout comme se plaindre de la qualité des aliments ou du service à table dans un restaurant.

Une fois terminé, on ne repousse pas son assiette. À la fin du repas, on ne replie pas sa serviette dans les plis.

Fumeur ou non-fumeur

Dans le cas où les invités fument, il convient de réserver dans un restaurant qui aura une section pour les fumeurs. Le cigare et la pipe ne sont autorisés que dans l'intimité de son foyer ou dans un club privé, après le repas. Les fumeurs prendront la bonne habitude d'éteindre leurs mégots dans les cendriers, ne disposeront pas des cendres n'importe où, surtout pas sur le tapis ou le plancher. En abordant quelqu'un, un fumeur se débarrasse de sa cigarette. D'ailleurs, on n'entame pas la conversation avec la cigarette, le cigare ou la pipe à la bouche. On prend soin de ne pas souffler la fumée vers les personnes autour de soi.

Même dans la section fumeurs du restaurant, on demande la permission à tous les invités avant d'allumer une cigarette. Pour ce faire, le fumeur s'abstiendra jusqu'au dessert et au café.

Si un invité allume une cigarette qui gêne les invités, on l'informe aimablement qu'il trouvera des cendriers sur la terrasse, le balcon ou le jardin, mais on ne met pas le fumeur en quarantaine. Cette solution ne s'applique pas lorsque le thermomètre frôle le zéro. L'hôte prendra soin de disposer des cendriers, des étuis de cigarettes, des allumettes ou briquets et un désodorisant pour fumée dans la pièce où il reçoit s'il sait qu'il y a des fumeurs parmi ses convives. Un homme offre du feu à une dame avant qu'elle ne le demande. On ne doit jamais fumer dans un endroit de culte, une salle d'attente, un hôpital, une salle de spectacle, un supermarché, une bibliothèque, un ascenseur, un magasin, un cimetière… D'ailleurs, de nos jours, la plupart des endroits publics ne tolèrent plus la cigarette. Dans la rue, une femme ne fume pas, et un homme s'abstient de même, notamment en entrant dans un restaurant.

Que manger et comment?

Le pain, les biscottes et les *grissini* se rompent et se portent à la bouche en une seule petite bouchée. Ils ne se réduisent pas en miettes. Le seul pain qu'on peut mordre est celui des canapés et le pumpernickel déjà beurré qui accompagne le poisson fumé et les huîtres.

Pour beurrer son pain ou un toast, on le fait sur l'assiette à pain, prévue à cette fin, et pas en l'air. Si toutefois votre voisin de gauche s'est trompé et s'est servi de votre assiette à pain, vous beurrerez le vôtre sur l'assiette devant vous.

On ne tartine jamais sa tranche de pain pour la déchiqueter avec les dents. On ne trempe jamais le pain dans la sauce et on n'essuie pas son assiette avec son pain.

On ne joue pas à la pâte à modeler avec la mie et on n'en fait pas des boulettes. On ne coupe jamais une bouchée de pain avec un couteau. Seuls le croque-monsieur et le pain grillé beurré (pain doré, toasts) font exception.

On l'a vu plus tôt, le consommé se boit en tenant la tasse par les deux anses, mais on regarde par-dessus. Si le consommé contient des croûtons, on les mange à la cuiller; on ne tente pas de laper pour les avaler avec le liquide. Une fois terminé, ne laissez pas votre cuiller dans la tasse, mais déposez-la dans la soucoupe.

On peut servir un doigt de xérès (sherry) pour accompagner le consommé. Dans ce cas, il est versé dans un petit verre à cet effet. Parfois, le consommé est parfumé au sherry.

La soupe et le potage se mangent dans une assiette creuse avec la grande cuiller, qu'on dépose sur le bord de l'assiette une fois terminé. Si le rebord est trop étroit, on peut déposer la cuiller dans l'assiette creuse, parallèlement à soi. Comme disait Jacques Brel, faire des grands *slurps* avec sa soupe ou son potage est très mal poli.

Depuis quelques années, il est de bon aloi que les feuilles de laitue soient coupées avec le couteau et la fourchette. On en fait des petits rouleaux qu'on porte à la bouche après les avoir piqués avec la fourchette. Les larges feuilles enduites de vinaigrette ne doivent pas être portées telles quelles à la bouche. En plus de vous donner un air pour le moins disgracieux, vous risqueriez de vous tacher.

Ne vous risquez pas non plus à vouloir à tout prix attraper les tomates cerises ou les tomates raisins entières dans une salade avec vinaigrette. Elles roulent comme des billes et peuvent à tout moment bondir dans le décolleté de la voisine ou filer sous la table.

Et maintenant, quand peut-on se servir de ses doigts? Pour déguster l'asperge, si elle est servie tiède; elle se tient par sa partie la plus large, comme un crayon. On n'arrose pas ses asperges de vinaigrette. On met celle-ci à côté et on y trempe délicatement le bout.

Pour l'artichaut, c'est plus délicat. Ne le servez pas entier à table, réservez-le pour l'intimité familiale. Dans ce cas, il

[374]

faut que l'assiette soit légèrement surélevée d'un côté à l'aide d'un couteau placé dessous. On effeuille ensuite l'artichaut. La vinaigrette est versée dans la partie inclinée de l'assiette et on y trempe le bout des feuilles. On dégage la chair des feuilles avec les dents. Le foin est retiré avec un couteau. Le fond est ensuite piqué à la fourchette et enduit de vinaigrette. S'il est gros, on le coupe au couteau. Pour les repas plus raffinés, on ne sert que les fonds ou les cœurs bien dégagés. On les mange avec la fourchette et le couteau.

Un demi-avocat se mange avec une cuiller. La chair est ainsi plus facile à détacher de la pelure. Si l'avocat est réduit en purée et remis dans la pelure, on se sert d'une fourchette. Si la chair est découpée en dés et remise dans la peau, on utilise aussi la fourchette.

La pomme de terre, cuite à la vapeur ou à l'eau, se mange à la fourchette. Les frites peuvent se déguster avec les doigts. La pomme de terre cuite au four est vidée de sa chair avec la fourchette. On peut la manger avec beurre ou crème sure. Dans ce cas, on se sert de la fourchette et du couteau pour couper la peau. On façonne de petites bouchées de pomme de terre qu'on peut ensuite porter en bouche. On n'écrase jamais sa pomme de terre en purée dans son assiette pour l'arroser de sauce. On ne se sert jamais d'un couteau pour manger la chair de la pomme de terre.

Pour un œuf à la coque, on se sert de la cuiller pour briser la coquille au sommet. Un œuf dur se mange à la fourchette et au couteau. Le bacon bien croustillant se déguste avec les doigts.

Les mouillettes dans l'œuf mollet sont interdites. Et on fait attention de ne pas laisser tomber du jaune d'œuf dans sa barbe ou sa moustache. À un petit-déjeuner d'affaires, n'allez pas tremper votre croissant dans votre café. Gardez cela pour la maison.

Passons à la volaille. On la mange à la fourchette et au couteau. Les doigts sont réservés au pique-nique ou au repas intime.

Si on vous sert des cuisses de grenouille, des cailles ou des perdrix dans un grand dîner, n'y mettez pas non plus les doigts. Exercez-vous avant à en maîtriser les petits os avec les couverts.

Pour les escargots, vous trouverez une pince pour les saisir de la main gauche et une fourchette à trois dents pour les extirper de leur coquille avec la main droite. Vous pourrez même, permission exceptionnelle, piquer un petit morceau de pain sur la fourchette pour le tremper dans le beurre à l'ail. On ne tient pas un escargot avec ses doigts et on ne ramasse pas le beurre à l'ail avec son pain jusqu'à la dernière goutte.

Pour le poisson, la fourchette et le couteau à poisson sont de rigueur. Le couteau se tient comme une spatule ou un crayon, c'est-à-dire le manche entre le pouce et l'index. On perce le citron avec les dents de la fourchette pour le presser sur les filets de poisson. On n'enlève pas l'arête centrale d'un poisson pour la déposer au bord de l'assiette; on retourne le poisson de l'autre côté et on répète l'opération.

Huîtres et palourdes fraîches demandent l'utilisation d'une petite fourchette à trois dents. De l'autre main, on maintient la coquille. Le mollusque peut être trempé dans une sauce et mangé en une seule bouchée. On porte la coquille à ses lèvres pour en boire l'eau.

Les moules, à part la première, ne se mangent pas à la fourchette, mais en utilisant une coquille vide pour pincer le mollusque. On dépose les coquilles vides dans une assiette prévue à cet usage. S'il ne devait pas y en avoir, n'en réclamez pas. Déposez-les l'une dans l'autre dans l'assiette posée en dessous.

Le homard entier est tout simplement à bannir des grands dîners. On le préférera à l'américaine, thermidor ou à la Newberg (décortiqué).

Les crevettes sont servies sur une assiette et les sauces dans de petits bols. On se sert de ses doigts pour les décortiquer: détachez la tête du corps et sortez la crevette de son corset.

À un cocktail, on les mange avec les doigts. À table, on utilise sa fourchette. Dans un cocktail, on ne trempe pas une crevette déjà entamée dans un bol de sauce.

Les mines de dégoût devant le tomalli (matière verte constituant le foie du crustacé) et le corail du homard ne sont pas de mise; ceux-ci sont très appréciés des connaisseurs.

Lorsque vous proposez des crustacés, ayez soin d'offrir un rince-doigts ou une serviette vapeur.

Les fameuses pâtes! Tout un casse-tête pour plusieurs. En fait, les Italiens raffinés tiennent la fourchette dans leur main maîtresse, le manche dans la paume, et sélectionnent quelques rubans. Ils tournent la fourchette, les dents vers la porcelaine, jusqu'à former un petit paquet bien stable et le portent à la bouche. Ceux qui prennent une cuiller dans la main gauche courent parfois à la catastrophe, notamment lorsque les pâtes sont en sauce. Une fois le rouleau prêt, il pourrait glisser dans l'assiette et éclabousser convives et nappe.

Les pâtes longues (spaghetti, linguini, tagliatelles, vermicelles) ne se coupent pas avec le couteau, pas plus qu'on ne les enroule autour d'une cuiller. Il faut également s'abstenir de piquer la fourchette dans l'amas de pâtes et de tourner pour en attraper le plus possible. On n'enfourne jamais une grande quantité de pâtes à la fois. Quant à couper les pâtes qui dépassent de la bouche avec les dents pour les faire tomber dans l'assiette, c'est tout simplement une abomination. Si une nouille s'échappe de la fourchette, on ne l'aspire pas non plus.

Les sauces se mangent avec et sur la viande ou le poisson qu'elles accompagnent. La cuiller gourmande ou à sauce est très utile. Elle évite qu'on ait à y tremper son pain. Presque plate et large, elle sert à déguster la sauce avec un morceau de pain qu'on porte à la bouche.

Si par malheur vos doigts ont reçu quelques gouttes de sauce, il ne faut pas les lécher ni les essuyer sur la nappe et encore moins les tremper dans votre verre d'eau.

Nous voici arrivés aux fromages. Ils sont présentés sur un plateau de matériau froid (marbre) avec un couteau à fromage et une fourchette de même taille. Les fromages à pâte molle (brie, camembert) sont présentés la croûte en haut, ceux à pâte ferme (roquefort, saint-paulin, oka), la croûte sur le côté, et le chèvre, à plat.

Lorsque les fromages sont nombreux et que le plateau est vaste, on doit tenir compte de la commodité du service. On place donc au centre les fromages qui s'émiettent (chèvres, bleus), espacés les uns des autres; sur le bord, les pâtes dures, et entre eux, les petits fromages et les pâtes molles.

Sur un plateau, le nom et la teneur en matières grasses des fromages doivent être bien visibles, grâce à leur étiquette originale.

Souvent, le fromage colle à la lame du couteau. Pour l'en détacher, on passe une dent de la fourchette de service sur la longueur de la lame pour laisser tomber le morceau de fromage dans son assiette. Ensuite, on place une petite quantité de fromage (ne pas tartiner) sur le pain avec le couteau. La portion de fromage ne doit pas être plus importante que le morceau de pain, qui lui-même doit être assez petit. Le tout est porté à la bouche avec la main.

On ne touche pas les fromages avec ses doigts et on ne fait pas glisser le morceau qu'on s'est coupé avec le couteau de service en l'écrasant sur le bord de son assiette. Le fromage de chèvre se présente parfois sous la forme d'un rouleau. On ne pique pas ce rouleau avec la fourchette de service pour le tenir en place et l'empêcher de rouler. On se sert plutôt du dos de la fourchette pour le maintenir.

Radis, céleri, olives, petits cornichons, cerises, prunes, clémentines et kumquats se mangent avec les doigts et ne s'avalent pas tout ronds. Les pépins et les noyaux sont rejetés dans la main et déposés sur le bord de l'assiette. On ne les crache pas dans l'assiette.

À une réception dans un salon ou sur une pelouse, il faut prévoir des assiettes vides pour les bâtonnets ou les noyaux. À un cocktail, ne pas jeter les noyaux par terre ni s'en débarrasser dans les plantes ou le porte-parapluies. À une *garden-party*, ne pas lancer les noyaux d'olives sur la pelouse ou dans les pots de fleurs.

La pêche, la poire, la pomme, l'abricot, le kiwi se pèlent avec l'aide de la fourchette et du couteau, avant d'être découpés et portés à la bouche avec la fourchette. L'orange se pèle avec le couteau et la cuiller. Ses quartiers sont détachés avec les doigts et portés à la bouche.

Les compotes de fruits se mangent à la cuiller. Les noyaux sont rejetés dans la cuiller et déposés sur le côté de l'assiette. Les grappes de raisin sont présentées avec une paire de ciseaux pour en sectionner la quantité désirée.

Les bananes dans l'épluchure sont l'apanage de Cheetah. À table, on les déguste à la fourchette et au couteau.

Picorer le raisin grain par grain dans le plat de service comme un moineau n'est évidemment pas une bonne idée. Quant aux pelures, pépins et autres noyaux, on ne les cache pas dans la serviette de table et on ne les dépose pas sur la nappe.

Doit-on tout manger ou en laisser un peu dans son assiette? Selon la tradition française et italienne, tout manger prouve que l'on apprécie les mets. En revanche, en Orient et dans les pays anglo-saxons, ce n'est pas bien vu de ne rien laisser, car cela pourrait sous-entendre que l'on meurt de faim.

Si on vous présente des mets que vous ne pouvez manger, parce que vous n'aimez pas, que vous y êtes allergique ou que cela contrevient à votre religion ou à votre hygiène de vie – par exemple vous êtes végétarien et l'on vous offre de la charcuterie –, la politesse commande de ne pas en dire un mot; dans un tel cas, vous pouvez manipuler les couverts en faisant semblant de manger pour que les hôtes ne s'interrogent pas ou ne soient pas offensés de votre refus. Si vous souffrez d'allergies alimentaires, mangez avant de vous rendre à la réception et, une fois attablé, faites semblant de savourer les plats; c'est le seul moyen de ne pas mettre vos hôtes dans l'embarras.

Oups, un petit brin de persil est coincé entre les dents de votre voisin de table… C'est gentil de le lui souligner discrètement. Il appréciera le geste.

Un insecte s'est aventuré dans votre assiette? Ce n'est pas le moment de le hurler sur tous les toits. On le dissimule sous une modeste sépulture, en l'occurrence une tranche de légume, et on se tait.

Peu importe ce que l'on vous sert, soyez respectueux des mets offerts avec générosité et ne manifestez pas votre aversion pour un plat par un «beurk!» retentissant ou par une grimace disgracieuse. Ce n'est ni le moment ni le lieu pour dénigrer la nourriture servie, ni pour suggérer de virer le chef ou pour demander à l'hôtesse si vous servez de cobaye pour une nouvelle recette.

L'art de la conversation

Converser à table est tout aussi important que bien y manger. On est là pour jouir de la présence des autres invités et de ses hôtes. L'hôte devient le chef d'orchestre de la table et, de ce fait, il est responsable de la tournure que prend la conversation. C'est pourquoi les présentations des convives au début de la rencontre doivent être bien faites afin que chacun sache avec qui il engage la conversation. L'hôte doit veiller à ce que tous les convives s'expriment au cours du repas et plus particulièrement les timides, qui n'osent pas toujours exposer leur avis.

Un bon moyen de délier les langues est de procéder à un tour de table. L'hôte lance la conversation avec la personne à sa droite. Au service suivant, il l'entame avec celle à sa gauche.

Chacun suit son exemple et se trouve un interlocuteur. Il faut toutefois se rappeler que l'important n'est pas de parler, mais d'avoir quelque chose à dire. C'est à l'hôte de veiller à ce que la conversation ne sombre pas dans la banalité et à changer de sujet lorsqu'il sent que cela devient nécessaire, notamment si un invité devient plus virulent dans ses propos.

Certains sujets n'ont pas leur place à table, surtout s'ils provoquent la discussion, le débat ou la polémique, et c'est souvent le cas avec la religion, l'argent, la politique et la maladie. Les potins et les scandales n'ont pas leur raison d'être dans la conversation. En outre, l'argent et le sexe sont des sujets qu'il ne faut même pas effleurer.

Les questions personnelles concernant le salaire, la situation sociale, l'état de santé, les déclarations de revenus sont à bannir. On ne demande pas son âge à un convive et on ne cherche pas à le savoir par des moyens détournés.

En affaires, il est interdit de sortir les dossiers relatifs à la rencontre en cours de repas, il faut attendre au moment du café. S'engager en début de repas dans le vif des sujets d'affaires est considéré agressif et inconvenant.

Encore une fois, c'est à l'hôte que revient la responsabilité de donner le signal que le repas est terminé. Pour ce faire, il place sa serviette sur la table. L'invité d'honneur doit alors remercier l'hôte au nom de tous les convives et le féliciter sur le choix du restaurant.

Tous les invités sont tenus d'adresser une note de remerciement manuscrite à l'hôte, le jour même ou, au plus tard, le lendemain.

À la vôtre!

Vous n'êtes pas amateur de vin? Vous devez pourtant l'accepter à table, car c'est un élément incontournable, notamment pour les toasts. En début de repas, l'hôte, debout, propose un toast en souhaitant la bienvenue à ses invités. Ce geste sert de brise-glace et démontre de la courtoisie. Pour porter un toast, rien de plus simple. Il suffit de lever son verre tenu par la tige à la hauteur du menton, de regarder les personnes autour de soi dans les yeux, d'afficher son plus beau sourire et de porter son verre à ses lèvres.

Les invités, tout en demeurant assis, peuvent proposer un toast à tour de rôle, et tout le monde lève son verre.

On l'a vu plus tôt, l'hôte peut changer le sujet de la conversation si la polémique risque de s'installer, ou rompre un silence embarrassant, en proposant un toast au succès de la rencontre ou à la promotion du collègue qui fait l'objet de ce repas.

L'invité d'honneur doit se lever à la fin du repas et remercier l'hôte pour cette agréable rencontre à table en portant un toast. Si le repas est formel, une liste de personnes autorisées à porter un toast est dressée. Elles en auront été prévenues et devront accepter l'honneur qui leur est fait.

Si l'invité d'honneur est un personnage de haut rang, un dignitaire ou un visiteur étranger, il se lève pour proposer un toast. Tous les convives doivent l'imiter et se lever.

Si votre verre est vide au moment de porter un toast, ne réclamez pas de vin. Dans un tel cas, portez le verre vide à vos lèvres comme s'il était plein.

Le toast d'honneur est porté par l'hôte qui propose à tous les convives de se joindre à lui pour boire à la santé de Madame X et pour souligner sa promotion dans l'entreprise. Tout le monde se lève, sauf Madame X. Tous lèvent leur verre en regardant l'héroïne du jour qui ne touche pas à son verre et lancent: «À votre santé.» Ils se rassoient. Madame X se lève à son tour, remercie, lève son verre et boit à la santé de toutes les personnes présentes, en regardant chacune dans les yeux avec le sourire.

Le toast de bienvenue n'est jamais remplacé par un tonitruant «bon appétit», qui ne doit être formulé que par le personnel du restaurant. Trinquer avec des inconnus ne se fait pas, pas plus que de boire seul! Cette coutume est réservée à la famille, aux amis et aux collègues. Avant de porter un toast, on ne fait pas résonner son verre avec un ustensile. On ne porte pas non plus un toast au moment où l'hôte donne le signal de la fin du repas. Si l'on est ivre, on se tait et on ne tente surtout pas de porter un toast, car on n'a rien à dire.

Quelques inconvénients… non insolubles!

Vous venez de renverser du vin sur la nappe? Affichez votre embarras et présentez vos excuses, c'est élémentaire. N'allez surtout pas réclamer de sel pour enlever la tache ou proposer de faire nettoyer la nappe. En quittant la table, renouvelez vos excuses et, dès le lendemain, faites livrer à l'hôtesse un somptueux bouquet avec un mot d'excuse manuscrit.

Quant à l'hôte, il doit rassurer son invité et ne pas fusiller du regard le maladroit.

Votre invité a cassé un verre de cristal, un bibelot dont vous avez hérité de vos aïeux, une assiette de collection? Conservez le sourire et restez courtois. Soyez même héroïque! Assurez-vous plutôt que votre invité ne s'est pas blessé. L'hôte ne fait aucune remarque déplacée, ne réclame pas que l'invité rembourse les dégâts et ne l'oblige pas à ramasser les débris.

Vous vous apercevez que votre dîner est brûlé et qu'il est immangeable. Une note d'humour détendra l'atmosphère. Et puis, la salade, les fromages et le dessert ne sont sûrement pas bien loin pour réparer l'incident.

Vous venez de recevoir un cadeau de fort mauvais goût. Remerciez chaleureusement et avec élégance, sans passer de commentaire désobligeant.

Addition et pourboires

Au moment de lancer les invitations, l'hôte précise bien son rôle auprès de ses invités pour qu'il n'y ait aucune ambiguïté.

Si vous avez vos habitudes dans un restaurant en particulier, où votre réputation est déjà bien établie, vous pouvez demander que l'addition vous soit envoyée au bureau. Sinon, vous offrez votre carte de crédit et vous signez la note à la fin du repas.

On peut aussi choisir l'option de signer la note de paiement par carte de crédit à l'avance, de la confier au maître d'hôtel et de lui demander d'y ajouter le pourboire requis. Lorsque l'hôte quitte le restaurant, le maître d'hôtel lui donne discrètement une copie de la note de paiement.

Lorsqu'une femme invite un homme mais que ce dernier insiste pour régler l'addition, elle devra préciser que c'est elle qui invite au nom de son entreprise.

Si le service et les mets servis n'ont pas été à la hauteur de vos attentes, vous devez régler le différend avec le serveur en chef ou la direction du restaurant, lorsque les invités sont partis. Pour signifier discrètement votre mécontentement, vous pouvez ne laisser qu'un pourboire minime plutôt que d'invectiver le personnel.

Le pourboire est généralement de 15 % du total de l'addition avant les taxes.

Dans un très grand restaurant en Amérique du Nord (Waldorf-Astoria ou The Pierre, à New York): dès l'arrivée, l'hôte dépose discrètement dans la main gauche du maître d'hôtel un billet de 20 $. Pour le sommelier, prévoir 10 % de la note d'alcool. Le serveur en chef reçoit 5 % de l'addition de restauration. Les serveurs se partagent 10 % de la note de restauration. Vous devez prévoir, en définitive, environ 20 % du montant de l'addition en pourboires.

Dans un très grand restaurant en Europe (La Tour d'Argent, à Paris ou Bruneau, à Bruxelles): le service est déjà compris dans l'addition, il est de 15 %. Mais comme il est impensable de quitter un tel établissement sans rien ajouter, l'hôte laisse discrètement 5 % de plus sur le plateau.

L'hôte élégant ne règle pas l'addition devant ses invités. Et il ne manifeste pas sa surprise devant le montant de la note. S'il choisit de payer l'addition comptant, il évitera d'aligner les billets de banque côte à côte sur la table; c'est très gênant.

Au vestiaire, on peut laisser un dollar (ou un euro, c'est selon) de pourboire, tout comme au valet de stationnement, en plus de sa facture.

Pour remercier et féliciter le chef, l'hôte raffiné le fait venir à sa table à la fin du repas.

À table, on est tout nu; il n'y a rien derrière quoi on peut se cacher. La table, c'est plus révélateur qu'un scanner.

À L'ÉGARD DU TABAC

Un coup fumant!

❧

u XVIᵉ siècle, le seigneur de Villemain, mieux connu sous le nom de Nicot, a fait, à son insu, le tabac de l'époque. Ce gentilhomme de France, érudit et fin diplomate de son temps, est à l'origine de nos plaisirs d'abord et de nos maux ensuite.

Le tabac se prise encore (et à quel prix!) et se fume, au grand dam des non-fumeurs qui n'en retirent que les désavantages. On remarquera à quel point l'étiquette s'est détendue depuis quelques siècles, car à l'époque où on comptait les seigneurs et sur eux, le tabac était une affaire d'hommes (jusqu'à George Sand) qui avait cours dans une pièce toute désignée de la maison ou du théâtre: le fumoir. Les hommes s'y retiraient, en général le soir après un repas mondain ou une comédie, afin de discuter tout en savourant liqueurs, eaux-de-vie et tabac. L'art de vivre des grands siècles.

Aujourd'hui, tous les continents y sont initiés et le tabac, omniprésent depuis le réveil jusqu'au coucher, est devenu, pour les jeunes qui en apprennent le rituel parfois dès 10 ans, aussi vital que le pain quotidien. Il sert d'apanage, d'attribut viril ou de marque d'adultisme, d'encouragement au travail, de complément à la digestion, de soutien à l'effort et surtout, devient le plus entêté des états de dépendance qui soient.

Qui n'a pas pris la résolution, à la veille de la nouvelle année, de cesser de fumer; qui n'a pas décidé, à plusieurs reprises, de lâcher la cigarette le lundi matin; qui n'a pas pensé à l'hypnotiseur, à l'acupuncteur, aux divers psys pour se débarrasser de cette envahissante manie?

Les véritables victimes sont les pollueurs autant que les pollués, et ces derniers méritent une auréole sans doute bien encombrante, car des premiers, ils subissent l'empoisonnement à petites et grandes doses de même que l'odeur âcre et tenace, et par conséquent, ils héritent de maladies cruelles et souvent intraitables.

Un avis tout spécial aux futures mamans, qui rêvent de mettre au monde le plus sain et le plus beau des bébés: libre à vous de vous intoxiquer, mais pas ce petit être que vous portez dans votre cœur. Fumer dans la même pièce que son nouveau-né est non seulement une hérésie, mais un flagrant délit de manque d'amour envers son enfant.

Qui n'a pas pensé se vêtir d'une panoplie de plongée pour se présenter au travail; quelle mère n'a pas désiré recouvrir le landau de son bébé d'un drap protecteur; quel usager des transports aériens, maritimes et routiers n'a pas rêvé d'une cabine-isoloir pour s'abriter de l'impérative fumée de tabac?

À table, le fumeur, à la condition d'avoir l'assentiment de tous les convives présents, ne pourra fumer qu'au dessert et au café. Aux réunions d'affaires, on tend à interdire de plus en plus la cigarette. Il est impensable de fumer dans les hôpitaux, les pharmacies et les supermarchés. Merci à toutes ces institutions d'en afficher la prohibition. J'ajouterai que l'intimité de la chambre à coucher ne devrait pas être transformée en fumerie. Est-il vraiment nécessaire de dire qu'il est inacceptable d'entrer dans un ascenseur avec sa cigarette? Pourtant oui, puisque certains se le permettent. La grande absurdité est de voir ces inconditionnels de l'air à haute altitude entrer dans une cabine de téléphérique la cigarette au bec.

Aux grandes réceptions, le fumeur qui insiste à vouloir satisfaire ses habitudes et qui, en plus, a l'ambition de tenir à la main un verre, une serviette de papier, un canapé de crevettes à la mayonnaise avec l'intention ferme de serrer des mains au passage, celui-là devra sérieusement envisager un entraînement de jongleur dans un cirque plutôt que la lecture assidue d'un précis d'étiquette. À tout le moins, qu'il soit exhorté de ne pas regarder le plafond en secouant ses cendres (j'entends, celles de sa cigarette) sur le tapis du salon, dans les plantes ornementales, qui ne demandent qu'à boire, dans la flûte à champagne du voisin abîmé dans une sérieuse discussion ou encore dans l'urne à parapluies.

Que les hôtesses bien intentionnées ne prévoient plus de cendriers ni de cigarettes parmi les accessoires de table. Toutefois, les messieurs non fumeurs attentionnés n'oublieront pas de porter sur eux un briquet pour venir au-devant des dames fumeuses.

En visite dans une maison dont on ne connaît pas les habitudes, on n'imposera ni cigarette, ni cigare, ni pipe sans en avoir au préalable obtenu la permission. Les personnes qui désirent conserver leur habitation libre d'odeurs indésirables ne doivent pas accepter d'être sanctionnées. Pourquoi devraient-elles être victimes chez elles de visiteurs assujettis à leur aliénation?

N'imposez pas à votre partenaire amoureux de fumer au lit, surtout après l'amour! Pour un instant, imposez-vous un peu de privation. Même si l'amante est conciliante, ne lui infligez pas cet outrage; allez plutôt dans une autre pièce!

Dans les habitacles réduits, que ce soit en avion, en voiture, en compartiment de train, au restaurant, même si vous avez une place dans la section fumeurs, vous n'êtes pas obligé d'allumer à la chaîne. Ayez une pensée écologique pour les moins accrochés que vous.

Puisque le civisme est une foule de petites choses, les mégots ne se substitueront pas aux cailloux du Petit Poucet. Parsemés ici et là sur les plages, ils ont souvent brûlé les pieds d'enfants qui s'y amusaient.

Quelle honte de la part de gens sans scrupule de vider le cendrier de leur voiture près du trottoir. Il faut légiférer contre eux!

Que penser du fumeur invétéré qui tire encore et encore sur son mégot comme s'il était le dernier avant la pendaison, alors qu'il entre dans son immeuble, et qui, une fois les portes d'entrée passées, le jette par terre dans le hall d'entrée ou dans l'escalier, pour l'écraser ensuite sous un pied pivotant et sans merci laissant des stigmates noirs sur son passage?

Ceux-là ne mériteraient pas mieux que d'être passés à tabac.

IN VINO VERITAS

Skål!

♣

À n'en pas douter, ce chapitre est celui qui a ma cote d'amour au superlatif. Grâce au rituel des toasts, j'ai reçu et partagé beaucoup de bonheur à table, au cours de mes années passées chez les Scandinaves, qui ont le *skål* aimable, charmant, vigoureux, formel, généreux, officiel ou séducteur, selon le cas.

Le *skål* vient des Vikings qui buvaient leur akvavit dans des crânes de bovidés (*skål*, en suédois est l'équivalent de *skull*, en anglais) qu'ils choquaient l'un contre l'autre, ce qui provoquait un échange du contenu: un antidote archaïque contre la crainte toujours existante d'être empoisonné. Il a donné naissance beaucoup plus tard au toast qui est devenu tout un art en lui-même.

Il semblerait que les Norvégiens aient un manuel contenant près de 300 façons et raisons de porter un toast. De quoi boire jusqu'à plus soif.

En vérité, le toast est le plus agréable accompagnement à toutes les fêtes. En outre, il est fort utile. Il sert même à accompagner «l'ange qui passe», c'est-à-dire à combler les silences gênants à table.

[391]

L'Europe est le puits de la science du vin, de l'eau-de-vie et de la liqueur. Elle est, depuis l'Empire romain, celle qui a développé le procédé de leur fabrication et le savoir-faire de leur consommation. Sur le vieux continent, chez les personnes soucieuses de bonnes manières, il est indélicat pour quiconque à table de boire seul. Le vin est une boisson précieuse qui peut devenir joyeuse. Au risque de paraître biblique, le vin a les mêmes propriétés symboliques que le pain, dans la mesure où on les partage avec les autres convives. Si *compagnon* veut dire «celui avec qui on mange le pain», c'est à se demander si *convivialité* ne signifie pas «compagnonnage avec le vin».

Quelle que soit l'occasion, lever son verre à la santé de quelqu'un est un geste de pure courtoisie dont les effets secondaires sont rarement négatifs. Cet acte transparent exige pourtant une certaine maîtrise et la posséder relève de l'art. Comme disent les Américains, tout est une question de *timing*. Le moment propice, la personne qui le propose, celle qui le reçoit et le lieu sont déterminants pour le succès d'un toast. L'hôte s'en servira à table pour souhaiter la bienvenue à ses invités et pour souligner la présence de son invité d'honneur. En retour, celui-ci rendra la politesse de la même façon, à la fin du repas, au nom de toute la tablée.

Le toast d'honneur peut être embarrassant si on n'y est pas initié, comme il peut être rassurant quand il est porté pour charmer ou enchanter. Il peut aussi devenir courageux s'il s'impose pour briser un silence tenace ou rompre l'agressivité d'un négociateur trop entreprenant. En somme, le *skål* est le *life-saver* le plus séduisant et le plus limpide auquel on puisse avoir recours en société. Séduire, dans ce contexte, c'est tout simplement l'art de plaire. Tout le monde a envie de ce petit bonheur de société. Même deux hommes avisés qui négocient un contrat peuvent faire appel à ce genre de séduction.

En principe, toute boisson alcoolisée peut servir au toast, sauf la bière avec laquelle on trinque (choquer les verres) entre

copains. Toutes les occasions sont bonnes pour ce faire: cocktail, déjeuner, dîner, mariage, bal, barbecue, anniversaire, repas d'affaires ou célébration d'un événement spécial (le jour de votre dernière augmentation de salaire, il y a cinq ans, ou celui de votre divorce). Comme une présentation originale, un toast bien fait met de l'ambiance dans n'importe quelle situation.

Imaginons un ancien collègue d'université que vous avez retrouvé après de nombreuses années. Vous invitez au restaurant quelques personnes susceptibles de l'avoir connu et de composer une bonne table. Au moment d'entamer le vin, vous vous levez, prenez la parole et portez un toast: «Cher Bernard, parce que tu as été mon meilleur camarade d'université, parce que tu es resté beau, que tu es devenu riche et célèbre, parce qu'il semblerait que tu es le Don Juan que tu rêvais d'être, tu mérites qu'on te salue. *Skål!*»

Un bon toast est un brise-glace idéal, car il renverse tout préjugé et installe l'ambiance recherchée. Et comme un toast en entraîne un autre, souvent suivi de délicieuses anecdotes, l'événement restera marquant et inoubliable.

Pour devenir virtuose dans l'art de porter des toasts, il faut se soumettre à quelques préceptes:

- Si vous êtes désigné pour être l'hôte d'un repas, que ce soit à la maison, au restaurant ou à l'entreprise, vous avez le devoir de porter un toast à vos invités et plus spécialement à votre invité d'honneur. Si vous n'en avez pas l'habitude, exercez-vous devant un miroir; vous ferez face à l'auditoire le plus redoutable.
- Une fois vos invités assis à leur place à table, vous vous levez et, le verre en main droite, vous vous adressez à tout le monde: «Bienvenue à vous tous. Nous souhaitons une rencontre prolifique entre notre équipe et M. La Tour de Bruxelles, notre invité d'honneur. Nous formons des vœux pour que son séjour à Montréal soit un succès tant personnel que professionnel.»
- Au cocktail, l'hôte propose un toast quand la fête commence à battre son plein, afin de promouvoir une personne ou un produit, d'annoncer un événement spécial ou de remercier quelqu'un.
- À table, quand les fromages sont offerts ou au dessert, l'invité d'honneur DOIT se lever, ne pas faire résonner son verre de son couteau et remercier les hôtes pour cette merveilleuse occasion qu'ils ont créée en son honneur: «Le repas exquis, les vins superbes me laissent une impression dont j'aimerai me souvenir longtemps. C'était un privilège d'être invité à votre table et je vous remercie pour tant d'égards. Au nom de tous vos distingués amis (collaborateurs), je voudrais porter un toast de reconnaissance à nos charmants hôtes.» Assurez-vous toutefois d'avoir l'attention de toute la tablée avant d'entamer votre laïus. En général, votre attitude debout permet de penser qu'il faut se taire. Si la salle est vaste et que plusieurs tables y sont réunies, demandez l'assistance de quelqu'un pour réclamer le silence.

- Les femmes ont non seulement le droit mais le devoir de porter un toast si elles sont invitées d'honneur. Si, dans un couple, l'hôtesse est plus éloquente que son mari, c'est elle qui en prendra l'initiative. Porteurs de toasts, ne craignez pas de les zester de charme, d'humour (sain) et de mordant. Ne poussez pourtant pas la témérité jusqu'à l'histoire douteuse ou de mauvais goût. La vulgarité n'a jamais sa place à table (ni ailleurs).
- Si vous vous êtes enivré, restez assis. On vous sera reconnaissant de n'avoir rien à dire.
- Lorsque l'événement spécial, c'est vous, et que tout le monde est réuni pour vous célébrer, l'hôte, en début de repas, proposera un toast en votre honneur. Tous se lèvent sauf vous. Tous boivent à votre santé sauf vous-même. Après avoir bu, tout le monde se rassoit et vous vous levez. Vous devez prononcer quelques mots gentils et brefs: «Je suis très ému de vous voir tous réunis autour de moi, ce soir. J'aimerais à mon tour boire à votre santé et vous remercier de votre charmante attention.» Vous levez votre verre et regardez chaque personne, tour à tour, jusqu'à la dernière, sans exception. Vous buvez ensuite et vous rasseyez. Empressez-vous d'engager immédiatement la conversation pour rompre cet instant d'embarras, s'il devait avoir lieu. L'aspect officiel de ce toast est intimidant, mais il vous met dans la situation absolue d'appliquer votre parfait savoir-faire.
- Il faut à tout prix éviter de devancer les hôtes en voulant porter un toast. Votre tour viendra après l'invité d'honneur. Dans le doute, s'abstenir est une règle d'or. Sinon, en aparté, demandez la permission à votre hôte qui acquiescera certainement.
- Après l'invité d'honneur, tout le monde à tour de rôle peut se lever et faire suivre son toast d'une amusante

ou charmante anecdote. C'est souvent le meilleur moment du repas. Parlez clairement et à bonne voix pour que tout le monde vous entende.

- Aux grandes réceptions protocolaires, seules les personnes désignées par les organisateurs sont autorisées à porter un toast, et elles seront prévenues à cet effet.

- Dans vos discours, soyez toujours positif. Abstenez-vous de faire appel à l'ironie, à la rancune. Ne touchez la religion et la politique qu'avec d'infinies précautions. Il vaudrait mieux passer outre ces deux sujets trop sensibles. N'oubliez pas qu'à table, en Occident, nous sommes armés (fourchettes, couteaux). Vos impôts, vos varices, la fugue de votre adolescente et votre vie sexuelle risquent de produire un contrecoup désastreux.

- Un bon toast doit être bref, charmant et éventuellement amusant. Il doit inspirer la détente et la positivité. Il vise à présenter, à féliciter, à complimenter, à encourager et à remercier.

- Il ne serait pas superflu de dire ici que l'ébriété n'amuse personne. Si un grand Romain a dit *«in vino veritas»*, un autre aurait dit plus tard que toute vérité n'est pas bonne à dire. Qu'on se le dise! Le réseau de contacts en société ne se tisse pas dans l'abus du boire et du manger. Le succès d'une réunion sociale satisfait tous les sens; l'ivresse les annihile. Connaître ses limites d'une manière générale, et celles de l'alcool d'une manière plus spécifique, peut vous assurer une grande part de succès dans la société où vous évoluez.

- Que ce soit pour des raisons de religion ou de santé, on ne doit pas refuser de boire avec quelqu'un qui nous y invite. Levez votre verre, regardez la personne avec qui vous buvez et portez le verre à vos lèvres en faisant semblant de boire. Surtout, évitez de donner les raisons de votre abstinence; elles ne doivent pas être un sujet de conversation. Les «froids» Scandinaves poussent le plaisir à se regarder de nouveau après avoir bu avant de reposer le verre sur la table. Une façon exquise de faire durer le plaisir.

- Il est essentiel de porter son verre à ses lèvres pour un toast. Il serait maladroit de lever son verre avec un convive et de le reposer devant soi sans l'avoir fait.
- Un verre se tient par la tige et non par le galbe afin de ne pas changer la température du vin et de ne pas laisser d'empreintes apparentes. Il ne se tient par le pied qu'entre membres d'une confrérie (Taste-vin, par exemple). Contrairement au cocktail, à table, on tient son verre de la main droite comme on serre des mains droites.
- Dans une maison privée, le valet ou le domestique qui se présente au salon muni d'un plateau garni de verres laissera aux hôtes le loisir d'y prendre chacun des verres et de les offrir un à un à leurs invités. Si les hôtes servent eux-mêmes l'apéritif, ils veilleront à ce que chaque verre soit offert avec grâce, de main à main, à chacun des invités.
- À un cocktail, un verre se tient de la main gauche afin de laisser la droite libre pour être serrée.
- Que ce soit au domicile privé ou au restaurant, un invité ne redemande pas de vin. Puisqu'il ne doit pas refuser de toast, que doit-il faire si son verre est vide? Il le saisira par la tige et, à l'aide de l'index et du majeur, il camouflera discrètement la base du galbe et accomplira ce geste convivial avec grâce et élégance.

Sans dissoudre votre âme dans le regard de votre voisin de table, regardez-le tout simplement et buvez à sa santé. Si vous avez une folle envie de le séduire, chargez vos pupilles de toute la nostalgie de vos moments glorieux et… *Skål!*

POUR QU'ILS SOIENT IRRÉSISTIBLES... CES HOMMES!

«Sans la politesse, on ne se réunirait que pour se battre.
Il faut donc ou vivre seul ou être poli.» — Alphonse Karr

♣

L'importance des bonnes manières devient manifeste lorsqu'elles nous font défaut. Quand on s'adresse à quelqu'un avec le sourire, la première réaction de l'autre est d'en faire autant. Imaginons qu'en arrivant au bureau, la personne à qui vous avez dit «bonjour» ne réponde pas et ne daigne pas vous regarder, vous serez en droit de vous demander en quoi vous êtes fautif, ce qui est normal.

Oui, les bonnes manières comptent. Utilisez-les si vous voulez laisser de vous une impression agréable et positive. Il est faux et stupide de croire que l'étiquette est l'apanage des snobs ou des riches, puisqu'elle n'est commandée que par des vertus morales qui sont la considération, le respect et l'honnêteté qui dictent le beau comportement et sont applicables à toutes les catégories d'âge.

Considération, respect et honnêteté

La considération est de savoir identifier avec discernement le milieu dans lequel on se trouve, de faire preuve d'empathie pour s'accorder avec autrui et de faire en sorte que son comportement et ses paroles ne blessent pas la sensibilité de quiconque.

Le respect détermine la qualité de l'interaction entre deux ou plusieurs personnes. Il offre la capacité d'accorder un certain degré de valeur à quelqu'un et fait agir avec déférence. Le respect commande une conduite digne.

L'honnêteté s'accorde avec la vérité, qui ne doit pas être brutale. Dans certains cas, il est de bon ton d'atténuer la nudité des faits afin de ne pas blesser ni nuire. L'honnêteté impose la sincérité et la bonne foi.

Basée sur ces trois éléments, l'étiquette est un moyen efficace de faciliter la vie et de la rendre plus douce. À mon humble avis, elle rend la violence impensable et impossible. Quand les hommes se trouvent dans une situation qui ne leur est pas familière, ils ont tendance à se figer et à choisir un comportement qui ne correspond pas toujours à leur personnalité. L'étiquette, messieurs, ne consiste pas à faire ce qui est convenable, mais bien ce qui est juste.

Dévisager une femme, lui parler comme à un enfant, l'interrompre inlassablement au cours d'une conversation, négliger de présenter son épouse ou l'ignorer complètement; marcher devant elle comme si elle n'existait pas, laisser claquer une porte sur elle, non seulement sont de graves manques de considération mais sont également très irrespectueux.

Je ne suis pas en train d'exhorter les hommes à faire fi d'une ravissante beauté qui croise leur chemin; je les prie seulement de le faire avec charme et gentillesse. Surtout s'ils sont en présence de leur épouse. Aujourd'hui, il est rare qu'un homme fasse un arrêt cardiaque à la vue d'une belle femme, ses pulsations se sont largement satisfaites en naviguant sur Internet. Et puisque les jolies femmes sont de plus en plus nombreuses, il est devenu un habitué de l'esthétique et réagit à peine, ou alors, il est en proie à une crise de panique.

Partager aussi les tâches

Depuis une vingtaine d'années, l'homme nouveau fait des efforts considérables pour prêter main forte à sa femme, débordée par ses multiples responsabilités. À cet égard, il s'est ennobli. Mais il y a encore place à l'amélioration. Après avoir desservi la table, il pourrait placer les couverts et les assiettes dans le lave-vaisselle plutôt que de les déposer dans l'évier. Et si, par grand bonheur, Monsieur prenait l'heureuse initiative de préparer le repas, quelle bonne idée de nettoyer le comptoir une fois le travail terminé. En outre, cet homme de rêve n'attend pas qu'on le prie ou supplie d'accomplir telle ou telle tâche; il a la science infuse! Il a compris qu'elles sont à faire sans qu'on les lui demande.

Il n'est pas interdit aux hommes de faire leur lit le matin ni de nettoyer la salle de bains après leur passage et je ne connais pas une femme qui se plaigne de recevoir des fleurs de son bien-aimé.

Maintenant, que ce soit bien compris! La plupart des hommes ont de bonnes intentions à l'égard de l'étiquette et de ses trois éléments; le problème réside dans le fait qu'ils s'égarent facilement du droit chemin en se concentrant sur ce qu'ils trouvent capital: leur carrière et la «game de hockey».

Si c'est en forgeant que l'on devient forgeron, exercez-vous à améliorer la qualité de votre vie qui, automatiquement, améliorera la qualité de celle de l'autre et de votre entourage.

Les points névralgiques de la cohabitation

Françoise Giroud aimait à dire que pour réussir la cohabitation, il fallait à tout prix qu'il y ait deux salles de bains dans la maison. Je partage cet avis qui tient presque du dogme.

Pourquoi donc? Parce que cet endroit est privé; il est le théâtre des activités intimes. Dans le cas où le partage est une nécessité, la présence de Madame chevauche celle de Monsieur et peut-être celle des autres membres de la famille et des invités. Et c'est là où le bât blesse, et le bobo peut être de taille.

Les hommes ont un sérieux problème à comprendre pourquoi les femmes sont si sensibles à l'égard de ce lieu et le leur concèdent comme étant leur domaine. Faites le jeu de la comparaison et évaluez la quantité de «stock» que la femme entrepose dans la salle de bains et le vôtre. On en vient à la facile conclusion qu'elle y impose presque une présence totalitaire et un règlement dont il ne faut pas déroger.

Le lavabo

Il est clair que se raser avec de la mousse et un rasoir manuel laisse le lavabo souillé, et le nettoyer en prévision de la visite du prochain utilisateur n'a rien d'héroïque. Si chaque personne avait de la considération pour les autres et pensait à laisser cet objet sanitaire comme elle l'a trouvé, il serait toujours rutilant de propreté. Et une fois engagé dans l'effort, un petit coup de chiffon pour assécher le comptoir ne vous affaiblira pas.

La baignoire et la douche

Ah! Le lieu du grand confort et de la jouissance garantie. La détente absolue dans les bulles, verre de champagne au chevet, petites bougies odoriférantes autour, éventuellement un polar à disposition tout comme illustrés dans les revues spécialisées. Je ne connais pas beaucoup d'épouses ou de petites amies qui se montrent volontaires, avec un enthousiasme d'enfer, pour nettoyer les infâmes cernes autour de la baignoire que vous laissez en souvenir de votre passage. Daignez nettoyer vos empreintes corporelles vous-mêmes et dégagez le filtre de la mousse de savon et de vos poils follets. Cette attention particulière peut être aussi portée à l'entretien de la cabine de douche.

Il n'est pas superflu d'assécher les parois de la cabine avec un linge sec ou encore avec un essuie-glace (*squeegee*). Le résultat est rapide et efficace.

Le siège des toilettes (Oh, mon Dieu!)

Nous voici parvenus à un sujet où la sensibilité féminine (à l'égard de cet objet d'hygiène) atteint son paroxysme. Quelle femme cohabitant avec un homme n'a pas subi l'horrible choc, à quatre heures du matin, les yeux encore clos, de s'asseoir directement sur la cuvette glacée, et probablement souillée par la visite endormie de Monsieur dont le jet s'est égaré ici et là. Même à quatre heures du matin, monsieur, même au beau milieu de vos activités biologiques, faites preuve d'humanité en baissant ce misérable siège auquel nous tenons énormément. Et vous aussi, d'ailleurs. Essayez de vous appliquer à la seconde fonction le siège levé et toute la maisonnée et le village autour entendront vos cris d'indignation.

À quatre heures du matin, si l'on est assez éveillé pour accomplir un rituel imposé par la nature, on l'est tout autant pour lever le siège (des toilettes, bien sûr). L'autre désagrément pour Madame est de s'asseoir sur une lunette certes en place, mais parsemée de gouttelettes qui achèveront de la réveiller tout à fait et qui allumeront sa colère pour un bon moment.

Il est difficile de comprendre la personne qui quitte ce territoire sans remplacer le rouleau de papier hygiénique auquel ne restent que trois feuilles. Faut-il avoir en main, si j'ose dire, un diplôme en sciences exactes pour saisir le pourquoi et le comment de cette situation? On trouve dans le commerce des objets très pratiques dans lesquels sont déposés trois ou quatre de ces rouleaux bienfaisants et pratiques et destinés à être placés près des toilettes, au vu et au su de tout usager.

Enfin, sachez que chaque personne a sa propre brosse à dents et ne souhaite pas gober les germes ou bactéries d'un autre, qu'il soit amant, amoureux, époux ou cousin de passage. Quel manque de civisme et de savoir-vivre que de se permettre la liberté d'utiliser cet objet si personnel qui ne vous appartient pas!

Et puis, ce n'est pas superflu de fermer la porte derrière soi. Quel que soit le motif de sa visite dans cet endroit, on y va pour s'isoler.

L'image

Puisque «l'image est le plus grand capital d'une personne» (Talleyrand), il semblerait qu'à l'égard de l'élégance masculine, Londres reste la capitale de l'homme chic. Les couturiers français et italiens ont du brio, mais les Anglais ont, en plus, la tradition. Personne encore n'a dépassé la qualité et la beauté de leurs tissus ni leurs incomparables cachemires.

Préférez les fibres naturelles aux synthétiques, beaucoup moins élégantes. Quel que soit le budget, il faut privilégier la sobriété conjuguée à la qualité. La fantaisie «criarde» peut faire très mauvais effet, surtout dans le milieu professionnel, car il ne faudrait pas donner au «business» le même sens qu'au «show business».

Peu d'hommes savent qu'ils ne doivent pas se présenter à une réception à 17 heures vêtus de brun, couleur réservée aux tissus de sport et de jour, tels que le tweed ou le chevron. Le costume de flanelle grise ou marine est la base de la garde-robe de Monsieur. Le blazer croisé marine et quelques vestes de tweed sont très pratiques.

Les chemises sont, autant que possible, en popeline rayée ou unie. Il faudrait veiller à ce que les poignets de la chemise ne soient pas plus courts que la veste ou, au contraire, recouvrent la moitié des mains, ce qui peut avoir l'air ridicule. Si la chemise à manches courtes est privilégiée et portée sans veste, je vous en conjure, ne la portez pas avec une cravate qui constitue l'uniforme MacDonald.

La cravate et la pochette sont les seuls éléments de fantaisie de la tenue masculine et le plus grand soin doit être apporté à leur choix. L'une ne doit pas être inévitablement identique à l'autre. C'est ici que se joue la subtilité : faire accorder les motifs et les couleurs. Leur harmonie distingue l'homme de goût. Le mouchoir de batiste blanche peut toujours égayer un costume sombre.

Quant aux accessoires, ils sont de bonne qualité. Les ceintures sont en cuir, en box ou en daim et la boucle est d'une grande sobriété. Si l'on a des problèmes de taille, on aura recours à des bretelles, surtout pas à une ceinture. Il semble que l'on juge l'élégance d'un homme à ses chaussures qui doivent être de cuir et toujours propres. Pour ma part, je la reconnais à ses chaussettes qui ne doivent jamais être courtes, ni blanches ni à motifs psychédéliques. Le plus bel homme du monde l'est beaucoup moins s'il est surpris les chaussettes tire-bouchonnées sur ses chevilles. La chaussette est obligatoirement longue, presque au genou, et s'harmonise au costume.

Un homme en jeans peut-il être élégant? Certainement. À la condition que l'occasion s'y prête et qu'il soit jeune et mince, et que le jeans ne soit ni troué ni effiloché.

Chaque entreprise a ses politiques à l'égard du *business professional* et du *business casual* et la distinction entre les deux n'est pas toujours évidente. Si votre allure vestimentaire attire plus l'attention que votre personne et vos propos, c'est qu'elle n'est pas adaptée à votre situation professionnelle. Il est inacceptable pour un cadre de porter des couleurs trop voyantes, des chaussures de sport (*sneakers*), des chaussettes courtes et blanches, des ceintures clinquantes. Il est indispensable qu'un cadre se présente avec une cravate. Je recommande au personnel masculin de ne pas se vêtir de t-shirts affichant des slogans ou des dessins de bandes dessinées – le seul permis étant le logo de l'entreprise –, en jeans sales, en vêtements très ajustés, en sandales, en camisole et en shorts. Voir chapitre *Savoir suivre la mode,* page 83.

Il serait absurde de tenter de paraître au mieux de sa personne sans soigner son hygiène. Les personnes qui ne respectent pas les codes de la propreté et qui n'utilisent pas de déodorant ralentissent considérablement leur accès à la réussite et nuisent aux liens qu'elles veulent créer entre collègues, clients et amis. L'unique moyen d'y remédier est de se doucher chaque jour et d'utiliser un déodorant, si possible non parfumé. Il est indispensable de changer de vêtements chaque jour pour qu'ils soient frais à la vue et à l'odorat.

Un autre facteur de désagrément est celui de l'usage excessif de l'after-shave ou de l'eau de toilette masculine. Ils ne l'utilisent pas, ils s'en aspergent. Faites en sorte que les gens ne tentent pas de trouver un siège aussi éloigné que possible du vôtre, ce qui n'est pas propice aux bonnes relations. À cet effet, je vous invite à lire le chapitre *Sus aux parfums,* en page 209.

N'oubliez pas de bien manucurer vos ongles et d'épiler les petits buissons des oreilles et du nez, et évitez que les sourcils vous tombent sur les yeux comme ceux d'un scottish terrier. Les petites broussailles ont leur charme, mais ne doivent pas envahir le visage ni diminuer l'acuité visuelle.

Quand vous êtes debout, conservez votre veste boutonnée et ne plongez pas vos mains dans vos poches en faisant tinter votre monnaie. Les mains vides sont dans le dos. Et si vous tenez un verre, par exemple, la main libre ira dans le dos. Et au nom de toute la gent féminine, je vous remercie, ô viriles créatures, de ne pas vérifier si votre feuille de vigne est en place, car elle l'est.

Choisissez d'être aimés pour le meilleur, en oubliant le pire.

Le gouvernement du Canada a été admirable et efficace en lançant son programme antitabac dans les immeubles et les transports publics. Aujourd'hui, fumer en public ne fait pas bonne impression. Et surtout, gardez-vous d'allumer une cigarette dans une maison privée, dans un bureau ou un club. Si vous exprimez le désir de le faire, attendez-vous à ce qu'on vous offre le jardin, le balcon ou la rue, même sous une température polaire.

L'odeur du tabac froid est tenace et très désagréable. Elle s'attache aux vêtements, aux cheveux et trahit une haleine âcre.

Les gens distingués ne mâchent pas de gomme. Comme elle est laide la vue d'une paire de mâchoires qui ruminent sans arrêt! Lorsque celui qui chique prend la parole, on est distrait par cette boule élastique qui se promène d'un côté et de l'autre de la bouche, sans répit. Sans parler du bruit produit par cette gymnastique insupportable. Au théâtre, au concert (affreux!), au cinéma, dans l'ascenseur, si vous devez ab-so-lu-ment mâcher de la gomme, faites-le les lèvres scellées. Et au premier rendez-vous galant, oubliez-la définitivement. Au deuxième aussi.

En dehors d'un terrain de sport, un homme ne devrait jamais cracher. Surtout s'il est en compagnie d'une femme.

Ce qui ennuie le plus les femmes, c'est la liberté que peuvent prendre certains hommes de laisser libre cours à la partition de leurs entrailles, qui ne devrait pas être jouée en public. Si vous êtes aux prises avec des gaz qui se débattent comme de beaux diables, libérez-les, comment dirais-je, en pointillé. Si ces malheureux ont manqué de discrétion à l'égard de la trame sonore, il est indispensable que vous vous excusiez. Devant les regards accusateurs, ne niez pas et ne rejetez pas la faute sur quelqu'un d'autre. Voir chapitre *La voix de son maître,* page 349.

Au Québec, on doit faire le triste constat d'entendre les hommes sacrer tous les trois mots, en passant par tout ce que peuvent contenir la sacristie, la nef et l'autel. Jurer est-il un signe extérieur de virilité? Vous pouvez penser être le plus séduisant monsieur de la planète, vous ne l'êtes plus si vous avez le juron à la bouche. En outre, l'utilisation des sacres peut blesser vos interlocuteurs.

La communication

C'est un véritable talent que de savoir faire passer une idée. Pour y réussir il faut appliquer les trois indispensables principes qui sont:

1. La clarté dans l'expression, qu'elle soit orale ou écrite. Malgré la pression de la technologie qui nous empêche de tenir de véritables conversations, exercez-vous à table avec vos enfants, vos amis, vos collègues. Il est aberrant de constater la difficulté de la majorité des gens à parler avec aisance et transparence.
2. La logique de vos propos. Assurez-vous de leur donner un sens qui convienne au développement de vos idées.
3. La concision est, dans notre ère pressée, une condition *sine qua non* en communication. Évitez le remplissage de phrase par des mots inutiles, des adverbes répétés (très, très, très) qui dénotent un manque de vocabulaire ou des mots devenus bouche-trou, à l'exemple de «comme» lancé en fin de phrase, qui est traduit de l'américain «like» et qui n'a aucun sens, ainsi que l'emploi excessif des mots «évidemment» et «effectivement» souvent si mal à-propos.

À l'égard de la communication par téléphone, je vous propose de vous référer au chapitre *Les bonnes manières au téléphone,* page 139.

Il est un petit défaut qui devient grand avec l'âge, messieurs, et qui vous caractérise: c'est la fâcheuse habitude qu'ont certains d'entre vous d'interrompre l'interlocutrice qui s'évertue à vous faire comprendre ce qu'elle a en tête. De grâce, laissez-la finir. Une fois l'exposé terminé, passez des commentaires sur ce qu'elle a dit pour bien montrer que vous avez écouté. L'écoute est un art qui vous vaudra beaucoup de succès professionnel et sentimental. C'est juré!

Le cellulaire

Comment a-t-on pu vivre avant son invention? J'y résiste encore, même si je fais figure de dinosaure, et je me porte très bien. Je comprends qu'il y ait de multiples avantages à communiquer avec quelqu'un dans l'immédiat, à pouvoir joindre la *baby-sitter* en cas d'urgence, le médecin, l'ambulance, les pompiers, l'amant, etc., mais pourquoi imposer ses conversations avec décibels ajoutés à tous les alentours? Isolez-vous! Est-il absolument nécessaire de l'utiliser à tout bout de champ? J'aimerais que ce soit un Canadien qui découvre le mode d'emploi discret et civilisé du cellulaire. On lance un concours? Les femmes sont, sur ce plan, aussi accro que les hommes. Petit conseil supplémentaire: si vous êtes dans un endroit public du genre restaurant, bibliothèque, salle de concert et de théâtre, et qu'un client ou spectateur vous dérange par sa conversation télécellulaire, n'allez pas lui exposer vos griefs; faites-en part au gérant ou à l'ouvreuse qui se chargera de régler le différend.

Internet

Gardez toujours à l'esprit que rien ne demeure confidentiel par Internet. C'est pourquoi je n'arrive pas à comprendre que certaines entreprises réclament un curriculum vitæ (qui est un document confidentiel) par télécopieur ou courriel. Considérez que ce moyen de communication est ouvert à tous et que ce que vous envoyez par écrit peut être lu par tout le monde comme une carte postale.

Si vous êtes de mauvaise humeur, réfléchissez bien avant d'envoyer l'infâme message. Attendez même 24 heures. Et au nom du récipiendaire, merci de bien relire votre missive pour en corriger les fautes qui sont le reflet infaillible de votre culture ou de votre ignorance. Au choix!

N'oubliez pas que l'on envoie les messages courtois de façon manuscrite seulement; ils en disent long sur votre éducation et votre cordialité qui ne devrait pas être considérée comme superflue.

L'accueil

Ne poussez pas la rusticité jusqu'à rester assis pour accueillir vos invités. Secouez-vous les puces et levez vos osselets de votre divin fauteuil. Celui qui s'entête à rester assis envoie le message sous-entendu, mais clair, qu'il se sent supérieur à son visiteur ou à son client. Lorsqu'on est debout, on se fait face, l'attitude est franche, la position est égale.

N'ayez pas peur de sourire et de regarder dans les yeux, sans la dévisager, la personne qui entre dans votre bureau. Allez même jusqu'à la porte pour l'accueillir. Invitez-la chaleureusement à entrer. L'effervescence serait excessive. La claque sur l'épaule me paraît extravagante. Offrez-lui votre main à serrer d'un geste large et ouvert, pas celle dont les doigts sont comme des nouilles trop cuites ni celle qui tente de décrocher l'épaule de ses articulations.

Exprimez votre plaisir à recevoir votre visiteur et ne commencez pas à regarder votre montre d'un air ostentatoire. C'est à vous de lui indiquer le siège à prendre.

Si, à ce stade, vous devez faire des présentations, qu'elles mettent en valeur la personne en question. Soyez humain et charmant. Évitez de dire : «Ça, c'est Loulou!» N'est-ce pas humiliant et réducteur de se faire désigner de «ça»? Il faut respecter la hiérarchie des gens que l'on présente. Pour vous faciliter la tâche, parlez à la personne au rang le plus élevé et présentez-lui l'autre personne: «Monsieur N° 1, veuillez rencontrer Monsieur N° 2.» Et surtout, souvenez-vous que votre très important client est plus important que le PDG de votre entreprise, qu'une personne âgée a préséance sur une plus jeune et que, ne vous en déplaise, un homme est présenté à une femme… encore aujourd'hui, à moins que l'homme ait un rang hiérarchique plus élevé qu'elle et que les présentations se fassent dans un milieu strictement professionnel.

Faites encore un effort pour vous souvenir du nom, même compliqué, des personnes que vous présentez. On appréciera votre professionnalisme.

Faut-il utiliser les prénoms d'emblée comme le font les Américains? Cette manière de faire me paraît risquée en milieu professionnel. Quand on présente une personne, il est important de ne pas être trop laconique à son égard. C'est dans son intérêt que vous citiez son nom entièrement. Faut-il faire précéder le nom du titre de civilité Madame ou Monsieur? Pourquoi pas? Si cette personne préfère qu'on l'appelle André, une fois les présentations faites, ne vous gênez pas. Ne simplifiez tout de même pas jusqu'à dire Dédé.

Sports

Voir Fair-play *au sport,* page 315.

Le rôle d'éducateur

Récemment, une statistique a révélé que 60 % des adolescents sont sans leurs parents pour le repas du soir. À cette nouvelle, mon sang n'a fait qu'un tour et mes cheveux se sont mis à friser. Comment peut-on à ce point faire passer sa carrière avant sa responsabilité parentale?

J'ai été – et je suis toujours – impressionnée par les dispositions rationnelles des Scandinaves. En voulant régler le problème du chômage, ils ont trouvé une solution à deux autres problèmes. Si les économistes, les sociologues et les politiciens pouvaient lire ces lignes, je me dirais que l'effort fourni à les écrire en aura valu la peine. Les Danois sont au tableau d'honneur européen avec un taux de chômage de 5,5 %. Plus révélateur encore, le taux d'emploi, c'est-à-dire le ratio entre la population active et la population totale, est le plus élevé d'Europe avec 76 %, bien loin devant l'Allemagne (65 %). En prime, le Danemark se paie le luxe d'afficher un budget excédentaire et les Danois font partie de ceux qui travaillent le moins en Europe: 37 heures par semaine. En vérité, ces descendants des Vikings ont réussi à créer ce paradis en résolvant l'impossible équation: concilier une protection sociale indispensable pour les salariés et une flexibilité nécessaire pour les entreprises. Au Danemark, personne n'est oublié au bord de la route, il n'y a pas de SDF, pas d'exclus, et l'éducation scolaire et universitaire est gratuite. En outre, le Danemark offre un taux de protection sociale sans égal en Europe.

Beaucoup d'idées sont à prendre de ces astucieux Danois. Ils ont aussi partagé les tranches de travail ainsi: le matin l'un des conjoints va au travail pendant que l'autre prend soin des enfants et de la tenue de la maison, et l'après-midi c'est le contraire. Chacun a son emploi. La deuxième retombée positive du système consiste à donner à son enfant l'éducation dont il a besoin et qui n'est pas la responsabilité de l'instituteur ni de la personne en charge de la garderie. L'effet secondaire est double: l'État verse de moins en moins de subventions aux garderies puisqu'elles n'existent que pour des cas exceptionnels et on a enregistré une baisse des divorces. Pourquoi? Parce que la méthode liée à l'éducation des enfants – le premier motif qui oppose les parents – n'existe plus, puisque chacun d'eux est seul et libre devant son enfant sans la crainte d'entendre l'autre s'opposer à ses décisions, comme c'est très souvent le cas. Et si on essayait!

Nous avons beaucoup de temps à rattraper sur l'éducation que les enfants n'ont pas reçue. Nos enfants sont livrés à eux-mêmes et nous nous étonnons de la violence grandissante qui s'empare d'eux. À cela, rien d'étonnant! La majorité des enfants, à partir de cinq ans, n'ont aucun respect pour les personnes âgées. D'ailleurs le mot «respect» est une notion tout à fait abstraite à leur esprit. On n'a qu'à les entendre jurer, sacrer, menacer et tenter d'intimider… et lorsqu'on leur pose la question à savoir où ils ont appris ce comportement, ils disent, pour la plupart, que c'est pour faire comme papa.

Récemment, je me trouvais, par un beau dimanche, sur le terrain de stationnement du lac des Castors, sur le Mont-Royal, en file pour attendre qu'une place se libère, quand un mécréant au volant de sa voiture s'est infiltré pour s'installer à l'emplacement qui me revenait. Je suis sortie de ma voiture pour lui faire comprendre que, de toute évidence, j'étais là avant lui et que cette place était la mienne. Il a ri, m'a montré ostensiblement son majeur; son épouse près de lui a éclaté de rire et son gamin de quatre ans, sur la banquette arrière, à mon grand étonnement, m'a offert une parfaite imitation du père qui, en sortant de sa voiture, m'a accablée d'invectives que même mon logiciel aurait du mal à reproduire. Non seulement l'enfant n'a fait que copier l'image du père, mais ce dernier était fier de lui. Ceci ne semble pas être un cas isolé. Les parents ne sont pas les seuls à influencer les enfants; les voisins, les usagers du métro, les passants dans la rue et les films d'une violence inouïe qu'on présente à la télévision ont une emprise capitale sur eux. Chers adultes, si vous aimez vos enfants, si vous avez à cœur leur éducation, leur bien-être et leur réussite, soyez extrêmement prudents avec eux.

On ne se formalise plus de voir des enfants jeter des ordures dans la rue parce qu'elle est bordée d'immondices de toutes sortes.

Partagez les responsabilités de l'éducation avec leur mère. Ne craignez pas d'instaurer de la discipline à la maison; elle n'est pas dictature, elle est démocratie et installe l'ordre dans la société. Encouragez-les et ne préférez pas un match de baseball à un événement qui les touche de près à l'école, par exemple. Entourez-les d'attentions! Répondez à leurs questions; ils en ont des tonnes. Consolez-les aussi de leur chagrin. Ce ne sont pas des responsabilités uniquement réservées aux mères. Vous avez le plus beau rôle de votre vie à jouer: celui d'éducateur.

Les bonnes manières à table

Veuillez consulter le chapitre *À table,* page 353.

À ceux qui s'interrogent sur le pourquoi de tout ce chichi, j'aimerais citer Emily Post qui disait que les règles de l'étiquette à table existent pour échapper à la laideur. Laisser les autres convives voir ce qui se passe dans votre bouche est répulsif; faire du bruit avec sa bouche en mangeant rappelle l'animal; laisser la table dans un piteux état est dégoûtant.

Si vous voulez avoir une idée de votre apparence quand vous mangez, exercez-vous à prendre votre repas devant un miroir et observez-vous bien. Surtout, soyez aussi critique que si vous jugiez quelqu'un d'autre. Vous verrez! L'effort en vaut la chandelle.

Il faudrait savoir qu'un repas avec un client ou un collègue est du ressort professionnel et ne doit pas être considéré comme une activité sociale. De même que le cocktail est un outil de travail parfait pour le réseautage. À toutes ces activités, à part le *party* de Noël, vous êtes tenu de circuler parmi les invités, de vous présenter vous-même et les autres, de rencontrer des personnes qui vous sont inconnues, de faire bonne figure, de laisser derrière vous une impérissable bonne impression et de développer de nouveaux contacts. Ces circonstances réclament que vous sachiez faire les présentations avec brio et compétence; elles constituent le premier instant d'interaction et sont à la base de la première impression. Si vous réussissez cette épreuve, les autres ne pourront pas résister à l'envie de se connaître mieux et de faire durer la relation. Il n'est pas interdit d'être charmant au cours de cet exercice. Au contraire.

Il est recommandé de ne pas s'enivrer dans ce milieu. Ce serait d'ailleurs une grave erreur! En acceptant un verre alcoolisé, faites-le durer et ne le renouvelez pas. En affaires, il est tout à fait acceptable de boire un jus de fruits, une eau pétillante; ce sont de bonnes solutions alternatives.

Encore une fois, exercez-vous à l'art de la conversation. Sans relâche. Ce n'est pas Internet qui vous y aidera. Sachez parler de tout, ou enfin presque. Lisez les journaux, écoutez les nouvelles télévisées; soyez informé. Pour savoir parler, il faut lire et... écouter. Soyez toujours positif dans ces circonstances. Laissez à vos questions des choix de réponses qui iront au-delà du oui et du non. En présence de votre interlocuteur, faites en sorte de trouver des sujets d'intérêt commun.

Lorsque vous êtes invité au restaurant, soyez à l'heure. Si vous prévoyez du retard, appelez l'établissement dont vous aurez pris soin de conserver le numéro de téléphone en poche. Assurez-vous que le message atteint votre hôte et que le retard n'atteigne pas l'imposture.

Si vous êtes l'hôte, arrivez avant l'heure. Que chaque place soit assignée selon les règles de la préséance. L'hôte doit régler la facture et le faire sans être remarqué. Les invités ne doivent absolument pas être initiés aux prix du repas. Tâchez de faire une visite aux toilettes avant de passer à table; faites-y ce que vous devez faire, lavez-vous les mains, donnez-vous un coup de peigne et jetez-vous un petit coup d'œil de... satisfaction dans le miroir, pour bien vous sentir.

Hôte et invités sont tenus d'éteindre leur portable.

C'est l'hôte qui s'acquitte du choix du vin et qui dirige la bonne harmonie de la conversation en veillant à ce que tous les convives y soient inclus.

L'invité ne choisit pas les plats les plus chers du menu. Il n'essaie pas de dominer la conversation et il laisse à l'hôte le privilège d'entamer les sujets d'affaires. Avant de quitter la table, il remercie chaleureusement et sincèrement l'hôte et les autres convives et une fois de retour à son bureau, il adresse une petite note manuscrite à son hôte pour le remercier de nouveau, ce qui n'a rien d'outrancier.

En visite à demeure

Lorsque vous aurez l'immense privilège d'être invité pour quelques jours chez vos ami(e)s, assurez-vous de choisir l'option qui fera de vous celui qu'on veut revoir plutôt que le contraire.

À l'invitation de vos hôtes, établissez clairement la durée limite du séjour. Même lorsqu'il s'agit des membres de votre famille, il est essentiel que vous restiez celui qu'on désire réinviter.

Il est indispensable que vous arriviez avec un cadeau. Cette règle est-elle applicable à chaque fois que vous irez dormir chez quelqu'un? La réponse tombe comme un couperet: **OUI!** Cette preuve de reconnaissance ne doit pas être extravagante ou onéreuse. Elle doit seulement témoigner de votre gratitude.

Une fois installé, acceptez de suivre le mouvement et le programme de la maison et n'y opposez pas de résistance. Montrez-vous même enthousiaste à l'idée d'aider à participer au barbecue, aux excursions et aux jeux prévus.

Montrez-vous désireux d'offrir un coup de main pour desservir la table, nettoyer la cuisine. Surtout n'oubliez pas de laisser la salle de bains impeccable après votre passage et ne laissez pas votre serviette mouillée pendue à la barre du rideau de douche; rapportez-la dans votre chambre et étendez-la sur le dos d'une chaise pour la faire sécher plutôt que de la laisser moisir. Et, encore un petit rappel: c'est à vous de faire votre lit le matin. Si des domestiques s'en chargent, laissez-leur une enveloppe garnie sur l'oreiller, le jour du départ.

Oui, le mot «grâce» peut convenir à un homme, surtout lorsqu'il remercie ses hôtes en les quittant. Mieux vaut deux fois qu'une. Ne soyez pas avare d'appréciation et exprimez le plaisir que vous avez eu de vivre ces moments privilégiés. Le deuxième merci sera livré par le courrier et s'il vous plaît, ne confondez pas avec courriel, car c'est bien au stylo que vous écrirez votre reconnaissance et sur du papier de qualité et non pas sur des feuilles quadrillées ou des *post-it*. N'ayez pas peur d'inviter à votre tour, si votre situation le permet.

Au travail

Maintenant que vous êtes un homme averti sur beaucoup de sujets, vous en valez donc deux (hommes), en souhaitant que cette paire s'accorde.

Sans vraiment en être conscient, l'infraction aux règles d'étiquette peut vous coûter de bonnes chances de promotion dans votre carrière et le pire est que personne ne vous le dira jamais. Personne!

Si vous êtes ambitieux, vous souhaitez à tout prix réussir votre carrière. Si vous appliquez ce qui vient d'être dit, vous comprendrez que, dans le milieu du travail, il est capital de savoir vivre avec les autres pour le bénéfice de l'entreprise ou de l'institution qui vous emploie. Si vous traitez vos collègues avec respect et considération, l'esprit d'équipe en sera consolidé. Il est essentiel que vous viviez en harmonie avec tout le personnel.

Écoutez les personnes qui vous guident et acceptez leurs recommandations, même si vous ne partagez pas toujours leur avis. Exécutez les ordres tels qu'ils sont exprimés, même si vous croyez que vos méthodes personnelles sont plus valables.

Le monde du travail évolue autour des relations qu'on y entretient. C'est votre habileté à coexister avec vos collègues et supérieurs qui fera de vous celui qu'on veut dans l'entreprise, qu'on pense à promouvoir et qui se verra offrir toutes les chances de succès.

Pour y arriver, n'essayez pas de:

- dominer les autres;
- crier ou de vous montrer brutal en gestes et en paroles;
- être condescendant en utilisant un langage paternaliste;
- draguer le personnel féminin;
- interrompre à tout bout de champ;
- dévisager les jolies femmes qui travaillent avec vous;
- avoir un comportement macho;
- faire preuve de gros appétit de pouvoir;
- faire comprendre à votre entourage que vous savez tout;
- avoir des opinions dogmatiques;
- vous comporter comme si l'entreprise vous appartenait;
- laisser comprendre à ceux qui ont un poste hiérarchique moins élevé que le vôtre qu'ils n'ont pas votre brillante intelligence;
- être souvent en retard;
- faire semblant d'écouter;
- refuser d'assumer vos responsabilités.

Cultivez les bonnes et les belles manières et comprenez qu'elles existent pour que la qualité de vie de chacun soit plus élevée et diffère de celle des animaux.

À cet égard, n'est-il pas étonnant de voir certaines personnes entrer dans leur îlot de travail, retirer leurs chaussures et leurs chaussettes et commencer à pédicurer leurs orteils? Ou lire le journal pendant une réunion? Ou placer des appels personnels régulièrement? Ou s'amuser sur Internet au lieu de fournir le travail qu'on attend d'eux?

Les plaintes répétées à l'égard des hommes dans le milieu de travail sont plus souvent liées à des petites négligences qu'à de grands faux pas, le problème étant que les détails désagréables se multiplient. Parmi elles, on reconnaît :

- le manque d'étiquette à table;
- l'ignorance de la netiquette (étiquette sur Internet);
- les mauvaises manières au téléphone;
- l'incorrection des présentations;
- l'incapacité à utiliser les termes de courtoisie: s'il vous plaît, merci, les mots d'excuse;
- la négligence de tenir la porte à la personne qui vient après (geste que les femmes devraient accepter avec grâce);
- une déficience de l'hygiène;
- la pauvreté de discernement dans l'habillement.

Parmi les grands faux pas, il faudrait bannir:

- critiquer son patron en public, devant ses collègues ou les clients;
- propager des potins ou des scandales;
- faire preuve de violence dans ses gestes et en paroles;
- être vulgaire dans ses mots et son langage corporel.

Le réseautage

Le but de l'étiquette est de créer une ambiance d'aisance autour de soi, de se sentir à l'aise en société et aussi de s'offrir la meilleure qualité possible de relations, qu'elles soient personnelles ou professionnelles. L'étiquette est un outil indispensable pour réussir sa vie et dans la vie.

Je ne peux m'empêcher de vous raconter cette anecdote vécue dans mes glorieuses années alors que je résidais à Copenhague. J'avais hébergé un certain «monsieur» connu et, à la fin de son séjour, je l'ai accompagné à l'aéroport. C'était l'hiver, et l'homme ne se séparait pas de son bonnet de fourrure bien vissé sur la tête, ni de ses gants de cuir qu'il conservait aux mains. En nous dirigeant vers la porte d'embarquement, j'ai reconnu la dame la plus distinguée de la ville qui se dirigeait vers moi. Charmantes accolades, présentations, etc. Quelle n'a pas été ma surprise de voir l'homme empoigner de sa main grossièrement gantée de cuir celle nue et toute gracieuse de la dame. En outre, son couvre-chef ne l'a pas quitté. Tout ce qu'il lui manquait pour emballer le tout, était un cigare à la bouche, et je me demande ce qui l'en a empêché. Il ne s'est même pas montré affable durant la bien tiède conversation qu'il nous a tenue. C'était gênant! L'odieux, c'est qu'il ne s'est pas aperçu de sa goujaterie.

Les gens remarquent le comportement des autres en public et dans leurs différentes relations. De par notre nature bien humaine, il est normal de s'observer et de se juger. Qu'on le veuille ou non, on laisse une impression de soi où qu'on aille. Mais attention! On préfère voir la paille dans l'œil du voisin que la poutre dans le sien.

N'oubliez pas les trois principes de l'étiquette bien définis en début de chapitre : la considération, le respect et l'honnêteté. S'ils sont bien appliqués, vos relations personnelles et professionnelles n'en seront que meilleures. Plus vous attirerez de la sympathie dans le monde que vous fréquentez, plus vous assurerez votre carrière.

Attention à la qualité du langage. Évitez les obscénités et les jurons qui n'ont aucune place nulle part. Ne déguisez pas les jurons en croyant bêtement qu'ils passeront mieux: «tabarnouche», «tabarouette» viennent du même sacre qu'on est épuisé d'entendre et qui, en plus d'être ridicules, montrent à quel point ceux qui les utilisent manquent de maturité.

On arrive vite et facilement à la familiarité chez nous. On appelle par le prénom, on tutoie sans y être invité, et on touche les gens. En affaires, c'est de l'inconscience. Il serait bon d'apprendre à respecter la distance physique entre son interlocuteur et soi-même. On se permet même des clins d'œil qui sont souvent un signe de connivence mal interprété en dehors de l'Amérique du Nord.

Avis à ceux qui souhaitent entrer dans la globalisation et qui, lors de leurs voyages à l'étranger, font face à la diversité culturelle qui leur pose beaucoup de problèmes et qu'ils désirent bien traiter.

Soyez très avare de petits mots tendres tels que: «Oui, ma chouette!», «À tout à l'heure, mon cœur!», «Oui, ma belle crotte!», etc.

Le ton de la voix aussi est important. Il ne doit pas traduire l'anxiété, la domination, la colère, le reproche ou la frustration. Surtout, ne criez pas!

Écoutez religieusement, avec l'âme. Apprenez à ne plus interrompre. Quelle sale habitude!

La séduction : séducteur ou séduisant?

En observant les mâles en quête d'un tsunami de passion, il me semble qu'ils devraient être plus conscients de la nature de leurs intentions: souhaitent-ils être séduisants ou séducteurs?

Pourquoi tant d'hommes perdent-ils les pédales lorsqu'ils sont en situation de séduction? Peut-être est-ce à cause de l'utilisation exacerbée des modes technologiques que les gens ne savent plus parler et encore moins converser? Lorsqu'on leur adresse la parole, ils se figent et se sentent menacés. Au lieu de s'engager dans un entretien aimable, ils cherchent la première issue de secours, en mâchant leur gomme comme des forcenés.

Le flirt est-il permis en public? Bien sûr que oui. En voici le mode d'emploi:

- déterminer si le champ est libre, c'est-à-dire que la personne qui vous intéresse n'est pas déjà engagée sur le plan sentimental;
- en société, le comportement permis par la drague est de faire comprendre à la personne intéressée qu'elle vous plaît;

- le regard, le sourire, l'attention soutenue, l'écoute et les échanges verbaux sont tout à fait convenables;
- le but du flirt est d'entamer une relation quelle qu'elle soit;
- choisissez de ne pas être banal dans le préambule de la conversation;
- tâchez de ne pas vous vanter, ni d'être arrogant;
- cherchez à connaître ses champs d'intérêt et concentrez-vous sur eux pour faire évoluer la conversation;
- si elle n'est pas bavarde, mettez de l'enthousiasme dans vos propos : «Savez-vous qu'il est possible d'acheter un billet aller-retour pour Vienne pour 199 $? Je suis très curieux de visiter cette ville et j'irai à la fin du mois.» C'est un bon tremplin pour les sujets à venir;
- soyez authentique et sincère dans vos propos;

- si vous ne partagez pas l'avis de cette femme, vous n'êtes pas tenu de vous y opposer; acceptez qu'il est de son privilège d'avoir des convictions;
- surtout, soyez charmant, léger et amusant; elle n'en demande pas plus et si vous lui offrez ces trois volets, elles sera déjà conquise.

Messieurs, lorsque vous êtes en charmante compagnie, concentrez-vous sur le regard et les paroles de «la douce» et évitez de regarder chaque femme qui entre dans le restaurant comme s'il s'agissait d'un étal ouvert à tout nouvel arrivage de victuailles. Surtout, ne l'interrompez pas lorsqu'elle vous parle. Et dans votre intérêt, n'ignorez pas ses propos ni ses opinions. Elles valent autant que les vôtres. L'art d'écouter est à la base de la séduction. Ayez des oreilles de Mickey! Montrez votre intérêt en lui posant des questions sur ce qu'elle vient de dire. Vous verrez que c'est le meilleur préambule à toute relation.

Et quand je dis «regarder», je ne veux pas dire «dévisager»; ses yeux sont, en principe, au-dessus de son nez et pas dans son décolleté.

Si vous entreprenez de saisir sa main, que la vôtre soit tendre sans être mollassonne, ou trop ferme comme celle de King Kong.

Souriez toujours! Et merci d'éteindre votre cellulaire.

Ah oui! Il n'est pas indispensable que vous vous aspergiez abondamment de parfum. Il vaut mieux laisser derrière soi un doux souvenir qu'une antipathique obsession.

S'il devait y avoir une suite à cette tentative de séduction, je recommande que vous laissiez le champ libre à la galanterie. Dieu, que nous en sommes loin!

Mettez en application tout ce qui a été dit dans ce chapitre. C'est un total programme. Maintenez vos efforts! Ouvrez et tenez la porte de l'immeuble, du taxi, de la boutique.

Soyez agréable à observer à table. Ne mangez pas trop vite et suivez son rythme. N'oubliez pas d'avoir la bouche vide avant de parler. Au restaurant, ayez l'élégance de payer l'addition sans ostentation et de laisser le pourboire approprié. En contrepartie, elle vous invitera chez elle et vous préparera de bons petits plats qui vous régaleront. Et ceux-là n'ont pas de prix. Il est absolument essentiel que le rôle à jouer de l'hôte soit clair avant de se rendre au restaurant. Si vous souhaitez partager l'addition avec Madame, il faut que vous fassiez connaître vos intentions au moment de la proposition (ce n'est plus une invitation!) d'aller au restaurant.

N'hésitez pas à tenir son manteau en quittant l'endroit. Offrez-vous à porter les paquets, s'il y en a. Ne négligez pas de bien la présenter, le cas échéant. Dans une porte à tambour, c'est vous qui entrez le premier et poussez. Dans un escalier, vous la suivez en montant et la précédez en descendant; ce n'est pas si compliqué à comprendre. Sa place dans un taxi est derrière à droite; vous êtes derrière le chauffeur. Sur le trottoir, c'est vous qui marchez côté rue pour lui éviter les éclaboussures provoquées par le passage des voitures. Offrez-lui le bras. À la salle à manger, assistez-la pour s'asseoir; ce n'est pas un geste envers les handicapés mais bien de pure galanterie. Au restaurant, laissez-la commander la première, à moins que ce soit vous qui commandiez pour vous deux. Demandez-lui son opinion sur le vin. Ce n'est pas exagéré du tout de dire «s'il vous plaît» et «merci». Ne soyez pas avare de compliments sur son apparence. Remerciez-la ou excusez-vous avec des fleurs; elle va fondre à tout coup, ou presque…

«La politesse fait paraître l'homme au dehors comme il devrait être intérieurement.» Jean de la Bruyère

À VOUS, ADOS!

La promesse de demain

❧

S i d'aventure un adolescent s'égarait dans un livre sur l'étiquette, voici une petite attention toute particulière qui lui est dédiée.

Lors d'un récent dîner réunissant une trentaine de femmes très engagées dans la vie active de Montréal, l'une d'elles nous a informées de cette funeste statistique: 60 % des adolescents au Québec mangent seuls, le soir. Personne ne devrait rester indifférent devant cette sombre réalité; les êtres qui forment une famille ne devraient-ils pas se réunir plus souvent que le dimanche? Et c'est au repas du soir, dans la cellule familiale, qu'a lieu l'initiation à la vie. C'est précisément là, une fois tous réunis, qu'on apprend:

- à partager les expériences de la journée relatées par chacun;
- à développer sa compassion envers les autres en cas de difficultés;
- à se réjouir pour celle ou celui qui a réussi une prouesse;
- à être initié à l'actualité culturelle, sportive et sociale;

- à partager la nourriture avec une pensée de reconnaissance pour ceux qui l'ont procurée et préparée;
- à résoudre des différends, à faire face à l'adversité, à encourager celui ou celle qui est en proie à la déception, à la tristesse ou à l'anxiété;
- à développer, sans en être conscient, un art qui tombe en désuétude: la conversation qui établit un dialogue satisfaisant avec la famille.

Nous sommes en face d'un très alarmant constat devant des jeunes qui récitent des inepties toute la journée, autant à l'école qu'à la maison, ou qui grognent des onomatopées qui requièrent un cours spécial pour parvenir à en faire la traduction.

En outre, les notions de politesse sont au niveau le plus bas et ni les parents, ni les éducateurs, ni les instituteurs, ni les politiciens, ni les journalistes ne semblent avoir saisi leur importance et leur raison d'être.

Que réclament les jeunes, ces fameux adolescents auxquels est imposé le fardeau de l'impolitesse?

Si la politesse ne les étrangle pas, le manque de respect les fait fulminer. C'est là que l'on reconnaît leur incompréhension face à la sémantique, car la politesse est précisément ce savoir-vivre qui vise au respect. Si l'on comprenait tous, enfin, que cette sacrée politesse apparentée au civisme est capitale et nécessaire pour permettre la coexistence et la cohabitation pacifiques, on s'offrirait toutes les chances de réussir une société dont les principes sont basés sur le respect mutuel, ce qui engendre le bonheur. Sans trop bien savoir l'exprimer, les ados le recherchent.

Le dalaï lama, si opposé à la violence, vient d'adresser ces mots à ceux qui sont en quête de repères: «Je crois toujours au bonheur de l'individu; c'est lui qui doit contaminer positivement la famille.»

Dans le domaine du savoir-vivre, la force de l'exemple l'emporte sur tout autre, d'autant plus que les codes et les règles touchent ce qui concerne le plus directement et le plus intimement l'adolescent, ce sur quoi il est naturellement tenté d'agir pour affirmer son identité: l'entretien de son corps (hygiène, cheveux, maquillage), le choix de ses vêtements, ses attitudes (démarche, gestes, maintien), son emploi du temps (travail, sorties, soirées, week-ends), le rangement de ses effets, la décoration de sa chambre, ses loisirs (musique, cinéma, vacances). Que de discussions dégénèrent en scènes à propos de telle soirée trop tardive, de telle robe trop provocante, de telle attitude à table, de telle fréquentation peu souhaitable!

Les parents ont d'énormes difficultés à vivre l'adolescence de leurs enfants parce qu'eux-mêmes, dans la quarantaine, passent un cap difficile dans leur vie: celui des bilans (ménopause, andropause, vie professionnelle, vie personnelle). La nature a-t-elle si bien fait les choses en faisant coïncider la crise adolescente pour répondre en écho à celle des adultes? Certains d'entre eux se sentent provoqués par la jeunesse, qui les dérange et les agace.

Il me semble raisonnable de penser à offrir à l'adolescent une compréhension basée sur une écoute réelle et soutenue, un dialogue orienté vers le respect mutuel et des compromis judicieux plutôt que sur un «dressage» qui serait défavorable aux principes suivants:

- trouver un compromis entre l'habillement débraillé et le sophistiqué; trouver la manière de se vêtir qui valorisera la personnalité plutôt que de suivre aveuglément tout ce qui est tendance et qui ne s'accorde pas toujours avec sa personnalité;
- utiliser des mots crus, vulgaires et obscènes peut être l'apanage des relations entre camarades, mais le monde adulte se réclame du vocabulaire coutumier;

- faire preuve d'un respect sans faille envers les personnes âgées en les aidant gentiment, en leur parlant doucement, en les saluant, en s'excusant et en les entourant d'affection; leur céder la place dans les transports en commun. Il en va de même pour les femmes enceintes;
- s'abstenir de toujours s'octroyer la plus grosse part du gâteau, la meilleure place à table tout en s'étalant sur les chaises de la salle à manger et dans les fauteuils du salon;
- apporter sa contribution aux tâches ménagères en sortant les ordures, en nettoyant la cuisine et la salle de bains; en rangeant sa chambre; en ne s'essuyant pas les mains sur les rebords du fauteuil ou sur les coussins;
- préférer se moucher dans un mouchoir plutôt que dans les serviettes de table, sur le bord de la nappe ou sur la manche de son chandail;
- s'exercer au vouvoiement envers les personnes qu'on ne connaît pas ou les amis de ses parents non seulement est une façon courtoise qui peut être susceptible de plaire à certains, mais sera très utile pour la conjugaison des verbes.
- ne pas systématiquement draguer tout ce qui bouge et ne pas faire de ses ébats amoureux une véritable halle d'exposition;
- partager toutes dépenses relatives à une sortie de groupe tout en ne s'engageant pas dans celles qui dépasseront son budget;
- aviser les voisins quand on prévoit une surprise-partie; respecter les lieux et le mobilier, chez soi ou ailleurs. Ne pas s'autoriser à vider le réfrigérateur de ses victuailles, à épuiser la réserve de cigarettes de la maison. Convenir d'une heure raisonnable à laquelle les parents peuvent rentrer chez eux, le cas échéant;

- remercier aussi les parents des amis qui ont pris part à l'organisation de la soirée, en quittant les lieux;
- veiller à ce que les décibels de la radio ou de la télé n'atteignent pas le summum de ce que tout tympan normal peut tolérer; ce plaisir exaltant n'est offert qu'avec le lecteur mp3;
- ne pas monopoliser le téléphone, même si l'on adore les discussions à n'en plus finir avec ses copains.

En fait, pour vivre bien en milieu familial, scolaire et social, le vieil adage convient toujours: «Traite les autres comme tu voudrais qu'ils te traitent et fais-en une priorité.»

Le but premier du savoir-vivre étant de créer autour de soi une ambiance d'aisance et de bien-être, pourquoi s'en refuser l'accès?

J'aime bien ce qu'a dit Georges Bernanos à l'égard des jeunes: «C'est la fièvre de la jeunesse qui maintient le reste du monde à la température normale. Quand la jeunesse se refroidit, le reste du monde claque des dents.» Il parlait, bien sûr, de la jeunesse qui n'était pas indifférente à cette sacrée politesse.

La politesse
chez Confucius

Épilogue

❧

L e livre de Betty Kelen *Confucius, sa vie et sa légende* propose un passage étonnant de logique et d'altruisme, qui forment l'essence de la courtoisie. L'aspect encourageant de ce texte, que je m'efforcerai de traduire avec justesse, est que le Grand Maître assurait à ses disciples que n'importe qui pouvait devenir un homme supérieur. Il suffisait seulement de le vouloir. Au siècle de Confucius, être supérieur signifiait être excellent, comme le mot *courtoisie*, aujourd'hui. Il est aussi important de dire que le mot *homme* a ici le sens d'individu, de personne humaine.

Qu'est-ce qu'un homme supérieur? Selon Confucius, l'homme supérieur aime la qualité; l'homme médiocre aime le confort.

L'homme supérieur s'en remet à la décision du Ciel; l'homme médiocre compte sur la chance.

L'homme supérieur discipline ses désirs; l'homme médiocre aspire aux privilèges.

L'homme supérieur est amical mais pas intime; l'homme médiocre est familier et querelleur.

[433]

L'homme supérieur fait briller le meilleur chez autrui; l'homme médiocre préfère la calomnie.

L'homme supérieur est équilibré et à l'aise; l'homme médiocre est gêné et dans l'embarras.

L'homme supérieur recherche la justice; l'homme médiocre est opportuniste.

L'homme supérieur cherche à comprendre les grandes idées; l'homme médiocre s'arrête aux petits détails.

L'homme supérieur est préoccupé à offrir le maximum; l'homme médiocre est soucieux d'obtenir le maximum.

L'homme supérieur est universel et impartial dans ses idées; l'homme médiocre est partial, donc ne peut pas avoir d'opinion universelle.

L'homme supérieur est exigeant envers lui-même; l'homme médiocre l'est envers les autres.

L'homme supérieur est toujours prêt à aider ceux qui veulent atteindre le même but que lui.

L'homme supérieur ne vit pas dans l'attente qu'on lui mente ou qu'on le trompe; mais si tel est le cas, il est le premier à le savoir.

L'homme supérieur parle posément, mais agit promptement.

L'homme supérieur est facile à servir, mais difficile à plaire.

L'homme supérieur est toujours fidèle à lui-même. Dans une situation de subordonné, il ne recherchera pas les faveurs. Comme dirigeant, il ne sera pas condescendant. Il est lui-même et content de l'être.

L'homme supérieur n'aime pas la médisance, les propos diffamatoires, la témérité et l'antagonisme.

L'homme supérieur est vigilant à l'égard de:

ses yeux, pour lui permettre de bien observer;

ses oreilles, pour qu'il puisse bien écouter;

son visage, de façon qu'il reflète la grâce;

ses manières, afin qu'elles expriment sa considération pour les autres;

ses mots, pour qu'ils soient sincères;
ses négociations, afin qu'elles soient justes;
ses problèmes, pour les bien résoudre;
son argent, pour le gagner honnêtement.

Quelle aubaine, ce Confucius! Sans le savoir, il offrait à qui voulait l'entendre un condensé d'étiquette. Ce qui me fait penser que le mot *étiquette* est peut-être un dérivé du mot *éthique*: la petite éthique, qui nous serait livrée sous le label d'étiquette. Décidément, elle n'a pas de prix.

LE REMERCIEMENT ET SA RHÉTORIQUE

Un tonus tonique

❧

L e mot *merci* est-il tombé en désuétude? La reconnaissance est-elle un faux sentiment? Jean-Jacques Rousseau est-il trop stoïque quand il avance: «La reconnaissance est bien un devoir qu'il faut rendre, mais non pas un droit qu'on puisse exiger»? S'il a raison, et je crois que oui, qu'attend-on pour lui dire merci?

Merci: un mot soleil, réparateur, charmant, encourageant, un mot qui glisse, sain, court et pas fatigant. Qu'attend-on pour le dire?

Merci: un tampon, un baume, un calmant, un bandage, une douceur, une gâterie, un câlin, du miel. Pourquoi si peu le dire?

Merci: un sourire, un clin d'œil, une embrassade, un saut de joie, un éclat de rire, une chanson. Est-on prêt à le dire?

Merci: une magie, une brillance, une impulsion, une joie, un cri, une allégresse. Étrange de ne pas le dire!

Merci: un mot si géant, si grandiose, si majestueux. Pourquoi se priver de le dire?

Merci: une ferveur, une prière, une supplique, un beau regard, une main sur l'épaule, un peu d'amour. C'est presque dit.

Oui, merci de m'avoir lue.

BIBLIOGRAPHIE

BALDRIGE, Letitia, *Letitia Baldrige's Complete Guide to the New Manners for the '90s*, Rawson Associates, New York, 1990.

BEYFUS, Drusilla, *Modern Manners - The Essential Guide to Living in the '90s*, Hamlyn, Londres, 1992.

BRYAN, Dawn, *The Art and Etiquette of Gift Giving*, Bantam Books, New York, 1987.

COLLANGE, Christiane, *La politesse du cœur*, Stock, Paris, 1993.

DARLING, Jan, *Outclassing the Competition - The Up & Comer's Guide to Social Survival*, St. Martin's Press, New York, 1985.

ILLICH, Ivan, *La convivialité*, Éditions du Seuil, Paris, 1973. Cet ouvrage a d'abord été publié en anglais en 1973 par Harper & Row, New York, sous le titre: *Tools for Conviviality*, dans la collection World Perspectives.

KLOPFENSTEIN, Jules, *Traité du service de table dans l'hôtellerie et le café-restaurant*, Chez l'Auteur, Lausanne, 1928.

LECHERBONNIER, Marie-France, *Le savoir-vivre - Protocole et convivialité*, Les Guides Albin Michel, Paris, 1994.

MASSON, Louise, *Une étiquette à tout prix*, Flammarion-Québec, 2001.

MITCHELL, Mary, chroniqueuse au *Philadelphia Inquirer* sur l'étiquette, sous le pseudonyme de Ms. Demeanor.

POST, Peter. *Essential Manners for men*, HarperResource, 2003.

ROTHSCHILD, Nadine de, *Le bonheur de séduire, l'art de réussir*, Fixot, Paris, 1991.

SEISSER, Jean, *Petit manuel à l'usage des Français qui ne comprennent vraiment rien aux étrangers*, Éditions Albin Michel, Paris, 1993.

SERRES, Jean, *Manuel pratique de Protocole*, Éditions de l'Arquebuse, Vitry-le-François, 1960.

INDEX

TABLE DES MATIÈRES